ग्रामसेविका

[उपन्यास]

ग्रामसेविका

अमरकान्त

राजकमल प्रकाशन

ISBN : 978-81-267-1631-9

मूल्य : ₹450

राजकमल प्रकाशन प्रा.लि. से
पहला संस्करण : 2008
चौथा संस्करण : 2023

प्रकाशक : राजकमल प्रकाशन प्रा.लि.
1-बी, नेताजी सुभाष मार्ग, दरियागंज
नई दिल्ली-110 002
शाखाएँ : अशोक राजपथ, साइंस कॉलेज के सामने, पटना-800 006
पहली मंजिल, दरबारी बिल्डिंग, महात्मा गांधी मार्ग, प्रयागराज-211 001
वेबसाइट : www.rajkamalprakashan.com
ई-मेल : info@rajkamalprakashan.com

मुद्रक : बी.के. ऑफसेट
नवीन शाहदरा, दिल्ली-110 032

GRAMSEVIKA
Novel by Amarkant

दमयन्ती आज गाँव के लोगों से मिलने-जुलने के लिए निकल पड़ी थी। लम्बा, पतला शरीर, साँवला रंग और बड़ी-बड़ी आँखें। वह सीधे पल्ले की सफेद साड़ी पहने थी और उसके पैरों में चप्पल थी। उसकी उम्र लगभग बीस वर्ष की होगी। हवा तेज चल रही थी, जिससे साड़ी चिपककर या उड़-उड़कर उसके जवान पुष्ट शरीर की रेखाओं को और उभार देती। आषाढ़ की प्रथम वर्षा हो चुकी थी। गाँव जाग उठा था। किसान हल-बैल लेकर खेतों की ओर दौड़ पड़े थे। पेड़ों पर लगे झूलों से कजली की तानें उड़ने लगी थीं। अखाड़ों में ज़ोर और कुश्ती शुरू हो गई थी।

मकान के लिए दौड़-धूप करने में दो-तीन दिन का विलम्ब हो गया था। गाँव के लोगों का अजीब ख्याल था कि जहाँ मकान दिया कि सरकार उस पर कब्जा कर लेगी। शुरू-शुरू में वह गाँव-प्रधान के घर में टिकी थी, परन्तु वहाँ औरतों के व्यंग्य-बाणों से वह रोने-रोने को हो उठी। प्रधानजी शहर गए थे, वहाँ से लौटने पर उन्होंने कई बार आग्रह किया कि उनका बाहर का बैठका खाली रहता है, वह वहाँ रह सकती है और स्कूल भी चालू कर सकती है, परन्तु उसने साफ-साफ कह दिया कि वह अलग ही रहेगी क्योंकि उसके साथ उसका छोटा भाई भी है। बहुत कहने-सुनने पर महादेव सेठ ने अपना एक छोटा और कच्चा मकान, जो खाली ही रहता था, दे दिया था।

उसके आने से सारे गाँव में, विशेष रूप से औरतों में खुसुर-फुसुर होने लगी थी।—बाबा रे, किस तरह लचककर चलती है! लाज-हया धोकर पी गई है! मर्दों से किस तरह मटक-मटककर बोलती है! उस दिन बिलाक के अफसर आए थे तो बेशर्म की तरह न मालूम क्या गिटपिट-गिटपिट कर रही थी। पूरी आवारा है, आवारा। सत्तर चूहे खाकर बिल्ली हुई भगतिन। धर्म नाशने आई है मुँहजली।

मिट्टी के एक मकान के सामने एक नीम के वृक्ष के नीचे तीन औरतें एक दूसरे से सटी धीरे-धीरे बातें कर रही थीं। उनमें से दो तो प्रौढ़ा थीं, तीसरी बूढ़ी, जिसका नाम रधिया मिसिराइन था। उसकी उम्र लगभग साठ वर्ष की होगी, परन्तु अब भी वह तगड़ी थी। ठिगना कद, चकइठ शरीर तथा मुँह बड़ा था, जिस पर झुर्रियाँ घोंसले के छोटे-छोटे हल्के तिनकों की तरह जगह बना चुकी थीं। बाल कपास की तरह सफेद और औघड़ों की तरह लटियाए हुए थे। उसकी आँखें छोटी-छोटी तथा रहस्यमयी थीं, जिनको वह बुरी तरह नचा रही थी।

दमयन्ती ने पास जाकर नमस्कार किया तो उन्होंने चौंककर उसको देखने का अभिनय किया, परन्तु उनकी क्रुद्ध मुद्राओं से यह प्रकट था कि वे पहले ही दमयन्ती को देख चुकी थीं और उसके सम्बन्ध में ही बातें कर रही थीं। प्रौढ़ा ने अपना आँचल सिर के आगे खींच लिया। बुढ़िया नीचे खिसके आँचल को सिर पर रखकर उसको बुरी तरह घूरने लगी।

"मैं ग्रामसेविका हूँ," दमयन्ती ने मृदु स्वर में कहा, "मैं स्त्रियों और बच्चों के लिए एक-एक स्कूल चालू करना चाहती हूँ। सरकार ने मुझको यहाँ इसी काम के लिए भेजा है। आप लोग स्कूल में आएँ और अपने बच्चों को भी भेजें।"

"कौन बिरादर हो, बहिन जी?" प्रौढ़ाओं में से एक ने मुश्किल से अपनी आँखें उठाकर पूछा।

"ठाकुर!"

तीनों औरतों ने मतलब भरी दृष्टि से एक-दूसरे की ओर देखा।

"शादी हो चुकी है?"

"नहीं।" उस औरत की आवाज में जो उपेक्षा और व्यंग था उससे दमयन्ती का मुँह तमतमा उठा।

"साथ में कोई और है?"

"छोटा भाई है।"

"उम्र क्या है उसकी?"

"पन्द्रह-सोलह साल का है।"

"सगा भाई है या...?" बीच में हस्तक्षेप करके बुढ़िया ने कड़ी आवाज में पूछा।

"सगा भाई है।" दमयन्ती का स्वर न मालूम एक कैसे भय से काँप उठा।

"साथ में किसी और को क्यों नहीं रख लेतीं?"

"घर में कोई और नहीं। माँ मर चुकी है। एक बूढ़ी दादी है जो किसी तरह गृहस्थी का काम देखती हैं...।"

"अरे मिसिराइन जी, चलो चलें। मुझको घर पर बहुत काम है...मैं दूसरों की तरह फालतू थोड़े ही हूँ कि सारा गाँव नाचती फिरूँ...ये बहिन जी तो हवा-पानी बदलने आई हैं...।"

तीनों औरतें हँस पड़ीं। उसी प्रौढ़ा ने यह बात कही थी। फिर उसको अजीब सन्देह भरी दृष्टि से देखकर वे वहाँ से चली गई थीं। दमयन्ती समझ गई कि वह बुढ़िया ही मिसिराइन है। उसकी आँखों में कैसा क्रोध, घृणा और शत्रुता थी? वे उससे कैसी उपेक्षा और अपमानपूर्ण ढंग से पेश आई थीं? दमयन्ती भय और निराशा में डूबने लगी।

वह चुपचाप आगे बढ़ गई। उसके पैर स्वतः ही अनिच्छापूर्वक चलने लगे थे। उसको दिल पर बोझ-सा महसूस हो रहा था। उसको पश्चाताप हो रहा था कि वह अपने घर से कहाँ आ गई है। घर पर उसको आर्थिक तकलीफों का सामना करना पड़ता था, परन्तु इस तरह कोई दुर्व्यवहार तो नहीं करता था। उसके पिता उसको कितना प्यार करते हैं? दादी उसको कितना मानती है? उसको जब यह ख्याल आया कि कभी-कभी दादी के हाथों से खाती थी तो उसकी आँखें भर आईं। वे दिन चले गए। उसने कभी यह नहीं सोचा था कि गाँव के लोग उसके साथ इस तरह व्यवहार करेंगे। वे लोग ढोंग, झूठ और प्रपंच के अलावा कुछ भी बरदाश्त नहीं कर सकते।

वह ठिठक गई। बाईं और एक लड़का कंकड़ों से खेल रहा था। वह लगभग सात वर्ष का था। काला रंग। वह एक गन्दा जाँघिया और बाहँ पर फटी कमीज पहने था।

"क्या नाम है तुम्हारा, भैया?" दमयन्ती उसके पास पहुँचकर स्नेहपूर्वक बोली।

लड़का खेलना छोड़कर उसकी ओर शंका से देखने लगा। फिर कुछ शरमाकर मुस्कराने भी लगा।

"तुम बड़े अच्छे लड़के मालूम पड़ते हो। अपना नाम बताओ तो?" दमयन्ती ने उसका हाथ पकड़कर फिर पूछा।

"हरिया!" लड़के के मुँह से आवाज फूटी।

"वाह, बड़ा अच्छा नाम है। पढ़ने जाते हो?"

"बिहारी भी तो नहीं जाता?"

दमयन्ती हँस पड़ी। लड़के के मुँह पर कैसा भोलापन थिरक रहा था। वह समझ गई कि बिहारी उसका दोस्त होगा।

"बिहारी कहाँ रहता है?"

"उस मकान में।" लड़के ने उँगली के संकेत से बताते हुए कहा, "वह बड़ा शरारती है, अपनी माँ का कहना नहीं मानता।"

"तुम मानते हो अपनी माँ का कहना?" दमयन्ती हास्यपूर्ण कुतूहल से उसकी ओर देख रही थी।

"हाँ...। आप जानती हैं...बिहारी ने कल घर में से पैसे चुराये थे तो उसकी माँ ने बहुत मारा था। वह बहुत गन्दी-गन्दी गालियाँ देता है जी।"

"अब बिहारी चोरी नहीं करेगा। मैं तुमको और उसको पढ़ाऊँगी। तुम स्कूल में पढ़ोगे न?" दमयन्ती ने आगे बढ़कर मुग्ध भाव से उसका कपोल छू लिया।

"मैं मेला जाने के लिए जिद्द नहीं करता जी।"

"तुम बड़े अच्छे लड़के हो। अच्छा अब तुम मुझको अपने घर ले चलो।"

यह कहकर दमयन्ती ने लड़के का हाथ पकड़ लिया। लड़का हँसकर आगे-आगे चला। उसके पीछे दमयन्ती, जिसका मन और शरीर हल्का हो गया था। वह भूल गई थी कि कुछ देर पहले वह गाँव वालों को कोस रही थी। दोनों ने बगल वाले मकान में घुसकर एक लम्बी दालान पार करने के बाद भीतर से ओसारे में प्रवेश किया। दमयन्ती खुश होकर सोच रही थी कि लड़के की माँ अवश्य ही समझदार होगी और लड़के को अच्छी-अच्छी बातें बताती होगी, नहीं तो यहाँ कौन सिखाता है कि गाली देना बुरी बात है। छोटे-छोटे बच्चों के मुँह से उसने ऐसी बीभत्स गालियाँ सुनी थीं कि वह लाज से गड़ गई थी।

दालान में ही उसने अपनी चप्पलें निकाल दी थीं। भीतर पहुँचकर सबसे पहले उसकी नज़र आँगन में दो औरतों पर पड़ी। एक तो बुढ़िया थी, जिसके बाल सन की तरह सफेद थे। उसका चेहरा झुर्री-झुर्री हो रहा था। वह नाटी और दुबली-पतली थी परन्तु उसकी आँखें बड़ी-बड़ी और नासिका सुडौल थी। उसको देखकर लगता कि जवानी में वह खूबसूरत रही होगी। दूसरी औरत, जो जवान और गर्भवती मालूम होती थी, लम्बा घूँघट निकालकर तेजी से एक कोठरी में घुस गई।

बूढ़ी औरत दमयन्ती को देखते ही चिल्ला पड़ी, "हाँ-हाँ...किसको लिए आ रहा रे, पापी...कौन हो जी तुम? बिना पूछे घर के अन्दर फटर-फटर घुसते शर्म नहीं आती?"

दमयन्ती ने हाथ जोड़कर नमस्कार करने के बाद अपना परिचय दिया।

"नई-नई आई हो तो हम क्या करें, जी? हमको ग्रामसेविका से कुछ नहीं लेना-देना।"

परन्तु एक क्षण ठहरकर बुढ़िया ने पूछा, "कहाँ की रहने वाली हो?"

"फैजाबाद की!"

"कौन जाति हो?"

दमयन्ती के बताने पर बुढ़िया व्यंग्य से बोली, "कैसी ठाकुर हो बिटिया कि इस तरह लाज-हया पीकर घूमती-फिरती हो? तुमको और कोई काम नहीं?"

दमयन्ती के चेहरे पर कोई छाया सरक आई। वह अच्छी तरह समझ गई कि उसके बारे में गाँव की सभी औरतों की राय एक ही-सी है। उसको वह दिन याद आया जब उसको नियुक्ति-पत्र मिला था। उसकी खुशी का एक यह भी कारण

था कि उसको गाँव की औरतों की सेवा करने का मौका मिलने वाला था। जब वह पढ़ती थी तभी से उसकी यह इच्छा रही थी कि वह अपने देश के लिए कुछ करे। परन्तु गाँव में आकर उसको कितना कटु अनुभव हुआ था?

''माता जी,'' वह अपने को संयत करके मुस्कराकर बोली, ''मैं आप लोगों के आशीर्वाद से ही इस गाँव में कुछ कर सकती हूँ। मैं यहाँ स्त्रियों और बच्चों के लिए स्कूल खोलना चाहती हूँ। आपके घर में पढ़ने लायक कितने बच्चे हैं? उनको स्कूल में जरूर भेजिए। वह आपकी बहू हैं क्या, जो कोठरी में चली गई हैं? उनको भी स्कूल भेजिए।''

''चलो-चलो, तुम्हारे जैसे कितने आते हैं! तुम लोग तो फालतू हो, मुँह उठाए घूमा करती हो। तुम लोगों का क्या ठिकाना?'' बहू का उल्लेख करने से बुढ़िया बेहद बिगड़ गई थी।

''हमको सरकार ने इसी काम के लिए भेजा है, माँ जी,'' दमयन्ती ने मृदु स्वर में कहा।

''तो मैं क्या करूँ जी?'' जाओ अपनी सरकार को भेज दो, वह जो चाहे कर ले। पढ़ने-वढ़ने कोई नहीं जाएगा यहाँ से।''

''गुस्सा न करें, माँ जी,'' दमयन्ती ने धीरे-धीरे समझाया, ''ठंडे दिमाग से सोचें। पढ़ने-लिखने से बहुत फायदा होता है। उससे आदमी बहुत कुछ सीखता है। जीवन में अच्छे-अच्छे काम करता है।''

''खाक फायदा होता है। रमपतिया पासी का लड़का तो है, दो कौड़ी को कोई नहीं पूछता। बाप रे, बेचारे ने पेट काट-काट कर लड़के को शहर में पढ़ाया, अब दो साल से गाँव में बेकार पड़ा है, कोई नौकरी-चाकरी नहीं मिली। बाप रोता फिरता है कि अब तक मजदूरी करके उसने कुछ कमाया होता तो उन्होंने दो रोटी अधिक खाई होती।''

''इस तरह सोचना ठीक नहीं, माँ जी! सिर्फ नौकरी के लिए ही पढ़ा जाए और नौकरी न मिलनी हो तो न पढ़ा जाए।''

''तो क्या हमारे लड़कों को कुत्ते ने काटा है कि वे पढ़ने जाएँ?'' बुढ़िया लगभग चीख पड़ी।

''पढ़ने से कई फायदे हैं,'' दमयन्ती ने मुस्कराकर उत्तर दिया, ''अब रमपतिया को ही लीजिए। पहले उसके यहाँ चिट्ठी आती थी तो उसके घर वाले उसको पढ़वाने के लिए सारे गाँव घूमते थे। परन्तु अब रमपतिया घर पर बैठे-बैठे पढ़ देता होगा। अब वह जहाँ चाहे चिट्ठी लिख सकता है। खेत के लिए कैसा बीज चाहिए, किस ढंग से खेती करनी चाहिए, कैसी खाद चाहिए, यह सब वह किताबें पढ़कर जान सकेगा। बाजार में माल बेचते समय और खरीदते समय उसको कोई बेवकूफ़ नहीं बना सकता। कर्ज लेने के मामले में अब उसकी आँखों

में कोई धूल नहीं झोंक सकता। पढ़ने से वह और भी काम कर सकता है। गाँव के नौजवानों को पढ़-लिखकर शहर की ओर नहीं भागना चाहिए। पढ़-लिखकर उसको गाँव में ही अच्छे ढंग से खेती करनी चाहिए। कोई नया कारोबार करना चाहिए, मिल-जुलकर सारे गाँव की तरक्की करनी चाहिए। नौकरी तो गुलामी है।''

''अच्छा-अच्छा, अपना यह 'गियान' दूसरी जगह बघारना। लाख बात की एक बात, हमारा लड़का पढ़ने-वढ़ने न जाएगा। तुम लोग उड़ती चिड़िया हो, चार दिन यहाँ रहोगी, फिर उड़ जाओगी। हमारे लड़के को कुछ हो-हवा गया, दिमाग उल्टा-सीधा हो गया तो कौन पूछेगा?''

परन्तु बुढ़िया का स्वर फीका पड़ गया था। उसका एक खास कारण यह था कि उसके बेटे की चिट्ठी शहर से आती थी तो वह उसको पढ़ाने के लिए महादेव सेठ या हरचरण के यहाँ जाती थी। दमयन्ती के सम्बन्ध में उसने जो बातें सुनी थीं, उसके कारण वह समझती थी कि दमयन्ती सरासर झूठ बोल रही है। परन्तु चिट्ठी वाली बात से उसके अविश्वास की हालत उस साइकिल की तरह हो गई थी, जिसकी हवा धीरे-धीरे निकल रही हो और परिणामस्वरूप गति मन्द पड़ गई हो। दमयन्ती को भी ऐसा महसूस हुआ कि बुढ़िया कि दिल पर उसकी बात का असर हुआ है, परन्तु पूरी तरह नहीं। अब उसने विवाद को अधिक बढ़ाना उचित न समझा।

''अच्छा, माँ जी, मैं चलती हूँ,'' दमयन्ती गम्भीरतापूर्वक बोली, ''आप ठीक से सोच लीजिए। मैं यहाँ दो-चार दिन के लिए नहीं आई हूँ। मैं बहुत दिनों तक यहाँ रहूँगी। जब चली जाऊँगी तो दूसरी बहिन मेरी जगह आएँगी। मैं यही प्रार्थना करती हूँ कि मेरी बातों पर ठंडे दिल से सोचें। मैं आपकी लड़की के समान हूँ, मुझसे भूल-चूक हो गई होगी उसके लिए मुझे माफ़ करेंगी।''

इसके बाद उसने बुढ़िया को पुनः नमस्कार किया, पास ही में खड़े हरिया को प्यार किया और अन्त में मुड़कर बाहर निकल गई। आसमान से बड़ी-बड़ी बूँदें गिरने लगी थीं। वह और कहीं जाने के बजाय घर की ओर तेजी से चल पड़ी।

[2]

दमयन्ती की आँखों से लगातार आँसू गिर रहे थे, जिनको वह पोंछने की कोशिश नहीं करती। उसका मुख वर्षा से नहाए फूल की तरह भींगा था। करीब-करीब आधी रात का समय था। बगलवाली चारपाई पर विनय बेसुध सोया था। बाहर मूसलाधार पानी बरस रहा था और चारों ओर अन्धकार छाया था। इस मकान में

उसकी यह पहली रात थी। वह पहले बहुत डरी थी। इस अनजान स्थान में अगर कोई घर में कूद आए और उसका गला दबा दे तो वह क्या करेगी? इस मकान की दीवार कितनी नीची है? पुराना, खण्डहर की तरह मकान। बक्से की तरह दो छोटे-छोटे कमरे। बाहर और भीतर एक-एक ओसारा, एक मामूली रसोईघर और एक छोटा कच्चा आँगन। फिर उसका मन कहीं और भटकने लगा था।

पता नहीं क्यों उसको आज माँ की याद आ रही थी। वह दुबली-पतली थीं, परन्तु उनका रंग गोरा था। वह इतनी सीधी-सादी थीं कि किसी की बात का ठीक से जवाब नहीं दे पाती थीं। दिन-रात वह काम में कोल्हू के बैल की तरह जुटी रहतीं। कभी-कभी पिताजी आर्थिक परेशानियों से खीझ कर उनको मारते भी थे। तब वे देर तक रोतीं और खाना नहीं खातीं। बाद में पिताजी उनको मनाते थे। उनको पेट की टी. बी. हो गई थी। वह जानती थीं कि चूँकि उनकी दवा ठीक से नहीं हो पाएगी, इसलिए उनको अधिक दिन तक नहीं जीना है। कभी-कभी वह उसको तथा विनय को अंक में खींचकर बुरी तरह रोने लगती थीं।

"मुझको याद तो करोगे तुम लोग?"

"मैं भी चलूँगा तुम्हारे साथ," विनय अधिक छोटा था।

"तुम क्यों जाओगे बेटा? जाएँ तुम्हारे दुश्मन। तुम तो यहीं रहोगे और सौ वर्ष के बूढ़े हो जाओगे।"

जिस दिन वह मरी थीं वह दिन भी उसको अच्छी तरह याद है। मरते समय दादी आँखें पोंछते हुए उसको तथा विनय को कमरे से बाहर ले गई थीं। फिर वे दोनों शव-यात्रा आरम्भ होने के समय बगल वाले पड़ोसी के घर भेज दिए गए थे। उनसे कहा गया था कि उनकी माँ भगवान के पास चली गई हैं, कुछ दिनों में वापस आएँगी। विनय तो मान जाता था, परन्तु दमयन्ती कुछ-कुछ होशियार थी। फिर पड़ोसी की लड़की मुन्नी ने बताया था कि उसकी माँ मर गई है। मरने के बाद लोग भगवान के यहाँ चले जाते हैं और वहाँ से लौटकर नहीं आते।

"भगवान की पूजा करूँ तब भी वह अम्मा को नहीं भेजेंगे?" उसने पूछा था।

मुन्नी पशोपेश में पड़ गई थी। दमयन्ती के इस विचार ने उसको बहुत प्रभावित किया। उसने कहा कि उसकी भी दादी मर गई हैं और वह भी पूजा करके उनको भगवान से वापस माँग लेगी।

दमयन्ती को अच्छी तरह याद है कि वह चुपके से बैठके में चली जाती थी और अलमारी पर रखे विष्णु भगवान के चित्र के सामने हाथ जोड़कर खड़ी हो जाती थी। वह मन-ही-मन प्रार्थना करती थी, "हे भगवान! अम्मा को जल्दी भेज दो। विनय बहुत छोटा है और अम्मा के लिए बहुत रोता है।"

एक दिन दादी ने उसको पकड़ लिया। वह उससे पूछताछ करने लगी थीं। दमयन्ती का हृदय न मालूम कैसे क्रोध, निराशा, अभिमान और दुख से भर गया था। वह दादी पर हाथ चलाकर 'जाओ, जाओ' कहती हुई वहाँ से भाग गई थी और घर के अन्दर जाकर बुरी तरह हिचकने लगी थी। इसके बाद दादी उसको अकेले छोड़ती ही न थी। धीरे-धीरे उसकी तबीयत बहलती गई। दादी का एहसान क्या वह कभी भूल पाएगी?

आठवीं कक्षा में वह थी तो उसकी उम्र लगभग सोलह वर्ष की थी। उसके पिता एक मामूली वकील के मुहर्रिर थे। वह सवेरे ही ड्यूटी पर निकल जाते और देर रात को आते थे। वह रुपये-पैसे की तंगी के कारण सदा परेशान रहते और कभी-कभी अपनी किस्मत को कोसा करते। यदि उनका भाग्य खराब न होता तो उन्होंने जवानी में बुरे संग में पड़कर पढ़ाई-लिखाई क्यों छोड़ दी होती? परन्तु वह अपने लड़कों को अधिक से अधिक पढ़ाना चाहते थे। उसी समय दमयन्ती के जीवन में एक अजीब ही घटना घटित हुई। उसने गौर किया कि पड़ोसी का लड़का अतुल उसको बुरी तरह घूरता और उसको देखकर मुस्कराने लगता। वह बहुत सुन्दर था—लम्बा, तगड़ा और बड़ी-बड़ी आँखें। अतुल रुड़की में ओवरसियरी पढ़ता था और पूरे एक वर्ष के बाद आया था।

एक दिन शाम को जब दमयन्ती मुन्नी के यहाँ जा रही थी तो बरामदे में कुर्सी पर बैठे अतुल ने उसके आगे अपना पैर बढ़ा दिया जिससे वह ठोकर खाकर गिरने को हुई। वह सँभल गई थी और उसने क्रोध से अतुल की ओर देखा था, परन्तु वह शरारत से हँस रहा था। उसने निश्चय कर लिया कि वह भविष्य में कभी मुन्नी के यहाँ नहीं जाएगी। परन्तु अतुल ने उसका पीछा न छोड़ा। वह दमयन्ती के घर में आने-जाने लगा, विनय को प्यार करता और उसके हाथ पर कुछ पैसे रख देता या उसके लिए गेंद या कोई ऐसा ही खिलौना खरीद देता। दमयन्ती ने उसको बहुत समझाया कि वह अतुल की दी हुई चीजें न लें, परन्तु वह छोटा था, मुश्किल से ग्यारह वर्ष का, और वह कहना मानता नहीं था, जिस पर दमयन्ती ने क्रोध और निराशा में दो-एक बार मारा भी था। और उस दिन शाम को जब वह विनय को बुलाने के लिए बाहर आई थी और उसको न पाकर अन्दर जाने लगी थी कि अपने दरवाजे पर टहलता हुआ अतुल उसके पास लपकता हुआ आया, पहले इधर-उधर चोरों की तरह देखा और अन्त में उसके हाथ में कागज का एक टुकड़ा जबरदस्ती पकड़ा दिया।

"जवाब देना...बुरा न मानना।" अतुल ने सूखी आवाज में कहा।

दमयन्ती नहीं जानती कि वह कैसे घर आई। डर से उसका कलेजा सूखा हुआ था। उसको ऐसा महसूस हो रहा था कि घर के लोगों ने पत्र लेते हुए उसको देख लिया हो। वह सबसे आँखें चुराने लगी थी। वह शर्म से गड़ी जा रही थी। कई बार

उसने सोचा कि वह पत्र को फाड़कर फेंक दे, परन्तु वह ऐसा न कर सकी क्योंकि वह पत्र की बातें जानने के लिए उत्सुकता से मरी भी जा रही थी। गत वर्ष उसके स्कूल में एक लड़की के पास से एक पत्र पकड़ा गया था, जिस पर दीदी ने उसको बहुत फटकारा था और उसके घर रिपोर्ट कर दी थी और उसके घरवालों ने लड़की की पढ़ाई बन्द कर दी थी। उस समय भी उसको एक हल्की उत्सुकता हुई थी, जिसको उसकी कुछ सहेलियों ने शान्त करने की कोशिश की थी। क्या अतुल ने भी उसके पास वैसा ही पत्र लिखा है? उसको मालूम हुआ कि वह उसके आचरण पर खुले आम कोई लांछन लगा रहा है। कई बार उसकी यह भी इच्छा हुई कि वह पत्र पिताजी या दादी को दे दे; लेकिन उसकी हिम्मत न हुई।

जब रात में सभी सो गए तो उसने कागज़ खोलकर पढ़ा था। वह एक लम्बा प्रेम-पत्र था, जिसमें अतुल ने लिखा था कि वह दमयन्ती को प्यार करता है, जिससे उसको खाना-पीना अच्छा नहीं लगता और रात में उसको नींद नहीं आती। वह जानता है कि उसमें कोई गुण नहीं, लेकिन यदि दमयन्ती उसका प्यार स्वीकार करेगी तो वह उसके लायक बनेगा, वह दमयन्ती की तरह ही अपने को पवित्र बनाएगा, ऊँचा उठेगा और बड़ा आदमी बनेगा तथा दमयन्ती से शादी करेगा। दमयन्ती उसके हृदय की देवी है। यदि वह उसको प्यार नहीं करती तो वह पत्र के टुकड़े-टुकड़े कर दे। दमयन्ती अपने हाथ से उसको जहर भी दे देगी तो वह खाने से नहीं हिचकेगा। वह पवित्र प्यार करता है, वह दमयन्ती से कुछ नहीं, सिर्फ उसका प्यार चाहता है, दमयन्ती के बिना उसको जीने की इच्छा नहीं।

पत्र पढ़कर दमयन्ती शर्म और भय से रोने लगी थी। उसको अपने ऊपर बहुत क्रोध आया था। अगर वह खराब न होती तो अतुल ने उसके पास ऐसा पत्र क्यों लिखा होता? उसकी इच्छा करने लगी कि वह अपना गला घोंट ले या किसी कुएँ-तालाब में गिरकर अपने जीवन का अन्त कर ले। अगर पिताजी को मालूम हुआ तो वह क्या सोचेंगे? वह उनको अपना मुँह कैसे दिखाएगी? अतुल दूसरी जाति का लड़का था। फिर उसके घर की आर्थिक स्थिति भी अच्छी थी। उससे शादी कैसे सम्भव थी? उसने वह पत्र उसी समय जला दिया था। उसने यह भी निश्चय किया कि यदि अतुल फिर उसको पत्र देगा तो वह दादी से कह देगी।

वह गम्भीर रहने लगी। वह घर में सबसे मुँह चुराती और दर्जे में भी गुम-सुम बनी रहती। उसकी समझ में न आता कि उसको क्या हो गया है। एक अनजान उदासी उसकी छाती पर बोझ की तरह आ बैठी थी। अतुल के पत्र का उसने जवाब नहीं दिया, परन्तु उसने गौर किया कि वह भी उदास रहने लगा है। उसके इस रूप को देखकर वह डर जाती, क्योंकि पत्र के अनुसार यदि उसने आत्महत्या कर ली तो वह क्या करेगी? कभी-कभी उसके दिल में अतुल के प्रति अजीब दया और सहानुभूति का भाव जाग उठता।

गर्मी की छुट्टियाँ खत्म होने को आईं। उस दिन दमयन्ती बाहर बैठके में चारपाई पर बैठी कुछ सी रही थी—दोपहर का समय था। विनय का पता नहीं था और दादी भीतर सो रही थीं। चारों ओर कैसा गम्भीर सूनापन छाया! अब भी तेज गर्मी पड़ रही थी यद्यपि कुछ दिनों से पुरुआ चलने के कारण उसकी तीव्रता कम हो गई थी। सहसा वह चौंक उठी। उसके सामने अतुल खड़ा था—शान्त और गम्भीर।

दमयन्ती हड़बड़ाकर उठ खड़ी हुई थी। वह अन्दर भागने लगी परन्तु अतुल सामने आकर खड़ा हो गया।

"थोड़ी देर के लिए रुको...।" मैं तुमसे एक बात पूछने आया हूँ। तुमने मेरे पत्र का जवाब नहीं दिया। तुम नहीं जानती हो कि मैं तुम्हारे कहने पर इसी क्षण जान भी दे सकता हूँ। तुम्हारे लिए इस दुनिया में कुछ भी कर सकता हूँ। मुझसे कोई गलती हुई तो माफ करो। बस मैं यही जानना चाहता हूँ कि तुम मुझसे घृणा करती हो या नहीं...।"

दमयन्ती का मुख भय से स्याह पड़ गया था और वह सिर झुकाए चुपचाप खड़ी रही।

"दमयन्ती! तुम मुझ पर इतना जुल्म न करो। तुम्हारे इसी जवाब पर मेरा जीना और मरना निर्भर करता है। तुम साफ-साफ कह दो...फिर मैं तुमको कभी तंग करने नहीं आऊँगा। बस हाँ या ना में जवाब दे दो। बोलो...तुम मुझसे घृणा करती हो?"

"नहीं...।" दमयन्ती के मुँह से आवाज निकली। पता नहीं कैसे शर्म, भय और अपमान के भाव से भरकर वह रोने लगी थी।

"इतना ही मेरे लिए बहुत है, दमयन्ती। मैं दो-तीन दिन में रुड़की चला जाऊँगा। मैं जीवन भर तुम्हारी प्रतीक्षा कर सकता हूँ। तुम्हारे प्यार को कोई दिल से नहीं निकाल सकता। कभी-कभी मुझ अभागे को भी याद कर लेना...मैं दशहरे में आऊँगा...।"

अतुल के जाने के बाद दमयन्ती को कुछ समझ में न आया कि यह सब कैसे हो गया। उसके मुँह से कैसे आवाज निकली थी? उसने क्यों नहीं कह दिया था कि वह उससे घृणा करती है? इतना कह देने से सारी समस्या समाप्त हो जाती। लेकिन उसको डर था कि कहीं अतुल निराशा में आत्महत्या न कर ले। असल में वह उससे घृणा भी कहाँ करती थी? वह न उससे प्यार करती और न घृणा ही। वह स्वयं न जान पाती कि वह क्या चाहती है। वह अपने से परेशान रहने लगी। उसको अपने पर ही गुस्सा आने लगता। वह पढ़ती होती या सवाल करती होती तो वह अतुल के बारे में भी सोचने लगती। यह विचार-क्रिया उसके अनजान में ही आरम्भ होती थी और जब वह सजग होती थी तो वह अपने अन्दर एक अजीब

ही उलझन महसूस करने लगती थी। परन्तु उसको विश्वास था कि वह अतुल को प्यार नहीं करती और अतुल के जाने के बाद सब कुछ खत्म हो जाएगा और उसका जीवन पहले की तरह निर्द्वन्द्व बीतने लगेगा।

परन्तु जिस दिन अतुल रुड़की गया था वह अपने कमरे में जाकर खूब रोई थी। लाख अनिच्छा रहने पर भी किवाड़ की आड़ से उसको देख रही थी। वह रिक्शा पर चढ़ा था परन्तु उसका ध्यान दमयन्ती के घर की ओर ही था। उसके चेहरे पर घना दुख सिमट आया था। दमयन्ती को लगा था जैसे उसका कलेजा फट जाएगा। दमयन्ती ने उसके साय कैसा अन्याय किया था? वह तो बहुत अच्छा लड़का था। वह लड़कपन से ही बहुत सीधा-सादा और दब्बू था। उस समय वह बहुत दुबला-पतला था और दूसरे लड़के मार देते तो वह रोने लगता, परन्तु कुछ वर्षों बाद वह पढ़ने के लिए मामा के यहाँ लखनऊ चला गया था, जहाँ उसने इंटरमीडिएट तक शिक्षा प्राप्त की थी। जवान होने पर वह तगड़ा हो गया था। छुट्टियों में वह घर आता था, परन्तु वह सबसे कटा-कटा रहता। दमयन्ती को उससे डर लगता था, किसी बुजुर्ग की तरह। वह स्वयं छोटी और भोली-भाली थी, फिर अतुल धनी घर का लड़का था, जो सदा गम्भीर और ठाट-बाट से रहता। वह तो अब भी वैसा ही सीधा-सादा है।

जब तक अतुल रहा, उसके सम्बन्ध में दमयन्ती के विचार में अस्पष्टता थी, परन्तु उसके जाने के बाद वह उसके सम्बन्ध में साहस के साथ सोचने लगी। रात में उसको देर तक नींद नहीं आती। वह अतुल के सम्बन्ध में ही सोचती रहती, अतुल की हर बात उसको अच्छी लगने लगी थी। उसकी छाती कितनी चौड़ी है। उसकी आँखें कितनी अच्छी है। उसकी बोली कितनी मीठी है। उसकी बातें सोचकर वह अपने हृदय में अजीब मीठा दर्द महसूस करने लगी। कभी उसको गर्व होता कि अतुल जैसा लड़का उसके लिए अपना सब-कुछ कुर्बान करने को तैयार है। कभी उसकी आँखें अनायास भर आतीं। वह सोचती कि दशहरा कब आएगा? उसका एक-एक दिन कठिनता से बीतने लगा। कभी-कभी वह निराश हो जाती और उसको लगता कि यह सब सपना है। अतुल उसके दिल में सदा बना रहता। वह उसके रोम-रोम में बस गया था। वह मानसिक रूप से एकदम बदल गई थी। पहले वह बच्ची थी, परन्तु अब वह एक ऐसी स्त्री हो चुकी थी, जो एक सशक्त पुरुष के दिल में बसती थी।

वह प्यार के गर्व एवं खुशी से इतनी अभिभूत हो गई कि उसने अपना सारा रहस्य दर्जे की एक सहेली को बता दिया था, जो उसी की तरह सरल और चुप्पी थी। उस सहेली ने उसको ईर्ष्या से देखा और राय दी कि प्रेम के लिए उसको मर मिटने को तैयार रहना चाहिए। दमयन्ती ने आश्वासन दिया कि वह अपना सब-कुछ कुर्बान कर देगी। उस दिन से वह सहेली दमयन्ती की बहुत इज्ज़त करने लगी। वह

सदा दमयन्ती के साथ बनी रहती और खोद-खोद कर उसके प्रेम के सम्बन्ध में और बातें पूछती। दमयन्ती को अनुभव तो खाक नहीं था, किन्तु उसने कल्पना से गढ़ कर कुछ ऐसी प्रभावशाली बातें बताई जिनको सुनकर उसकी सहेली के आश्चर्य और ईर्ष्या में और वृद्धि हो गई थी।

परन्तु जिस दिन अतुल आया, वह बाहर निकल ही न सकी। पता नहीं कैसे भय और शर्म से वह जड़ हो गई थी! वस्तुतः वह शर्म तथा डर नहीं बल्कि उसका प्यार था जो नाना प्रकार की आशंकाओं का रूप ग्रहण कर रहा था। वह अतुल को प्यार करती है, यही बात उसको असम्भव लगने लगी। वह दिन भर अपने कमरे में सिरदर्द का बहाना करके पड़ी रही, लेकिन साथ ही वह अत्यधिक बेचैनी से प्रतीक्षा करती रही कि अतुल उसको ढूँढ़ता हुआ उसके घर में आए।

दिन के तीसरे पहर में अतुल आया था। उसकी आवाज सुनकर दमयन्ती की साँस रुक गई। इसके पूर्व वह अतुल से मन-ही-मन नाराज़ हो चुकी थी कि उसने आने में इतना विलम्ब कर दिया। उसने रूठकर यहाँ तक निश्चय कर लिया था कि वह अतुल से नहीं बोलेगी। लेकिन अब वह सोच रही थी कि अतुल आया ही क्यों? उसकी इच्छा हुई कि वह कहीं भाग जाए।

''दादी जी...दमयन्ती की तबीयत कैसी है?' 'विनय ने बताया कि उसकी तबीयत ठीक नहीं।...यह रख लीजिए।'' अतुल ने दादी के सामने कागज से लिपटा एक बड़ा पैकेट रख दिया था।

''यह क्या है बेटा?'' बुढ़िया ने पूछा।

अतुल ने संकोचपूर्वक बताया, ''कोई खास चीज नहीं...थोड़ी मिठाइयाँ हैं...मैं तो कभी कुछ लाता नहीं...।''

''जीते रहो, बेटा। खूब फलो-फूलो। ...बिटिया कमरे में पड़ी हुई है। सवेरे से कुछ खाया-पीया नहीं, सिर में दर्द है...अभी तो एनासिन की टिकिया खाने को दी है।''

''अच्छा...देखूँ तो...,'' कहकर अतुल खट-खट उसके कमरे में चला आया था। दमयन्ती तेजी से उठ खड़ी हुई। अतुल कुछ कहने जा रहा था, परन्तु उसकी आवाज उसके मुँह ही में रह गई और वह मुग्ध भाव से एकटक दमयन्ती को देखने लगा। दमयन्ती का मुख पीला पड़ गया था। उसने एक क्षण के लिए अतुल को अपनी बड़ी-बड़ी आँखों से देखा, फिर फुर्ती से झुककर उसके पैर को छू लिया।

अतुल कुछ देर के लिए ठगा-सा जैसा का तैसा खड़ा रह गया। उसका मुँह दमक उठा, जैसे उसके दिल में कुछ जल उठा हो। उसकी आँखें चमकने लगीं। उसने आगे बढ़कर दमयन्ती का हाथ अपने हाथ में ले लिया। फिर गाढ़े स्वर में धीरे-धीरे बोला :

''मैं जानता था कि तुम बहुत ही अच्छी हो। तुम लड़कपन से ही बहुत नेक हो। मैंने तुम्हारे बारे में कभी नहीं सोचा था, परन्तु पिछली गर्मी की छुट्टियों में जब

मैंने तुमको देखा तो मेरे दिल में जैसे बिजली कौंध गई। मुझे ऐसा लगा कि तुम्हारी जैसी अच्छी लड़की मुझको कहीं देखने को नहीं मिली। लड़कपन में हम-तुम कभी-कभी एक संग खेले भी थे, यद्यपि बहुत कम। तुम बहुत छोटी भी थीं। उस समय भी तुम गम्भीर रहती थीं जबकि मैं बहुत दब्बू था। अब तुम बड़ी हो गई हो। ये सारी बातें मेरे दिमाग में एक ही साथ आईं। मेरा दिल कहता था कि तुम मुझको जरूर मिलोगी...।"

वह देर तक न मालूम क्या कहता रहा। दमयन्ती भावाभिभूत होकर सिसकती रही। वह कैसा सुन्दर दिन था! क्वार की धूप बहुत ही चटकीली थी—गेंदा के फूल की तरह पीली और खुशनुमा! कभी-कभी ठंडी हवा का झोंका कमरे में शोखी से घुस आता और दमयन्ती की साड़ी तथा अतुल के कुर्ते को फड़फडा देता। अतुल ने अन्त में कहा था, "तुम खूब मेहनत से पढ़ो, दमयन्ती। हमारा देश बहुत पिछड़ा हुआ है, खास तरह से औरतें। जब तक तुम पढ़ोगी नहीं तुम में साहस नहीं आएगा और तुम रास्ते की बाधाओं का मुकाबला नहीं कर सकोगी। मैं चाहता हूँ कि तुम आगे बढ़ो...।"

फिर दो वर्ष के दिन कैसे सुख में बीते थे! छुट्टियों में अतुल आता था और उसके लिए अच्छी-अच्छी किताबें लाता था, जिनको पढ़कर वह देश तथा समाज की तरक्की करने के सपने देखती। वह अतुल से बातें करने के लिए प्यासी रहती परन्तु उसके पास पहुँच कर उसकी वाणी अवश विमुग्धता में खो जाती। वे कभी-कभी रात को चुपके से मिलते थे। एक बार अतुल अपनी जेब में छिपाकर सेब लाया था। उसने आधा सेब अपने मुँह में पकड़ लिया और शेष आधे को दमयन्ती से खाने के लिए कहा। अपनी इस कौतुकपूर्ण हरकत पर वे देर तक हँसते रहे थे। रात के अन्धकार में वे किस तरह एक-दूसरे से घिरे खड़े रहते। दमयन्ती भरी-भरी रहती। वह अतुल के लिए क्या नहीं कर सकती थी? अतुल के गहरे सशक्त चुम्बनों से उसकी साँस असीम खुशी की उत्तेजना में घुटने लगती। हवा सरसराती थी। सितारे मुस्कराते थे। अदृश्य में कोई खड़ा जैसे हाथ उठाकर आशीष देता था। वे दिन और रातें किस तरह अदृश्य हो गईं...।

दमयन्ती उठकर बैठ गई। उसने आँचल से मुँह पोंछा। आँसू से उसका गला तथा ब्लाउज का कुछ हिस्सा भींग गया था। विनय पास ही सोया था, नहीं तो वह जोर से चिल्लाने लगती। जिस दुख को उसने जबरदस्ती दबा रखा था उसी को गाँव के लोगों के व्यवहार ने उभारकर रख दिया था। उसको लगा, जैसे यहाँ के लोग उसके पुराने जीवन को जानते हों। वह अपने को अविवाहित कहती है, लेकिन वह पवित्र कहाँ है। उसका आचरण क्या अच्छा कहा जाएगा? वह इन लोगों की क्या तरक्की करेगी? वह इस दुनिया में एकदम बे-सहारा है और उसको कोई प्रेम और सहानुभूति से नहीं देखता। पिताजी तथा दादी अवश्य हैं, जो अब अपंग तथा

असमर्थ हो गए हैं और विनय भी, जो अभी बच्चा है। वह बाहर आँगन में अब भी तेजी से बरसते हुए पानी को देख रही थी। ऐसी ही अँधेरी वह रात थी।

उस दिन मुन्नी ने बताया था कि अतुल की शादी तय हो गई है। लड़की बहुत सुन्दर है और उसके बाप बहुत धनी हैं, जो तिलक में दस हज़ार देंगे। यह सुनकर दमयंन्ती का सारा शरीर सुन्न हो गया था जैसे देह का सारा खून बाहर निकल गया हो परन्तु उसको विश्वास न हुआ। जिसने उसके शरीर को आलिंगन में बाँध कर कसमें खाई थीं, जो उसको अच्छी-अच्छी रायें देता रहा और उसकी भलाई के लिए सदा सोचता रहा, वह ऐसा नहीं कर सकता। अतुल उसका है क्योंकि अब भी उसकी आँखें उसी तरह प्यार से मुस्कराती हैं और उसकी हथेलियों में वैसी ही प्यार की गर्मी है।

आसाढ़ चढ़ चुका था और शाम से ही पानी पीट रहा था। गर्मी की छुट्टियाँ खत्म हो रही थीं। उसी वर्ष दमयन्ती ने टेन्थ द्वितीय श्रेणी में पास किया था। रात गुजर रही थी परन्तु दमयन्ती की आँखें खुली थीं। लगता था जैसे दुख और निराशा से उसका कलेजा फट जाएगा। वह चुपके से उठी और दरवाजा खोलकर धीरे-से बाहर निकल गई। बाहर से दरवाजा उठँगा दिया। अतुल बाहर अपने बरामदे में अकेले सोता था। दमयन्ती भींगती हुई बेधड़क उसके पास पहुँच गई। वह बुरी तरह काँप रही थी और उसके हृदय के बाँध को तोड़-फोड़ कर बड़े जोर की सिसकी निकलना चाहती थी। काँपते हाथों से उसने अतुल को हिलाया।

अतुल हड़बड़ा कर उठा। दमयन्ती ने उसके मुँह पर कोमलतापूर्वक हाथ फेरकर कहा, "मैं हूँ।"

"क्या है?" अतुल ने डरे स्वर में पूछा।

"मुझे बहुत डर लगता है...आप मुझे छोड़ तो नहीं देंगे?" दमयन्ती का सारा शरीर बुरी तरह काँप रहा था। वह अतुल की छाती में मुँह छिपाकर सिसकने लगी थी।

"आखिर यह प्रश्न क्यों कर रही हो? क्या तुमको मुझ पर विश्वास नहीं?...जाओ, जल्दी कपड़े बदल लो। तुम बुरी तरह भींग गई हो... बीमार पड़ जाओगी।"

वह आश्वस्त होकर वापस आई थी, लेकिन उस दिन के बाद अतुल उससे कटा-कटा रहता। उसने दमयन्ती से मिलना बहुत कम कर दिया और मिलता भी तो उड़ी-उड़ी दृष्टि से उसको देखता और उखड़ी-उखड़ी बातें करता। नतीजा निकलने के बाद अतुल दमयन्ती से बिना मिले ही अपने मामा के यहाँ चला गया तो दमयन्ती का हृदय हाहाकार कर उठा। अतुल की शादी की खबर चारों ओर फैलती गई; और एक दिन जब दमयन्ती के पिता ने यह बात कही तो दमयन्ती का सारा सुख-चैन लुट गया। उसकी इच्छा हुई कि वह अपने जीवन का अन्त कर ले।

अतुल ने उसको किसी लायक नहीं रखा था, वह नहीं जानती थी कि अपना स्वार्थ-साधन करने के लिए उसने चिकनी-चुपड़ी बातें करके उसका मन मोह लिया। कभी-कभी वह सोचती कि यदि अतुल से उसकी एक बार और मुलाकात हो जाए तो वह रो-रोकर उससे अपने दिल की कथा कहे तो अतुल फिर उसको उसी तरह प्यार करने लगेगा। इतना सीधा-सादा और सरल स्वभाव का अतुल इतनी जल्दी कैसे बदल जाएगा?

परन्तु अगले जाड़े में अतुल की शादी हो गई थी। बारात जाने के एक सप्ताह पूर्व अतुल घर आया था। दमयन्ती की हालत पागलों-जैसी हो गई थी। आश्चर्य यह था कि उसने इतना भारी दुख बरदाश्त कर लिया। शादी के कुछ दिनों बाद उसने दमयन्ती के नाम एक चिट्ठी लिखी थी—मैं दब्बू का दब्बू ही रहा। मैंने तुम्हारे साथ जो अन्याय किया है, उसकी माफी मैं नहीं मागूँगा। मैं तुमसे यही प्रार्थना करूँगा कि तुम किसी अच्छे लड़के से शादी कर लेना और मुझे भूल जाना...।

पूरा एक वर्ष बीत गया। दमयन्ती ने आगे पढ़ना-लिखना छोड़ दिया। उसका दुख इतना गहरा था कि उसकी अनुभूति-शक्ति ही समाप्त हो गई। उसके बाद कुटुम्ब पर एक गम्भीर विपत्ति आ पड़ी थी। उसके पिताजी के दाहिने पैर पर फालिज गिर गई थी। उन्होंने चारपाई पकड़ ली। उनकी चिकित्सा में बड़ा खर्च हुआ, परन्तु कोई लाभ नहीं हुआ। ऐसे वक्त दमयन्ती में न मालूम कहाँ की शक्ति आ गई। वह दिन-रात पिताजी की सेवा में जुटी रही। वह कब सोती है, इसका भी उसको एहसास नहीं था। और घर की हालत खराब होती गई।

"बाबूजी, आप फिक्र न करें," एक दिन दमयन्ती ने पिताजी के चिन्तित चेहरे को देखकर कहा, "मैं नौकरी करूँगी। आप जरूर अच्छे हो जाएँगे। मैं विनय को अधिक-से-अधिक पढ़ाऊँगी।"

"ठीक है बेटी।" उसके पिताजी रोने लगे थे।

दमयन्ती नहीं कह सकती कि उनकी सहमति से उसको खुशी हुई थी। वस्तुतः वह सुख और दुख के परे थी। उसके दिल में एक आग जल रही थी। वह साहस, संघर्ष और कर्मठता का जीवन अपना कर अपने दुख, निराशा और अपमान का बदला चुकाएगी।

[3]

विशुनपुर गाँव छोटा नहीं कहा जा सकता, परन्तु उसमें कोई स्कूल नहीं था और लड़कों को पढ़ने के लिए रामगढ़ जाना पड़ता, जहाँ अस्पताल, थाना वगैरह भी थे। यह गाँव करीब-करीब अर्धवृत्ताकार फैला है, जिसके उत्तर में अहीरों का और

दक्षिण में पासियों का टोला है। बीच में ब्राह्मणों, ठाकुरों और बनियों के मिले-जुले घर हैं। गाँव के सामने एक मैदान फैलता गया है, जो चरागाह के काम आता है। कुछ दूर जाने पर एक तालाब मिलेगा, जिसके किनारे एक पुराना और ठूँठ पीपल का पेड़ काँपता-सा खड़ा है। गाँव से एक पगडंडी इठलाती हुई आती है और पेड़ के पास से होकर रामगढ़ की ओर चली जाती है। गाँव को कुछ सैलाबी भी कहना चाहिए। बरसात में बहुधा उसके चारों ओर पानी ही पानी हो जाता और काफी फसल नुकसान हो जाती। लोगों को विशेष रूप से रबी की फसल पर निर्भर रहना पड़ता है। बहुत से लोग तो टोकरी बनाकर शहर में बेच आते या दूसरे गाँवों के खेतों या ईंट के भट्ठों पर मज़दूरी करके गुजर-बसर करते।

दमयन्ती कई दिनों तक घूमती रही। उसने देखा कि गाँव में शिक्षित लोगों की संख्या बहुत ही कम थी यानी दो चार ही। शेष लोग पढ़ना-लिखना जरा भी जरूरी नहीं समझते। उनके दिमाग में यह बात आती ही न थी कि अक्षर-ज्ञान से कोई लाभ भी है। वे अपने लड़कों को स्कूल भेजते ही न थे। वे कहते कि उनके बाप-दादा ही कहाँ पढ़े थे? खुद उन्होंने कहाँ पढ़ा था? तकदीर-तकदीर की बात होती है। तकदीर अच्छी होगी तो लड़का न पढ़कर भी अच्छा कमाएगा-खाएगा और बुरी होगी तो लाख पढ़कर भी रेत-पाई बना रहेगा।

"मेरे लड़के की तो किस्मत ही में पढ़ना नहीं लिखा है बहिन जी," अहीर टोला के छकौड़ी की स्त्री ने विज्ञ की तरह कहा, "इसके बाबू दो बार इसको रामगढ़ के स्कूल में बैठा आए और दोनों बार इसने चारपाई पकड़ ली। ढेलू पंडित ने इसका हाथ देखकर कहा कि इसकी तकदीर में विद्या ही नहीं तो यह पढ़ेगा क्या खाक?"

"अब मैं पढ़ाऊँगी इसको, तकदीर बनाने से बनती है।" दमयन्ती ने मुस्कराते हुए कहा।

"बहिन जी, स्कूल में मुर्गी का अण्डा-वण्डा तो नहीं दिया जाएगा?"

दमयन्ती ने उसको अचम्भे से देखा। वह अट्ठाईस-तीस वर्ष की औरत थी, जो गन्दी साड़ी पहने थी और जिसके हाथों में नीली-नीली नसें उभर आई थीं। वह अपने साधारण घूँघट में से दमयन्ती को एक अजीब सन्देह, हास्य तथा संकोच के मिश्रित भाव से देख रही थी। औरतों की ऐसी ही नजरों का दमयन्ती को सामना करना पड़ता। अकारण असीम सन्देह का भाव। ग्रामसेविका की जाति का कोई ठिकाना नहीं और वह लोगों का धर्म चौपट करने आई है। हिन्दू की जवान लड़की क्या छूटी-सी इसी तरह घूम सकती है?

"नहीं बहिन," दमयन्ती ने समझाया, "हम कोई ऐसी बात नहीं करेंगे जिससे लोगों का धर्म बिगड़े। पहले इस देश पर गोरे लोग राज करते थे। उन लोगों की

खुशी इसी में थी कि यहाँ के लोग गरीब और अशिक्षित रहें। अब अपने देश के लोगों की सरकार आई है। वह चाहती है कि हमारे गाँव में रहनेवाले पढ़े-लिखें, क्योंकि पढ़-लिखकर ही वे अपने काम को अच्छी तरह समझकर तरक्की कर सकते हैं। पढ़ाई सरस्वती और लक्ष्मी दोनों है...।"

"अच्छा बहिन जी, खोलिए स्कूल। इसकी तकदीर में होगा तो यह भी पढ़ जाएगा, अभी तो इसकी तबीयत ठीक नहीं। जब सारे गाँव के लड़के जाएँगे तो क्या यह ही रह जाएगा?"

सुमिरनी दाई के घर में पढ़ाई फलती ही नहीं। वह पहले से ही क्रोध में मेढक की तरह फूली ग्रामसेविका का इन्तजार कर रही थी। उसने दमयन्ती के समाने अपने हाथ को करछुल की तरह घुमा कर कहा, "कैसी बात करती हो, बहिन जी? पढ़ाई जाए चूल्हा में। मेरा लड़का आवारा ही रहेगा। बाबा रे, उस साल लड़के को स्कूल भेजा तो छह ही दिन बाद उसके चाचा को क्या हो गया कि शाम होते-होते...। चलो चलो, बहुत देखे हैं तुम्हारे जैसे।"

अजीब-अजीब विश्वास हैं। कोई कहता है कि पढ़ने-लिखने से गरीबी आती है। लड़के को भिखमंगा बनाना है क्या? घीसू की पतोह ने कहा कि पढ़ने से लड़के का दिमाग उल्टा-सीधा हो जाएगा और वह घर से भाग जाएगा। काली माई बनाए रखें, उसको एक ही तो लड़का है ले-देकर। बहोर की बहू को भी शंका है। उसकी आँखों में कोई धूल झोंक सकता है? वह शहर में भाई के पास जाकर सब कुछ देख चुकी है। उसके भाई का लड़का अनिलवा दो अक्षर पढ़ गया कि दो पैसे की बुलबुली रखकर आवारे की तरह घूमता है, माँ-बाप को घुड़कता है और कोई भी काम-धाम नहीं करता।

पासी टोला के स्त्री-मर्द तो जैसे पढ़ाई के दुश्मन हैं। चिथड़े में रहनेवाले लोग। फूस की झोंपड़ियाँ। उनके लड़के होश सँभालते जवान हो जाते हैं। कैसा खेल-कूद, लाड़-प्यार? भगवान ने सबको हाथ-पैर दिए हैं, टोकरी बनाकर शहर में बेचो तो पेट का गड्ढा भरो।

"पढ़ाई रोटी-दाल तो नहीं है, बिटिया?" भीम पासी ने सोच-सोचकर तथा एक-एक शब्द को चबा-चबाकर कहा, "यह बड़े लोगों के चोंचले हैं। जिसके पास खाने भर को कोठिला भर अनाज है, वे अपने लड़कों को दिल्ली-कलकत्ता भिजवाएँ या घर बिठाएँ, उनका क्या बिगड़ने वाला है? पढ़ाई-लिखाई, सुख-आराम सब उन्हीं के लिए है। यहाँ तो यह हाल है कि लड़का मर-मजदूरी करके दो पैसा लाएगा तो कम-से-कम अपना गड्ढा तो भर लेगा?"

दमयन्ती इन लोगों को समझने में बहुत धीरज से काम लेती है। वह मीठे स्वर में धीरे-धीरे बोलती है। उनके क्रोध और शंका का जवाब मुस्कराकर देती है। आदमी अपनी तकदीर आप बनाता है। अगर खेत की जुताई ठीक से न की जाए, उसमें

अच्छी खाद और अच्छे बीज न डाले जाएँ तो क्या अच्छी पैदावार अपने आप हो जाएगी? असल चीज है अपनी मेहनत, अपनी कोशिश और अपनी बुद्धि। कौन जानता है कि इन्हीं में से कई पढ़कर बहुत बड़े आदमी न हो जाएँ और अपने देश का नाम ऊँचा न करें? लेकिन इनको पढ़ाया ही न जाएगा तो वे क्या कर सकेंगे? संकट-दुख तो सब पर पड़ते हैं। आदमी पैदा होता है तो मरता भी है। इसका दोष लड़के की पढ़ाई पर नहीं थोपा जा सकता। लड़का बीमार पड़ता है तो ठीक से उसकी दवा कराइए। पढ़ने से लड़का खराब नहीं होगा, बल्कि रोज दो बात अच्छी ही सीख कर आएगा...।

औरतों के स्कूल के तो लोग सख़्त खिलाफ हैं। पढ़-लिखकर औरतें आजाद हो जाएँगी और घर छोड़कर भाग जाएँगी। ऐसा कभी हुआ है आज तक? अब यही तो रह गया है कि औरतों को बाजार में नचाया जाए! बड़ी जातियों के लोग अपनी जवान बेटियों और बहुओं को बाहर नहीं भेज सकते। छोटी जातियों की औरतें सारी बातें ध्यानपूर्वक सुनकर कहती हैं, "बहिन जी, तकदीर में तो घास खोदना लिखा है, पढ़-लिखकर हम क्या करेंगी?"

दमयन्ती ने समझाया कि स्कूल में पढ़ाई-लिखाई के अलावा औरतों को सिलाई-बुनाई की भी शिक्षा दी जाएगी। इस तरह वे जहाँ अपने घर में बैठी-बैठी जरूरत के कपड़े सिल लेंगी, वहाँ उनका पैसा बचेगा और समय का ठीक इस्तेमाल भी हो सकेगा। उनको यह भी बताया जाएगा कि वे घर-गृहस्थी तथा बच्चों को किस तरह ठीक से रख सकती हैं।

एक दिन शाम को दमयन्ती को एक विचित्र और आनन्ददायी अनुभव हुआ। जंगी अहीर अपने दरवाजे पर खड़ा शर्म और शिष्टता से आँखें मलका-मलका कर दमयन्ती को देख रहा था। लगभग पाँच फुट का दुबला पतला शरीर, पिचके गाल छोटी-छोटी धँसी आँखें और ढलती उम्र। वह गन्दी उटंग धोती तथा गाढ़े की बनियान पहनकर माँद में से निकली लोमड़ी की तरह खड़ा था। उसने हाथ उठाकर सलाम किया तो दमयन्ती को अफसोस हुआ कि उसने ही पहले क्यों न ऐसा कर दिया था।

"काका, मैं ग्रामसेविका!"

"मैं अच्छी तरह जानता हूँ बिटिया।" जंगी इस तरह मुस्कराया जैसे उसने कोई शाबासी का काम नहीं किया हो, "जो है सो भीतर ही चली आओ...।" वह घूमकर घर के अन्दर घुसा, जिसके पीछे-पीछे दमयन्ती भी कुतूहल एवं अनजान आशंका से भरी चली गई।

"अरे कनिया की अम्माँ! देखो कौन आया है? जो है सो कुछ जल-पानी लाओ!" जंगी आँगन में पहुँचकर बोल रहा था।

"काका, मैं तो पानी पीकर ही चली हूँ।"

"भला यह भी हो सकता है? बिटिया का पहले-पहल चरण पड़ा है...थोड़ा मीठा...। बैठा जाए बिटिया खाट पर...।" जंगी व्यस्त हो उठा।

"मैं ठीक हूँ काका।" दमयन्ती का हृदय कृतज्ञता से गद्गद हो रहा था।

"मैं समझ गया!" जंगी पुनः उसी महत्त्वपूर्ण ढंग से मुसकराया। फिर एक ओर पड़े अधटूटे तख्त पर बैठकर बोला, "मैं सब कुछ जानता हूँ तुम पढ़ी-लिखी लड़कियों के बारे में। महात्मा जी भी तो कह गए हैं कि बड़ों का आदर करो। ...लो मैं भी बैठ गया हूँ। अब बैठ जाओ।...क्या मैं जानता नहीं कि तुम महात्मा जी का काम करने आई हो, बिटिया? मुझसे कोई बात छिपी नहीं। जो है सो यह तो बहुत अच्छा काम है। महात्मा जी तो यादव ही थे! वह श्रीकृष्ण जी के अवतार थे तो यादव हुए कि नहीं? कृष्ण भगवान माखन चुराते हैं तो महात्मा जी चरखा चलाते हैं। जो है सो दोनों मोहन ही ठहरें। मैं जेहल में था तो कंगरेसी जी ने सब कुछ बता दिया था मुझको...।"

"आप जेल भी गए हैं, काका?" दमयन्ती ने चकित होकर पूछा। वह संकोचवश चारपाई की पाटी पर बैठी थी और कभी-कभी सामने के ओसारे में देख लेती थी जहाँ दो औरतें खम्भे के पीछे खड़ी थीं।

"मैं क्यों पीछे रहूँ बिटिया?...यह तो पवित्र काम है।" वह इस तरह हँसा जैसे इसका इसको गर्व न हो। फिर सहसा गम्भीर होकर बोला, "अरे, कनिया की माँ! इनसे क्या शर्म करती है? यह तो महात्माजी की 'कारज' करती हैं। जो है सो मीठा लाओ जल्दी।"

फौरन ही करीब चौदह साल की लड़की ओसारे से आँगन में आकर हिरनी की तरह ठिठककर खड़ी हो गई। कुछ देर बाद एक अधेड़ औरत आधा घूँघट काढ़कर तेजी से आँगन में आई। उसके एक हाथ में कटोरा था जिसमें गुड़ था। दूसरे में लोटा। दोनों को यथास्थान रखकर वह जिस तरह आई थी उसी तरह चली गई। उसके साथ-ही-साथ कनिया भी भागकर गायब हो गई फुर्गुद्दी की तरह।

जंगी का वक्तव्य जारी था। जब यह महात्मा जी का काम है तो क्या वह लड़की को लिखने-पढ़ने से मना कर सकता है? लेकिन यह सयानी हुई, दूसरे के घर पढ़ने कैसे जाएगी। क्या स्कूल उसी की दालान में नहीं लग सकता? वह तो साफ दिल का आदमी है, पर दुनिया बहुत बेईमान है। किस्म-किस्म की बातें करने लगते हैं लोग—मुँह तो सबके पास है। लड़की उसकी एकदम बछिया है। मुँह में जीभ ही नहीं है उसके। शादी तो हो गई है, पर लड़का अभी कुछ छोटा है। यह भी तो अभी दुधमुँही बच्ची ही है। जो है सो एक दो साल बाद गौना कर देना है। ससुराल जाने के पहले महात्मा जी का कुछ मन्त्र सीख-पढ़ ले तो अच्छा ही है...।

दमयन्ती खुश होकर उसकी बातें सुन रही थी। ऐसा सहृदय व्यक्ति उसको कोई नहीं मिला था गाँव में। इस बीच कनिया दो-तीन बार आ चुकी थी। वह अपने बाप

के पास आकर खड़ी हो जाती। कभी वह दमयन्ती को देखकर मुस्करा पड़ती और कभी सिर नीचे गाड़ देती। फिर जल्दी ही भीतर भाग जाती। वह लम्बी-छरहरी और गोरी थी। उसकी आँखें बड़ी-बड़ी और चंचल थीं। वह अपनी पूरी बाढ़ पर थी। उसकी देह कोमल और पुष्ट होकर तन गई थी। वह हवा की तरह पवित्र, हल्की और चंचल थी। उसको देखकर दमयन्ती इस तरह उत्साह और उमंग से भर उठी कि उसकी आँखें भर आईं। कितनी विचित्र और सुन्दर यह जिन्दगी है!" वह सोच रही थी।

[4]

जमुना के पेट में बच्चा है, इसलिए वह झूठ नहीं बोल सकती। आजकल वह अच्छे-अच्छे चित्र देखती है, अच्छी-अच्छी बातें सोचती है और सदा प्रसन्न रहती है। यदि उससे कोई पूछे कि दमयन्ती के बारे में उसका क्या ख्याल है तो वह यही कहेगी कि ग्रामसेविका की बातें उसको अच्छी लगती हैं। वह खूब समझती है कि अगर उसके पति पढ़े-लिखे होते ठीक से तो वह अच्छी जगह पर काम-धाम करते होते। पढ़ाई का महत्त्व वह जानती है। उसके मैके में उसका एक भाई गाँव में सबसे अधिक पढ़ा है तो उसकी कद्र सबसे अधिक होती है और उसी की सूझ-बूझ से कुटुम्ब में सम्पन्नता आई है। सबसे अधिक दुख तो उसको इस बात का था कि उसका लड़का हरिया जंगली घास की तरह बढ़ रहा था और उसकी पढ़ाई-लिखाई के सम्बन्ध में वह कुछ नहीं कर पा रही थी। उसने सुना था कि ग्रामसेविका अपने घर में स्कूल चलाती है, बच्चों का। उसका दिल छटपटा कर रह गया था।

दमयन्ती के सामने वह अभी भी नहीं होती थी। ज्यों ही ग्रामसेविका आती कि उसकी सास रमैनी सहुआइन सब काम-धाम छोड़कर वहाँ आ धमकती। जमुना घूँघट निकालकर कमरे के अन्दर भाग जाती। उसको बड़ा दुख होता था। दमयन्ती का चेहरा देखकर और उसकी बातें सुनकर उसको पता नहीं क्यों बड़ी खुशी होती थी। वह सोचती कि यह लड़की कितनी साहसी है। गाँव के लोग चाहे जो कहें, परन्तु वह विश्वास नहीं कर सकती कि दमयन्ती का आचरण ठीक नहीं। आदमी पहली ही दृष्टि में पहचान में आ जाता है। उसको समझ ही में न आता कि जो औरत अपने घर-द्वार को छोड़कर इतनी दूर आई है और छोटे-छोटे बच्चों और स्त्रियों की पढ़ाई की बात कर रही है, वह बुरी कैसे हो सकती है? वह कभी-कभी सोचती कि वह अपनी सास से हरिया को स्कूल भेजने के लिए कहे। परन्तु उसकी हिम्मत न होती थी। ग्रामसेविका के प्रति रमैनी सहुआइन का रुख बहुत शत्रुतापूर्ण था। फिर

उसको यह भी डर था कि यदि वह सास की इच्छा के खिलाफ कोई बात करेगी तो उसके पति को बहुत बुरा लगेगा। वह सोचती कि उसका पति किसुनराम जब शहर से आएगा तो उसी के सामने यह सुझाव रखेगी।

उस दिन के बाद दमयन्ती दो या तीन बार रमैनी सहुआइन के यहाँ आई थी। उसको देखते ही सहुआइन का मुँह इस तरह फूल जाता जैसे बर्रों ने काट खाया हो। दमयन्ती हतप्रभ हो जाती, परन्तु वह बुढ़िया के दिल से भ्रम निकालने की भी कोशिश करती रहती। बहस वह अधिक नहीं करती थी। रमैनी सहुआइन को बिगड़ते देखकर वह बात को दूसरी ओर मोड़ देती। बुढ़िया को अन्य मीठी-मीठी बातों से खुश रखने की कोशिश करती। वह अपनी दादी की बातें सुनाकर सहुआइन का दिल नर्म करने का प्रयास करती। किस तरह उसकी दादी बाज़ार में उर्दू छाँटती हैं? किस तरह वह अकेले में बड़बड़ाती रहती हैं? किस तरह वह अपने हाथ से खाना खिलाती हैं? सहुआइन मुँह बिगाड़कर बातें सुनती।

जमुना के दिन पूरे हो गए थे और एक दिन उसको बच्ची हुई। प्रसव कराने का काम चमेलिया चमाइन ने किया था। एक छोटी कोठरी में सौरगृह बनाया गया। इस कोठरी के पीछे की ओर दीवार के ऊपर बिल की तरह एक छोटी खिड़की थी जिसको बन्द कर दिया गया। कोठरी का दरवाजा भी उठँगा दिया गया। कोठरी के भीतर और दरवाजे पर बोरसी में आग जला दी गई। दरवाजे पर एक बन्दर की खोपड़ी तथा जूते टाँग दिए गए। जैसा कि इस गाँव के लोगों में विश्वास था, ऐसा इसलिए किया गया कि बच्चे को भूत-प्रेत और हवा-बतास न लगे।

कई दिनों की बारिश के बाद आसमान खुल गया था। जबरदस्त गर्मी और उमस से सभी परेशान थे। सौरगृह में जमुना का हाल एकदम बेहाल था। कोठरी में कहीं से हवा न आ पाती और चौबीसों घंटे धुआँ भरा रहता। जमुना पसीने से नहा-नहा जाती। उसका दम घुटने लगता। बच्ची तो और बेचैन थी। वह सदा रोती और छटपटाती रहती।

एक दिन जमुना सवेरे उठी तो बच्ची के बदन पर हाथ रखते ही चौंक पड़ी। बच्ची का शरीर आग की तरह जल रहा था। वह डर गई।

"अम्माँ जी, मुन्नी को बुखार चढ़ आया है।" दरवाजे के पास पहुँचकर उसने चिन्तित स्वर में कहा।

"क्या कहा?" सहुआइन ने आँख मलते हुए कहा।

जमुना ने अपनी बात दुहरा दी, जिस पर सहुआइन ने अपनी नाक की ओर देखकर कुछ सोचा, फिर धीरे से बोली, "कल चमेलिया के साथ वह हरामजादी काली कलूटी आई थी न? न मालूम कैसी नज़र से तरेर रही थी। वही हरामजादी नज़र लगा गई है। रहो, रधिया मिसिराइन को बुलाती हूँ।"

एक पहर दिन बीतने पर रधिया मिसिराइन आई। मिसिराइन गाँव के लिए वरदान समझी जाती। किसी बच्चे को हैरानी-परेशानी होने पर वह फौरन समझ जाती थी कि उसको हवा-बतास या भूत-प्रेत लगा है। गाँव में कोई रोग-शोक होने पर देवी उसको निश्चित रूप से सपना देती कि इतवार-मंगल को क्या-क्या चढ़ावा चढ़ना चाहिए। बरम डीह, जादू, टोना, हवा-बतास, जिन्न, चुड़ैल आदि की दवा उसके पास रहती थी। इसके अलावा उसमें अन्य गुण भी थे। लड़ाई-झगड़े में उससे कोई जीत नहीं सकता था और वह एक-एक हफ्ता तक अपना मौखिक युद्ध जारी रख सकती थी। एक घर की बात कटु मौलिक अतिरंजना के साथ दूसरे घर में पहुँचाने में भी सिद्धहस्त थी। दो घरों में लड़ाई करा देना उसके बाँए हाथ का खेल था। उससे सभी डरते थे तथा उसकी इज्ज़त करते थे।

"का है भौजी, काहे बुलाया है?" भीतर आते ही मिसिराइन बोली, "सुना था कि बहू को लड़की हुई है। मैं कल ही आने वाली थी कि शिवचरण भैया चले आए। समाचार ठीक है न?"

"पैर लगूँ मिसिराइन जी!" रमैनी सहुआइन बोली, "क्या बताऊँ, सवेरे से ही बच्ची का शरीर जल रहा है।"

"चलूँ, देखूँ तो!" मिसिराइन ने सहुआइन को ऐसी नजर से देखा जैसे बहुत ही तारीफ का काम करने जा रही हो। साथ ही वह थोड़ा हँस भी पड़ी, गोया वह समझती हो कि बुखार के कारण क्या है और उसको वह मिनटों में समाप्त कर देगी। इसके बाद उसने आँगन में जाकर अपने पैरों पर पानी डाला, फिर उनको दरवाजे के पास रखी बोरसी की आग में सेंका तथा अन्त में अपनी साड़ी झाड़ सौरगृह के अन्दर जाकर जमीन पर पसरकर बैठ गई। सहुआइन ने भी वैसा ही किया।

"लाओ तो, बहू!"

जमुना बच्ची को हाथ में लेकर आई। बच्ची नाक और आँखें छोड़कर बुरी तरह कपड़े से लिपटी थी। मिसिराइन ने कपड़ा हटाकर उसके शरीर को हाथ से छूकर देखा। फिर वह चिन्तित होकर शून्य की ओर देखकर कुछ सोचने लगी। ऐसा करते समय उसकी आँखों की पुतलियाँ गायब हो गई थीं। साथ ही वह होंठों में कुछ इस तरह बुदबुदा रही थी, जैसे किसी को श्राप दे रही हो।

"भौजी, कल कोई आया तो नहीं था?" सहसा मिसिराइन ने सहुआइन को रहस्यमय ढंग से पूछा।

"और तो कोई नहीं आया था, मिसिराइन जी। बस चमेलिया चमाइन के साथ एक काली-कलूटी औरत आई थी। वह उसकी ननद थी। वह घूरकर देख रही थी। नजर लगा गई है क्या?"

इसके उत्तर में मिसिराइन गम्भीर होकर कुछ सोचने लगी। उसने फिर पूछा, "सच बताना भौजी, कल सुन्दर पांडे के बगीचे की ओर तो नहीं गई थीं?"

सहुआइन के चेहरे का रंग उड़ गया। वह सकपकाई आवाज में बोली, "झूठ काहे बोलूँ मिसिराइन जी, कल दोपहर तक चमेलिया चमाइन नहीं आई थी। वह रात को चली जाती है। आज भी अभी तक नहीं आई हरामजादी। मैं उसी को बुलाने गई थी।"

"मैं भी कहूँ क्या बात है," मिसिराइन रहस्यपूर्ण आवाज में बोली, "वहीं गड़तुआ बाबा हैं। आजकल बरसात में उतरकर घूमते हैं न। एक खुरपी देना तो।"

गाँव के दक्षिण में पासी टोला के पास कुछ चमारों के घर भी थे। वहीं एक छोटा बगीचा भी था, जिसमें मरे हुए छोटे बच्चे गाड़े जाते थे। लोगों का विश्वास था कि बगीचे में गड़तुआ बाबा रहते हैं और वह बच्चों को पकड़ लेते हैं।

खुरपी लेकर मिसिराइन ने उसके फल को बच्ची के पेट पर फेरा। साथ में कुछ बुदबुदाती भी रही। आखिर में एक काला तागा अपने आँचल में से निकालकर बच्ची के गले में बाँधा और बोली, "दो घंटे बाद सिरहाने साँप की केंचुल का धुआँ देव। दरवाजा और खिड़की खुली न रहे। बच्ची का पूरा शरीर ढका रहे। दालान में एक बोरसी रखवा दो। कोई बाहरी आदमी बिना पैर सेंके और कपड़ा झाड़े भीतर न आए। शाम तक ठीक हो जाएगा।"

मिसिराइन ने जैसा कहा था वैसा ही किया गया, परन्तु बुखार न उतरा। बच्ची अब सुस्त पड़ गई थी। दूसरे दिन झींगुर सोखा बुलाए गए। झींगुर सोखा एक दुबले-पतले अहीर थे। उनके बाल साधुओं की तरह लटियाये हुए रहते थे। वह बेहद नाटे थे और उनकी आँखें बहुत छोटी-छोटी थीं, जिनको देखकर ऐसा लगता था कि वह दिमाग से नहीं बल्कि आँखों से ही सोचते हैं। वह भूतों को वश में करके बाँध देते थे। उनके सम्बन्ध में यह प्रसिद्ध था कि एक भूत को बाँधते समय उनके मुँह से गलत मंत्र निकल गया, जिससे उसको सम्बन्धित भूत ने पटक-पटक कर मारा। फलस्वरूप वह महीनों बीमार पड़े रहे। गनीमत यह थी कि वह बच गए, नहीं तो, वही बताते थे कि अगर दूसरा होता तो उसकी निश्चित मृत्यु हो जाती। उसके बाद वैसी गलती उन्होंने कभी भी नहीं की।

बच्ची को देखते ही झींगुर सोखा ठठाकर हँस पड़े। फिर जोर से बोले, "समझ गया! समझ गया! अच्छा, तुम यहाँ भी आ गए?"

इसके बाद वह कुछ बुदबुदाने लगे। फिर तालियाँ बजाई तथा कुछ इस तरह की आवाज़ें की जैसे औघड़ चिल्लाते हैं। अन्त में बोले, "सहुआइन, सिरहाने सूअर की टट्टी का धुआँ देव। मैंने उसको पकड़ लिया है, जाकर बाँध देता हूँ। इस बार बच्चू निकल नहीं सकते।"

झींगुर सोखा की हिकमत भी काम न आई। बच्ची की हालत खराब होती गई। उसका बुखार और तेज़ हो गया था। वह अपना बदन ऐंठती और चौंक उठती। उसमें रोने की ताकत नहीं रह गई थी। वह रोती तो बहुत ही धीमी आवाज़ में।

जमुना बहुत ही घबरा गई। बुढ़िया अब भी टोना-टोटका कर रही थी परन्तु उस पर से जमुना का विश्वास हट गया था। अगर आज उसके पति यहाँ होते तो वह उनको भेजकर डॉक्टर से दवा मँगवाती। वह किसके पास जाए? किससे कहे? आखिर उससे न रहा गया और उसने चुपके से हरिया को भेज कर दमयन्ती को बुलवाया। पता नहीं क्यों, उसको मन ही मन यह विश्वास था कि अगर इस समय दमयन्ती आ गई तो वह अवश्य ही कोई ऐसा उपाय बताएगी जिससे उसकी बच्ची अच्छी हो जाएगी। वह पढ़ी-लिखी है और शहर से आई है, हो सकता है उसके पास कोई दवा ही हो।

दमयन्ती दौड़ी हुई आई। आते ही वह बोली, "अरे माँ जी, बच्ची हुई और आपने मुझे खबर भी नहीं दी? वह बीमार है, कम से कम ऐसे वक्त तो मुझे बुलाना था! मैं आखिर किस दिन के लिए हूँ? आपने किसी डॉक्टर को दिखाया? बच्ची को कोई दवा दी?"

"डॉक्टर को दिखाकर क्या होता जी?" बुढ़िया ने मुँह फुलाकर कहा।

"आप कैसी बात करती हैं, माँ जी। रामगढ़ में दाई रहती है, उसको बुला लेना चाहिए था। मैंने पहले कह दिया था कि मुझको खबर कर दीजिएगा, मैं सारी व्यवस्था ठीक कर दूँगी। वहाँ पर डॉक्टर भी रहता है। उफ कितनी गर्मी है, और आपने सारे दरवाजे बन्द कर रखे हैं। बाहर भीतर आग जला रखी है। इस हालत में अचम्भा तो यह है कि बच्ची अभी तक जिन्दा है। अगर बच्ची की जान चाहती हैं तो मैं जैसा कहूँ वैसा करें।"

यह कहकर वह पैर धोकर स्वयं सौर में घुस गई। वह स्वयं घबरा गई थी। जमुना के दुख और परेशानी की कल्पना कर वह स्वयं परेशान हो गई थी। अलावा इसके, उसको बुढ़िया की मूर्खता पर भी क्रोध आया था। इस बार जमुना ने उससे पर्दा न किया। दमयन्ती ने उसके मुख की ओर अचम्भे से देखा। जमुना का रंग गहरा साँवला था। वह लम्बी और तन्दुरुस्त थी, परन्तु उसको खूबसूरत नहीं कहा जा सकता। शक्ल से वह अवश्य ही बहुत नेक तबीयत की मालूम पड़ती थी।

"अरे बहिन जी, इसको किसी तरह बचा लो!" उसको देखते ही जमुना ने झुककर उसका पैर पकड़ लिया।

"घबराइए मत, बहिन। सब ठीक ही जाएगा।" दमयन्ती ने ढाढ़स देते हुए खिड़की का दरवाज़ा खोल दिया। सिरहाने से आग हटा दी। बच्ची के शरीर पर जो मोटा कपड़ा लिपटा था, उसको हटाकर एक हल्का कपड़ा उढ़ा दिया। इसके बाद ठंडा पानी लेकर बच्ची के माथे पर पट्टी रखने लगी।

कुछ देर बाद दमयन्ती जमुना को पट्टी रखते जाने की हिदायत देकर, घर चली गई और वहाँ विनय को बच्ची का पूरा हाल बताकर दवा के लिए फौरन

रामगढ़ भेजा। फिर वापस आकर बच्ची के माथे पर पट्टी रखने लगी। रमैनी सहुआइन कुछ बोली तो नहीं, परन्तु वह मुँह फुलाकर बाहर से उसकी ओर बुरी तरह घूर रही थी। आज तक घर में बहू पर उसका शासन चलता रहा। दमयन्ती ने उसकी व्यवस्था में हस्तक्षेप किया था। दमयन्ती की हरकत से वह सख़्त नाराज़ थी। किन्तु उसके सारे उपाय असफल हुए थे इसीलिए उसको कुछ बोलने की हिम्मत नहीं हुई।

एक घंटे बाद दमयन्ती का भाई दवा लेकर लौट आया। दवा दी गई। पट्टी से पहले ही कुछ लाभ हो चुका था। इसके बाद दमयन्ती ने सौर-गृह को झाड़ू से साफ किया। आँगन में कई दिनों का कूड़ा इकट्ठा था, उसकी सफाई की। फिर उसने जमुना का गन्दा बिस्तर हटाकर साफ बिस्तर लगा दिया। जमुना की साड़ी बदलवाई। जमुना उसको भय तथा आश्चर्य से देख रही थी। दमयन्ती उसके डर का कारण जानती थी। उसकी सास की उपस्थिति में यह सब हो रहा था। उसकी शक्ति तथा प्रभुता को चुनौती दी जा रही थी। उसके संस्कार पर आघात किए जा रहे थे। इसका नतीजा क्या होगा? जमुना के घर में कलह और अशान्ति पैदा होगी शायद। परन्तु दमयन्ती ने सोचा था कि इससे अच्छा मौका उसको और कभी नहीं मिलेगा। हर समय अन्धविश्वासों पर हमला नहीं किया जा सकता। गलत मौका पर प्रहार करने से दुश्मन और प्रबल हो जाता है उस पर उसी समय हमला करना चाहिए जब उसके पास कोई जवाब न हो। दुश्मन पर हमेशा कमजोरी की हालत में ही हमला करना उचित होता है। इसीलिए दमयन्ती ने निर्दयतापूर्वक प्रहार किया था।

शाम तक वह बच्ची के पास ही बैठी रही। उस समय तक बच्ची का बुखार बहुत ही कम हो गया। जब यह सूचना दमयन्ती ने दी तो जमुना मुँह पर आँचल रखकर धीरे-धीरे रोने लगी।

"बहिन जी, तुम्हारा यह उपकार कभी नहीं भूलूँगी।" जमुना ने कहा।

"इसमें उपकार की बात नहीं, बहिन! मैं तो तुम्हारी छोटी बहिन हूँ। हवा और सफाई तन्दुरुस्ती के लिए बहुत जरूरी हैं। भूत-प्रेत कुछ नहीं। जमाना तेज़ी से बदल रहा है। बड़े-बड़े रोगों की दवायें तैयार हो गई हैं। पहले दवाओं की सुविधा नहीं थी तो लोग झाड़-फूँक से ही सन्तोष कर लेते थे। कुछ बच्चे अच्छे हो जाते थे तो लोग समझते थे कि यह झाड़-फूँक का ही असर है। परन्तु अनगिनत बच्चे हर वर्ष इन्हीं अन्धविश्वासों के कारण मर जाते हैं। कोई भी बात होने पर फौरन डॉक्टर के यहाँ जाना चाहिए।

यह बात जमुना की समझ में अच्छी तरह आ गई। वह दमयन्ती की मन-ही-मन अत्यधिक कृतज्ञ हो गई थी। वह उसको दिल ही दिल में प्यार करने लगी। यह कोई उस जन्म की देवी है, उसने सोचा। इतनी ही उम्र में ऐसी समझ और ऐसा साहस

उसको कैसे आ गया? एक वे औरतें हैं, जिनकी जिन्दगी घर के अन्दर गन्दगी में बीतती है। उनको न किसी बात की समझ है, न शऊर। वह दमयन्ती से यह सब पूछेगी। क्या वह उसकी तरह नहीं हो सकती? परन्तु ऐसा सोचते ही वह पता नहीं कैसी शर्म तथा भय से भर उठी।

"माताजी, मेरी धृष्टता के लिए मुझे माफ कीजिएगा," जाते वक्त दमयन्ती ने नमस्कार करने के बाद रमैनी सहुआइन से कहा।

परन्तु रमैनी सहुआइन कुछ न बोली। उसने अपना मुँह दूसरी ओर फेर लिया। सहुआइन का कलेजा घृणा और क्रोध से जल रहा था। लचक-लचककर चलनेवाली दो दिन की इस लौंडिया ने उसके पुराने विश्वास और सत्ता पर करारी चोट की थी।

[5]

दमयन्ती के घर पर लड़कों का जो स्कूल लगता था वह कुछ-कुछ चल निकला था। पहले उसको इस काम में कितनी कठिनाई उठानी पड़ी थी? लड़के अपने मन से स्कूल आते ही न थे। उनके घरवाले भी इसको महत्त्वपूर्ण बात नहीं समझते थे। फलस्वरूप दमयन्ती को रोज हरेक के घर जाकर अपने साथ ले आना पड़ता था। वह भी दमयन्ती को उनकी माताओं की झिड़की सुननी पड़ती थी।

कोई तिनककर कहती, "कैसे भेज दें, जी? सवेरे से उसने कुछ खाया-पीया नहीं। मेरे लड़के को कुछ हो-हवा गया तो तुम्हारा क्या हो जाएगा?"

स्कूल में कई समस्याएँ एक ही साथ इकट्ठी हो जातीं। किसी लड़के की नाक बहती होती, किसी का मुँह मैला होता, किसी के पैरों में न मालूम कब की गन्दगी जमा होती। सबसे पहले वह उनके हाथ-मुँह साफ करती। वे बहुत ही लापरवाही से हँसते हुए उसके आदेश का पालन करते। दरअसल उन लड़कों को अनुशासन में रखना टेढ़ी खीर थी। दमयन्ती के लाख समझाने पर भी तबीयत ठीक होते ही वे मार-पीट करने लगते। गन्दी-गन्दी गालियाँ देना उनके लिए बहुत आसान बात थी। कभी-कभी दमयन्ती किसी को जरा-सा डाट देती तो वह दूसरे दिन से स्कूल ही न आता।

उसकी माँ कहती, "नहीं जाएगा हमारा लड़का। घर पर तो उसके बाबू फूल की छड़ी से भी नहीं छूते उसको।"

गाँववालों और खास तरह से औरतों के लिए वह स्कूल एक तमाशा था। औरतें किसी काम से जाती होतीं तो बीच में रुक जातीं और बरामदे में आकर खड़ी

होकर पढ़ाई का तमाशा देखने लगतीं। कुछ तो वहीं ओसारे में बैठ जातीं। कभी-कभी भीड़-सी लग जाती। उस भीड़ को देखकर लड़के और शोर-गुल मचाने लगते।

"बहिन जी," दमयन्ती हाथ जोड़कर कहती, "आप लोग यहाँ रहेंगी तो लड़के पढ़ेंगे नहीं। ये आपके ही लड़के हैं...कोई खेल-तमाशा तो हो नहीं रहा यहाँ पर?"

औरतें वहाँ से खिसियानी सी तथा लापरवाही की कौतुकपूर्ण हँसी हँसती हुई खिसक जातीं। उनमें से कोई कहती, "बाबा रे, कैसी कैंची की तरह मुँह चलता है इस छोकरी का?"

शुरू-शुरू में इस स्कूल के सम्बन्ध में औरतों का अजीब दृष्टिकोण था। वे पता नहीं किस तर्क से यह सोचतीं कि उस स्कूल तथा उसकी मास्टरनी पर उनका अधिकार है और वे जैसा चाहें वैसा व्यवहार कर सकती हैं। चाहे जब लड़के को भर्ती करा दें, चाहे जब उसको जाने ही न दें। वस्तुतः वे समझती थीं कि जिस स्कूल की मास्टरनी मारे-पीटे नहीं, जहाँ फीस न ली जावे, जहाँ पाउडर का दूध मुफ्त में मिले, उस स्कूल से क्या फायदा होने वाला था? ऐसे स्कूल में पढ़कर लड़का कुछ सीख सकेगा? इसके अलावा उनकी व्यावहारिक बुद्धि कहती थी कि जो गरजू होता है उसको दबाना चाहिए, उसकी उपेक्षा करनी चाहिए, उसके काम को महत्त्व नहीं देना चाहिए! दमयन्ती अपनी गरज़ से लड़कों को स्कूल में ले जाती थी, ऐसी उनकी धारणा थी। अपने लड़कों को भेजकर वे दमयन्ती पर एहसान कर रही थीं और अपने इस भाव को प्रकट करने के लिए वे जो चाहे बकती थीं और जिस तरह तबीयत होती थी पेश आती थी।

परन्तु धीरे-धीरे वे समझने लगी थीं कि स्कूल में लड़कों को भेजने से कुछ-न-कुछ लाभ तो है ही। जब वे देखतीं कि उनके पड़ोसी का लड़का स्कूल जाने से कुछ सफाई से रहने लगा है, गाली-गलौज कम करता है, तो वे सोचतीं कि भेजने में कोई हर्ज नहीं। लड़के घर पर रहकर अपनी माताओं को परेशान बहुत करते थे। ऐसी औरतें सोचतीं कि लड़का स्कूल जाएगा तो घर में कुछ देर के लिए शान्ति तो रहेगी। वे लड़के को हाथ पकड़कर घसीटती हुई सीधे स्कूल पहुँच जातीं और झनककर कहती : "सँभालिए बहन जी इसको। घर पर रहकर यह मेरी जान खाए रहता है।"

दमयन्ती मन-ही-मन हँस पड़ती थी। वे इस तरह व्यवहार करती थीं जैसे दमयन्ती उनकी नौकरानी हो, जिसको वे आदेश दे रही हों। परन्तु साथ ही दमयन्ती यह भी देखती थी कि उनके भीतर ही भीतर कुछ परिवर्तन हो रहा है। उनकी आवाज में अब वह शत्रुता नहीं रहती थी। रास्ते में मिलतीं तो दमयन्ती को देखकर शर्माकर मुस्कराने लगतीं। कोई-कोई नमस्ते भी कर देती। दो-एक कुशल समाचार भी पूछ लेतीं। दमयन्ती इसी को बहुत समझती।

दोपहर को अजीब समस्या पैदा होती थी। उस समय स्कूल के लड़कों को पाउडर का दूध दिया जाता था। उस समय उन लड़कों की माताएँ भी, जो अपने लड़कों को स्कूल नहीं भेजतीं, उनको गिलास या कटोरा पकड़ा देतीं और उनको ठेल कर कहतीं, "जा, दूध ले आ स्कूल से।"

सभी हाथ में बर्तन लेकर पहुँच जाते। वे औरतें उस दूध पर अपना अधिकार समझती थीं। यह कैसे हो सकता है कि जो ग्रामसेविका इनकी दया पर यहाँ स्कूल चला रही है, वह इनके लड़के को दूध न दे? उनके दिल में अस्पष्ट सा भाव भी था कि सरकार सबके लिए दूध भेजती है। औरतें ही नहीं, गाँव के मर्दों की भी यही हालत थी। वे सरकार को सन्देह की दृष्टि से देखते, तरक्की की योजनाओं और बातों पर सन्देह करते, परन्तु किसी अजीब तर्क-प्रणाली तथा बुद्धि-रहस्य के कारण उनके दिल में यह भी भाव था कि सरकार को उनका एहसानमन्द होना चाहिए, सरकार जो तरक्की की बात करती है, वह उनके सहयोग के बिना सम्भव नहीं।

दमयन्ती बहुत परेशानी में पड़ती थी। सभी लड़के एक ही साथ हल्ला मचाने लगते थे। कभी-कभी स्कूल में पढ़नेवाले लड़कों तथा बाहरी लड़कों में लड़ाई हो जाती थी। स्कूल में पढ़ने वाले लड़के दूध पर सिर्फ अपना ही अधिकार समझते थे।

"अरे बच्चो! शान्त रहो। दूध सबको मिलेगा। मार-पीट नहीं करते। सबको प्रेम से रहना चाहिए...।" दमयन्ती रुआँसी आवाज में चिल्लाती थी।

"दीदीजी, यह माँ की गाली दे रहा है।"

"दीदीजी, कल इसने मुझे बेटा कहा था।"

"दीदीजी, यह मार रहा है।"

जमुना को मन-ही-मन बहुत अफसोस था कि हरिया स्कूल में पढ़ने नहीं जा रहा है। जिस दिन से दमयन्ती ने दवा मँगाकर बच्ची को चंगा किया था, उसके बाद यह विश्वास बढ़ता गया कि भगवान ने स्वयं कृपा करके दमयन्ती को उनके बीच भेजा है। इधर हरिया भी जिद कर रहा था कि वह स्कूल में पढ़ने जाएगा।

"अम्माँ जी," एक दिन साहस करके जमुना ने रमैनी सहुआइन से कहा, "हरिया बड़ा तंग कर रहा है। आप कहें तो भेज दूँ स्कूल इसको...वहाँ रहेगा तो दो-चार अक्षर जान जाएगा...।"

रमैनी सहुआइन ने घूरकर देखा। उस दिन की घटना के बाद सहुआइन का मुँह फूला रहता था। वह जमुना से बोलती भी न थी। उसके इस व्यवहार से जमुना को बहुत दुख होता था।

"भेज दो...मुझसे क्या पूछती हो?" सहुआइन ने कहा।

"आपको इच्छा न हो तो जाने दीजिए...।"

"कैसी बात करती हो जी?" बुढ़िया चीख पड़ी, "मैं कौन होती हूँ दाल-भात के कौर में ऊँट का ठेहुन? ना बाबा, तुमको जो करना हो करो। मैं कुछ कहूँ भी नहीं और दुम लहरा लगा दो कि मेरी ही वजह से लड़का स्कूल में पढ़ने नहीं जाता...यह मैं नहीं चाहती। भेजो लड़के को स्कूल में पढ़ने। ठहरो...मैं ग्रामसेविका को बुलाकर कह देती हूँ...।"

जमुना को सास की बात से बहुत चोट पहुँची। वह उनका इतना ख्याल रखती है, उनके आराम के लिए वह अपने शरीर की परवाह नहीं करती, और वह जब तबीयत होती है, तभी ऐसी-वैसी बातें कह देती हैं। वह उनका मतलब खूब समझती है। वह कुछ बोलती नहीं, पर वह बेवकूफ नहीं। उनके शहर से आने पर तो वही पास में बैठकर घंटों न मालूम क्या-क्या जोड़ती-तोड़ती हैं। वह भी हर बात में अपनी माँ का पक्ष ही लेते हैं और उसको ही बुरा-भला कहते हैं। वह तो अपनी बात भी नहीं कह पाती। उसका हृदय दुख और अपमान से परिपूर्ण हो गया। वह मुँह पर आँचल रखकर रोने लगी।

[6]

सवेरे से ही आसमान में बादल छाए हैं। हवा तेज चल रही है। बादल बरसने वाले नहीं, वे घुड़दौड़ में शामिल होने वाले होशियार और तेज घोड़ों की तरह दौड़ रहे हैं। हवा के तेज झोंके धूल, सूखे पत्ते तथा तिनके चारों ओर बिखेर रहे हैं।

लखना भी सवेरे से ही घर से निकला था। दो-चार दिन हुए, वह अपने मामा के यहाँ से आया था। उसकी उम्र बारह वर्ष से अधिक नहीं। वह तन्दुरुस्त और फुर्तीला था। वह सुन्दर भी बहुत था। गोरा रंग और नुकीली नाक। उसकी आँखें छोटी-छोटी थीं और भौंहें एक-दूसरे से मिली थीं।

अपने बहुत से असाधारण गुणों के कारण लखना गाँव में प्रसिद्ध है। वह अपने घर में बहुत कम रहता है। इधर-उधर घूमना और गाली-गलौज तथा मार-पीट करना उसकी मुख्य विशेषता है। वह ऊँचे से ऊँचे पेड़ पर चढ़ जाएगा और भरी नदी में तैर जाएगा। गुलेलबाजी तो कोई उससे सीखे। गुलेल से तो वह उड़ती चिड़िया को भी मार गिराता था। वह अपनी टेट में सदा गुलेल खोंसे रहता। लोगों का कहना था कि वह पूरा आवारा निकल गया है। जैसा बाप वैसा बेटा।

पहले-पहल लखना ने चैतुआ के साथ गोलियाँ खेली थीं। चैतुआ कमजोर, डींगू और रोअनिया लड़का है, इसलिए लखना ने पहले उससे यह स्वीकार करा लिया था कि गोलियाँ हराने पर वह रोयेगा नहीं। अपने स्वभाव के अनुसार चैतुआ ने उत्साहपूर्वक खेलना आरम्भ किया परन्तु गोलियाँ हारने के बाद रोने भी लगा। वह

कहने लगा कि लखना ने बेईमानी करके उसकी सारी गोलियाँ जीत ली हैं। लखना को बहुत गुस्सा आया। उसने चैतुआ को दो-चार घूसे लगाए और फिर वहाँ से चम्पत हो गया।

वहाँ से भागकर वह तालाब के किनारे चला गया था। पीपल के पेड़ पर चढ़कर वह इत्मीनान से बैठ गया और कुछ देर तक उड़ती चिड़ियों पर गुलेल से निशाना साधता रहा। कभी वह तालाब में ढेले फेंकता। पानी में से 'डब' की जो आवाज़ आती थी उससे उसको बड़ा आनन्द आता था। इसके बाद वह कुछ देर तक एक डाली में दोनों पैरों को बाँधकर उलटे सिर पर लटका रहा।

नीचे उतरकर वह देर तक तालाब के किनारे छोटे-छोटे शंख और सितुहियाँ बीनता रहा। इस अनुसन्धान कार्य में उसको और बहुत से महत्त्वपूर्ण सामान मिले जैसे दो चिकने, गोले और छोटे पत्थर, टिन का एक छोटा टुकड़ा, दियासलाई का एक खाली डिब्बा और दो प्यारी, चितकबरी तितलियाँ। उनको अपनी जेब के हवाले करके वह तितलियों को उड़ाता रहा। तितलियों को उड़ाना उसको बहुत पसन्द है। वह उनको तंग नहीं करता, बल्कि वह प्यार से पकड़ता है और धीरे से छोड़ देता है अन्त में स्नेहपूर्वक हँसता हुआ उनके पीछे दौड़ता है।

फिर वह सारे कपड़े निकालकर तालाब के जल में कूद गया था। वह देर तक तैरता रहा। कभी वह मुर्दा की तरह पानी पर सो जाता। कभी बीच में जाकर तोड़कर कँवलगट्टे खाता। पानी में डूबना भी उसको अच्छा लगता है। यहाँ डूबे और वहाँ निकले। अगर चैतुआ या महेशवा होता तो उसको बड़ा मजा आता। चैतुआ तो बहुत डरता है। अगर डूबकर उसका पैर पकड़ लो तो उसके प्राण सूख जाते हैं। वह सोचता है कि घड़ियाल ने टाँग पकड़ ली है। पिद्दी कहीं का! यहाँ कैसा घड़ियाल-वड़ियाल? पर घड़ियाल आ जाए तो वह क्या करे? वह उसकी आँखों में गुलेल से मारेगा और स्वयं डूबकर दूर निकल जाएगा। कितना मजा आएगा? वह कल्पना में यही पुलाव बनाता रहा और उसका मजा लूटता रहा। फिर उसका ध्यान भंग हो गया। एक चिड़िया मछली पकड़ने के लिए अचानक तीर की तरह नीचे झुकी थी और उसके पास ही से पानी स्पर्श करती हुई निकल गई थी। वह हसरत से चिड़िया को कुछ देर तक देखता रहा था। और अन्त में वह मुँह में पानी भर कर कुल्ला करने लगा। वैसा अच्छा होता यदि वह अपने मुँह के कुल्ले को किनारे पहुँचा देता? वह कोशिश भी करता और अपने हास्यास्पद प्रयास पर हँस पड़ता।

बाहर निकल कपड़े पहनकर जब वह गाँव की ओर चला तो दोपहर हो चुकी थी। हवा में वह तेजी नहीं थी। बादलों की घुड़दौड़ बन्द हो गई थी। कई जगहों से बादल फट गए थे और एक हल्की धूप मैदान और घरों के खपरैलों पर चमकने लगी थी। गाँव के पास पहुँचने पर लखना को रास्ते में रमिया पासिन मिल गई। वह सिर पर पानी का घड़ा लिये जा रही थी। लखना को रमिया की गालियाँ सुनने

में बहुत मजा आता है। वह बहुत मसखरी है और शादी-बारात या छठ-बरही के अवसर पर खूब नाचती हैं भिरंगी की तरह। वह जानती है कि लोग उसके मसखरेपन को पसन्द करते हैं इसलिए वह जो जी में आता है बक-झक देती है। लोग-बाग भी उसको चिढ़ाकर आनन्द लूटते हैं।

लखना एक पेड़ पर चढ़कर छिप गया। फिर उसने गुलेल से घड़े पर टीप कर मारा। 'खट' की आवाज हुई और सारा पानी रमिया के शरीर पर। पहले तो वह डर गई और भय से चकित होकर चारों ओर देखने लगी।

फिर वह चीखने-चिल्लाने लगी, "कौन है रे दोगला, सामने आ तो हाथ तोड़ती हूँ। इसके हाथ टूटें, इसकी आँखें बैठ जाएँ, इसको काली मैया उठा ले जाएँ...।"

लखना हँसता रहा ही-ही-ही। जब वह चली गई तो वह नीचे उतरा। आगे बढ़ा तो सुन्दर पांडेय के बगीचे में बन्दरों को देखकर उसका मन मचल उठा। वह उधर ही मुड़ पड़ा। उधर बन्दर बहुत थे और बड़े-बड़े गिरोहों में आते थे। उन बन्दरों को भगाना लखना अपना परम कर्तव्य समझता था। उसके गुलेल के निशाने को बन्दर भी जैसे समझ जाते थे। बन्दर जल्दी ही भाग चले।

गाँव में घुसने पर उसका ध्यान दमयन्ती के स्कूल ने आकर्षित किया। उसका शरीर तन गया और मुँह गम्भीर हो गया। उसकी भौंहें आँखों पर झुक आईं। यह कैसे हो सकता है कि जो लड़के उसके रोब-दाब में रहते थे, उससे चापलूसी करते थे, उसकी मार बरदाश्त करते थे, वे शान्ति से एक जगह बैठकर पढ़े-लिखें? इसके अलावा उसका दमयन्ती पर भी क्रोध था। उसने कई औरतों के मुँह से सुना था कि दमयन्ती डाइन है। उसको अपनी विध्वंसकारी प्रतिभा दिखाने का ऐसा सुअवसर कहाँ मिल सकता था?

वह स्कूल के लड़कों पर दस-पन्द्रह गज़ की दूरी से ढेले चलाने लगा। लड़के दमयन्ती के बरामदे में टाट पर बैठकर पढ़ते थे। उनमें से कुछ नीचे उतरकर लखना का जवाब देने लगे। दमयन्ती कुछ देर के लिए भीतर गई थी। जब वह बाहर आई तो यह दृश्य देखकर डर गई।

"क्या बात है? चलो ऊपर," दमयन्ती लगभग चीख पड़ी। स्कूली लड़के सहम गए। फिर वे दमयन्ती के पास आकर खड़े हो गए।

"कौन है यह?" दमयन्ती ने पूछा।

"लखना है जी यह।" कई आवाज़ें आईं।

"आओ भैया, तुम आओ, ढेले क्यों चलाते हो?" दमयन्ती ने वहीं से चिल्लाकर कहा।

परन्तु इसी समय उसकी बाँह में एक ढेला लगा और वह 'आह' करके नीचे बैठ गई। जहाँ चोट लगी थी वह स्थान लाल हो गया था और वहाँ से कुछ खून निकल आया था। दमयन्ती को पहले बहुत क्रोध आया, परन्तु बगल में खड़े लड़कों

को देखकर उसने अपने को सँभाल लिया। लड़कों के चेहरों पर न मालूम कैसा डर फैल गया था। वह इन बच्चों की मास्टरनी है, यदि वह ही अपना होश-हवास खो देगी तो उसके आचरण का इन पर क्या असर होगा? वह मुस्कराकर उठ खड़ी हुई। उस पर न मालूम कैसी जिद्‌द सवार हो गई थी। वह बरामदे से नीचे उतर गई और लखना की ओर बढ़ गई। लखना भयभीत हो गया। उसका ढेला चलाने को उठा हाथ जहाँ का तहाँ रुक गया। वह दमयन्ती के मुस्कराते चेहरे को अजीब ही दृष्टि से देख रहा था। उसकी आँखों में उपेक्षा और उत्सुकता का मिला-जुला भाव था।

"चलो भैया, तुम भी चलो। तुम तो बहुत अच्छे लड़के हो...।"

दमयन्ती ने लखना के पास पहुँचकर उसके बाल पर हाथ फेरा और अन्त में उसका हाथ पकड़ लिया। आश्चर्य था कि लखना ने उसका विरोध नहीं किया और उसके साथ स्कूल चला आया। हाँ, वह आया जरूर इस तरह जैसे उद्धत कैदी को पुलिस पकड़कर ले आती है।

"क्यों भैये, ढेले क्यों चला रहा था?" दमयन्ती ने उसको पास खींचकर पूछा।

लखना मुँह फुलाये चुपचाप दूसरी ओर देखता रहा।

"स्कूल में पढ़ोगे न?"

कोई जवाब न मिला।

"तुम रोज़ स्कूल में आकर पढ़ा करो। ठीक है न?"

दमयन्ती ने फिर उसके बाल और मुँह पर हाथ फेरा, जिसके प्रति मुँह दूसरी और घुमाकर लखना ने अपना विद्रोह प्रकट किया। इसके बाद वह उसको अन्दर ले गई और उसका हाथ-मुँह धोया, पैर साफ किए तथा कंघी से बाल झाड़ दिए। अन्त में उसको लाकर अन्य लड़कों के साथ टाट पर बिठा दिया।

"यह नहीं पढ़ेगा, दीदी जी।" एक लड़के ने हँसकर कहा।

"यह बाहर निकलकर झगड़ा करेगा जी।" दूसरी आवाज़ आई।

"यह बहुत गन्दी-गन्दी गालियाँ देता है जी।"

"नहीं-नहीं," दमयन्ती ने स्नेह-पूर्वक प्रतिवाद किया, "ऐसा यह कुछ भी नहीं करेगा। देखना, तुम लोगों से यह पढ़ने में तेज़ निकल जाएगा।"

लखना अब भी मुँह फुलाए था। परन्तु सब को आश्चर्य हुआ कि दूसरे दिन से वह रोज स्कूल आने लगा। अवश्य वह आकर उपद्रव किया करता। वह शीघ्र ही एक समस्या बन गया। दमयन्ती उसके बाल झाड़ती तो वह उसको बहुत जल्दी बिगाड़ देता। कभी वह लड़कों की दावात गिरा देता और कभी उनका लिखा हुआ मिटा देता। कभी किसी को दो हाथ पीटकर चलता बनता। उसकी उन हरकतों से बहुत गड़बड़ी पैदा होती थी। पढ़ाई में बहुत बाधा उपस्थित होती थी। दमयन्ती उसको पास बुलाकर तथा उसको गोद में खींचकर प्रेमपूर्वक बहुत समझाती थी। वह उसी उद्धतपन से सुनता था और दमयन्ती की पकड़ से छूटकर घोर अंहकार के साथ

चलता बनता। दमयन्ती को क्षोभ होता था। परन्तु वह कठोर संयम से काम लेती थी और सदा मुस्कराती रहती थी।

एक दिन लखना ने चरना को लंगी मार दी जिससे वह मुँह के बल गिरा और उसकी नाक से खून गिरने लगा। चरना बहुत ही दुबला-पतला तथा सीधा-सादा और डरपोक लड़का था। वह चुपचाप पढ़ा करता और कोई शरारत नहीं करता। दमयन्ती को बहुत गुस्सा आया, वह भी इसलिए कि चरना जैसे लड़के के साथ उसने शैतानी की थी।

"खड़े हो जाओ! यहीं पर खड़े रहो जब तक बैठने को न कहा जाए!" दमयन्ती लखना की ओर लपककर कड़ी आवाज में बोली।

लखना डरकर दमयन्ती की ओर देखने लगा। उसके मुख पर एक भय का भाव सिमट आया था।

"मैं कहती हूँ खड़े हो जाओ।"

दमयन्ती का चेहरा गम्भीर और क्रोध से तमतमा रहा था। सब को आशा थी कि लखना दमयन्ती का कहना नहीं मानेगा और कोई और शरारत करके वहाँ से भाग निकलेगा। परन्तु वह चुपचाप खड़ा हो गया। उसका सिर झुका था। इसका कारण था। दमयन्ती की तरह कोई उसको प्यार नहीं करता था और न ही किसी ने उसकी बुरी हरकतों के लिए उसको इस जिम्मेदारी से डाँटा था। दमयन्ती की इस हरकत ने पता नहीं उसके दिल को कहाँ छू लिया।

दमयन्ती का हृदय शीघ्र ही नरम पड़ गया। उसने उसको बिठा दिया। उसके इस आज्ञा-पालन से दमयन्ती बहुत प्रसन्न हुई। यह उसकी मामूली सफलता नहीं थी। इससे उसका विश्वास बहुत बढ़ गया। उसको लगा कि यहाँ के लोग लखना की तरह ही भोले-भाले हैं और उनको केवल प्यार से ही जीता जा सकता है। वे जब तक नहीं समझते, नहीं समझते, परन्तु जब उनके दिमाग में बात घुसेगी तो वह बहुत बड़ी शक्ति बन सकते हैं।

उसी दिन लखना ने 'क' और 'ख' लिखना सीखा।

[7]

कनिया आजकल बहुत खुश रहती है। उसको सब कुछ बहुत अच्छा लगता है। जब वह सवेरे उठकर या रात में आँगन में निकलकर आसमान को निहारती है तो उसकी आँखें भर आती हैं। उसके हृदय में पता नहीं कैसा मीठा-मीठा दर्द भर आता है। उसको अकेले में बैठकर कुछ सोचना अच्छा लगता है। वह कभी-कभी मुस्करा उठती है क्या सोचती है वह?

इसमें कोई सन्देह नहीं कि जब से उसके घर में स्त्रियों का स्कूल लगने लगा है, उसमें परिवर्तन हो गया है। उसके विचारों में जैसे पंख लग गए हों। वह हमेशा इसी फिक्र में रहती है कि किस तरह पढ़-लिखकर वह दमयन्ती दीदी की तरह हो जाए। उसको दीदी बहुत अच्छी लगती हैं। उनका बर्ताव कितना अच्छा होता है! जो कुछ वह कहती है उनको कनिया ठीक से समझती है। उसकी कल्पना में नहीं आता कि यह देश कितना बड़ा है। क्या वह आठ-दस गाँवों के बराबर है? उसकी समझ में खाक-पत्थर कुछ नहीं आता। वह कुछ जानती भी तो नहीं, वह एकदम जाहिल-गँवार है। परन्तु उसको विश्वास है कि जब वह पढ़-लिख जाएगी तो सभी बातें उसके सामने साफ हो जाएँगी। क्या सचमुच पढ़ने-लिखने से और मेहनत करने से गाँवों की गरीबी दूर हो जाएगी? यह कितनी अच्छी बात है! वे लोग स्वयं कितने गरीब हैं? पासी टोला और अहीर टोला तथा और बहुत से लोगों की हालत कितनी खराब है? इस सम्बन्ध में तो उसने कभी सोचा नहीं। वह दिन कब आएगा जब सभी लोग सुख से रहने लगेंगे? क्या वह गरीबी को मिटाने के लिए कुछ कर नहीं सकती?

एक व्यक्ति और भी कनिया को बहुत अच्छा लगता है। यह बात वह जैसे अपने से भी छिपाती है। वह शरमा जाती है कभी-कभी अकेले में ही। वह सोचती है कि यह अच्छा नहीं। परन्तु उसका दिल उसके वश में नहीं। उसको बहुत गुस्सा आता है अपने से। वह परेशान हो उठती है। परन्तु ठीक नौ बजे वह अपने दरवाजे पर आकर खड़ी हो जाती है। उसके घर के सामने से ही होकर विनय रामगढ़ पढ़ने जाता है। कितना भोला-भाला चेहरा है? आँखें बड़ी-बड़ी। कितना लम्बा है और कैसी चौड़ी छाती है! हमेशा होंठों पर एक मुस्कराहट रहती है। कनिया एकटक देखती है। उसकी दृष्टि जैसे किसी जादू से बँध जाती है। शाम को भी जब उसके लौटने का समय होता है तो वह दरवाजे पर खड़ी हो जाती है। क्या सोचता है विनय? यदि वह उसके विचार जान सकती! एक बार भी तो वह इधर देखता नहीं। कनिया बहुत निराश हो जाती है।

कनिया को कभी-कभी अपने से ही घृणा हो जाती थी। एक बार विनय उसके यहाँ आया था। वह कुर्ता, पैजामा और चप्पल पहने हुए था। उस दिन उसकी जल्दी छुट्टी हो गई थी और वह चाबी माँगने आया था। अपनी बहन से, जो पढ़ रही थी। कनिया का कलेजा इतने जोर से धड़कने लगा कि लगा उसकी साँस ही रुक जाएगी। वह पसीने-पसीने हो जाएगी। उसका मुँह शर्म से लाल हो गया। इच्छा हुई कि भागकर घर के अन्दर चली जाए परन्तु इतना भी वह न कर सकी। कैसे अच्छे ढंग से वह बोलता है—एकदम साफ-सुथरी भाषा। कनिया को तो अच्छी तरह बोलना भी नहीं आता। यदि विनय उसको बोलते हुए सुन ले तो एकदम असभ्य समझे। देहातिन तो वह है ही। उसको कोई चीज ढंग से नहीं आती। दमयन्ती

कितने अच्छे तरीके से साड़ी पहनती है? वह सोचती थी कि जब वह खूब पढ़-लिख जाएगी तो विनय और दमयन्ती की तरह बोलने लगेगी। तब वे लोग उसको बुरी नहीं समझेंगे।

इसीलिए कनिया मन लगाकर पढ़ती है और दमयन्ती की बातें जल्दी ही सीखने की कोशिश करती है। जब कोई बात उसकी समझ में नहीं आती तो उसकी तबीयत रोने-रोने को करने लगती है। ऐसा लगता है कि उसकी समझ में अब कभी भी नहीं आएगा। परन्तु वह लगी रहती है और जब बाद में समझ में आ जाती है तो उसका हृदय खुशी से नाचने लगता है। स्कूल में वह अक्सर चुप रहती है। उसको दमयन्ती से भी बड़ी शर्म आती है। वह दीदी के सामने अच्छी से अच्छी बने रहना चाहती है। इसमें कोई शक नहीं कि वह काम में सभी स्त्रियों से आगे रहती है। दमयन्ती उससे बहुत खुश रहती है।

कनिया सवेरे ही उठकर बहुत ही प्रसन्न हो जाती। उसको सबसे पहले यही ख्याल आता कि इस गाँव में दमयन्ती और विनय भी रहते हैं। वह घर को अच्छी तरह झाड़ती-बुहारती। फिर कपड़ों को फींचती। उसको गन्दगी से बहुत शर्म लगती। गन्दा घर या स्थान देखकर उसको फौरन ख्याल आ जाता दमयन्ती और विनिय का। वे लोग क्या सोचेंगे? दालान को भी, जहाँ स्कूल लगता था, वह हफ्ते में एक बार अवश्य ही गोबर से लीपती।

स्कूल में छह-सात औरतें आती थीं। उनका भी आना नियमित रूप से नहीं होता था। किसी भी मामूली कारण से उनका आना स्थगित हो जाता था। कोई-कोई औरत तो एकदम ही छोड़ देती। परन्तु उसके बदले कोई दूसरी औरत अवश्य मिल जाती। मुख्यतः उनमें पासी तथा अहीर औरतों की संख्या अधिक होती थी। अहीर औरतें अपने को पासी औरतों से श्रेष्ठ समझती थीं और उसके साथ मिलकर वे नहीं बैठती थीं। दमयन्ती ने कई बार समझाया कि इस तरह छुआछूत रखना ठीक नहीं। आदमी-आदमी में भेद नहीं होता। विचारों से ही आदमी बड़ा और छोटा होता है। परन्तु उसकी इस सीख का कुछ असर नहीं होता था।

"आपके कहने से कोई धर्म और जाति छोड़ देगा, बहिन जी?" अहीर की कोई औरत कहती थी।

दमयन्ती से कोई रुखाई से बोलता था तो कनिया को बहुत बुरा लगता था। वह खुद छुआछूत नहीं मानती थी यद्यपि उसकी माँ हमेशा शिकायत करती थी कि स्कूल खुलने से उसका धर्म भ्रष्ट हो गया। कनिया खुद चाहती थी कि वह उन औरतों को स्वयं समझाए, परन्तु उसको ऐसा सोचकर बहुत शर्म लगती थी। वह कैसे बोल पाएगी? उसको कुछ बोलना भी आएगा?

दमयन्ती ने कई बार यह कहा था कि औरतें अपने बच्चों को साथ लेकर न आएँ परन्तु कोई मानता नहीं था। बच्चों की वजह से भी बहुत शोर मचता था।

एक बार एक पासी औरत के बच्चे ने दालान में पेशाब कर दिया। कनिया की माँ ने सारा घर अपने सिर पर ही उठा लिया।

"बहिन जी, हमारा धर्म नहीं रहने देंगी। घर क्या है कि एकदम नरक बन गया है...। यही हालत रही तो मैं स्कूल बन्द कर दूँगी...।"

उस पासी औरत ने जमीन को लीप-पोत दिया, परन्तु कनिया की माँ की भुनभुन बन्द न हुई। अन्य अहीर औरतों को भी बहुत बुरा लगा। पासी औरतें वहाँ तो कुछ न बोलीं परन्तु बाहर निकलकर उन्होंने अपना विरोध प्रकट किया।

"आप बेकार में यहाँ बुलाती हैं हम लोगों को, बहिन जी। जब वे लोग हमारे पास नहीं सटतीं तो हम क्यों जाएँ। वे बड़ी हैं तो अपने घर में बैठी रहे। हम भी किसी से कम हैं?"

दमयन्ती ने समझाया, "इस तरह नहीं सोचना चाहिए। वे धीरे-धीरे समझ जाएँगी। जाति से कोई बड़ा नहीं होता। अपने काम से कोई बड़ा और कोई छोटा हुआ करता है...।"

कनिया को अपनी माँ के व्यवहार पर बड़ा क्षोभ हुआ था। उसका मुँह फूल गया। आखिर दमयन्ती से उसने क्यों इस तरह बातें की? वह माँ है तो क्या हुआ, वह उसकी इस हरकत को क्षमा नहीं करेगी। वे बेचारी इतनी दूर से पढ़ाने आती है और यह उनको डाँटती रहती है। दीदी कैसी असभ्य समझ रही होंगी उसको? कनिया को शर्म आने लगी ऐसी माँ की लड़की होने पर।

"क्यों हरामजादी, तू क्यों मुँह फुलाए हुए है?" कनिया की माँ ने कहा, "मैं देख रही हूँ कि उस छोकरी ने तेरी मति खराब कर दी है। इस तरह मुँह लटकाये रहेगी तो मारते-मारते मुँह तोड़ दूँगी...।"

"हाँ तोड़ दो मुँह...मार डालो मुझे।...मार डालो!" कनिया ने क्रोध और दुख से भर कर कहा और स्वयं रोने लगी।

कुछ दिनों बाद कनिया ने अपने बाप के लिए एक बनियान सिली। यह सिलाई उसने दमयन्ती से सीखी थी। बनियान पहनकर जंगी मन-ही-मन बहुत खुश हुआ। परन्तु ऊपर से वह बहुत ही गम्भीर रहा।

"यह महात्मा जी का मन्त्र है...जो है सो ध्यान लगाकर पढ़ती-सीखती जाओ...।"

परन्तु जंगी को उस दिन चैन नहीं आ रहा था। बनियान जैसे कोई पंख हो जो उसके शरीर में लग गया था। वह उड़ना चाहता था जैसे। वह बार-बार खाँसता और बाहर से भीतर किए रहता। अन्त में उसकी बेचैनी बहुत बढ़ गई तो वह गाँव में निकल गया और जो मिलता उसी को सूचित कर देता कि कनिया ने बनियान सिल दी है। ऐसी लड़की का बाप होने से उसको गर्व का अनुभव हो रहा था।

कितनी सुशील लड़की है। कनिया इधर बहुत चुप रहने लगी है। काम भी घर का कितना करती है? अब घर कितना साफ-सुथरा रहता है? वह उसको गन्दी धोती नहीं पहनने देती, उसके कपड़ों को साफ कर देती है। जब वह ससुराल जाएगी तो वहाँ के लोग कितने खुश होंगे उससे?

कनिया अपने माँ-बाप की खुशी को समझती थी। उसको स्वयं बहुत खुशी हो रही थी। परन्तु उसने अपने हृदय के भाव को छिपाया। वह और गम्भीर रहने लगी। वह सोच रही थी कि इस बार वह अम्माँ के लिए कुर्ती सिलेगी। परन्तु, विनय? क्या विनय उसके सम्बन्ध में कुछ भी नहीं सोचता?

[8]

जमुना की उम्र लगभग छब्बीस-सत्ताइस वर्ष की थी। वह सीधी-सादी और हँसमुख स्त्री थी। वह किसी अच्छी बात पर जल्दी खुश हो जाती लेकिन किसी का दुख उससे बरदाश्त नहीं होता और वह रोने लगती थी। वह चाहती थी कि उसकी बात और काम से किसी को तकलीफ न हो। सास की वह जी-जान से सेवा करती।

परन्तु इधर कुछ दिनों से उसके हृदय में विद्रोह-सा उठ रहा था। हरिया पढ़ने जाने लगा था। जमुना ने देखा कि हरिया में बहुत कुछ परिवर्तन हो गया है। वह अब खाने से पहले हाथ-पैर धो लेता है। गन्दे कपड़े होने पर वह झनकने-पटकने लगता है तो हारकर जमुना को उसके कपड़ों को धोकर साफ रखना पड़ता है। वह घर पर स्लेट लेकर पढ़ने भी बैठता है। जमुना उसके इस रुख को चुपचाप देखती है। उसका हृदय गद्‌गद हो जाता है और आँखें भर आती हैं।

वस्तुतः दमयन्ती के स्वभाव और आचरण का जमुना पर गहरा असर पड़ा था। उसको ऐसा लगता कि किसी जरूरी मौके पर उसकी कोई सहेली या बहिन अत्यधिक परिश्रम कर रही है और कष्ट झेल रही है और वह स्वयं काहिली और जहालत की जिन्दगी व्यतीत कर रही है। ऐसा सोचकर उसको अपने ऊपर बहुत शर्म आती थी। वह अपने को धिक्कारती थी। वह मन-ही-मन दमयन्ती के साहस तथा अन्य गुणों पर मुग्ध थी। उसके दिल में कौन-सी भावनाएँ लहरा रही होंगी? क्या वह उसके हृदय में प्रवेश करके नहीं देख सकती?

दमयन्ती को देखते ही वह अत्यधिक खुश हो जाती थी। उसका मन हलका हो जाता था। दमयन्ती उसके यहाँ कभी-कभी आती थी। एक बार बच्ची के लिए झबला ले आई थी। इसके अलावा वह घर में आकर किसी न किसी काम में हाथ बटाने की कोशिश करती। रमैनी सहुआइन के डर से तो वह चौके में नहीं घुसती, परन्तु तरकारी काट देती और चावल-दाल बीन देती।

बातें करते-करते उसने आलू के पापड़ और बेसन की लड्डू तैयार करने के तरीके भी बताए थे। यह सब वह बहुत निर्लिप्त स्नेह-भाव से करती। जमुना पुलकित हो उठती थी। उसकी इच्छा होती थी कि वह दमयन्ती को अंक में भर लें और कहे, ''बहिन, तुम आराम करो। अभी तुम्हारी उम्र ही क्या है? यह देह क्या इतना परिश्रम करने लायक है? मैं तुम्हारे सभी काम कर दूँगी।''

लेकिन इतना सोचते ही जमुना उदास हो जाती थी। वह किस लायक थी? उसमें इतना साहस कहाँ था? वह क्या सास के विरोध का मुकाबला कर सकेगी? उसके पति ही कहाँ तैयार होंगे?

उसका विद्रोह भीतर ही भीतर उग्र होता गया। वह बहुत ही बेचैन-सी रहती। वह गम्भीर रहने लगी। दमयन्ती उससे कहती थी कि देश में एक नई हवा बह रही है। सदियों की गरीबी, अशिक्षा, गन्दगी और बुराई के खिलाफ लड़ाई लड़ी जा रही है। एक नई रोशनी फैल रही है जो लोगों के मन के अन्धकार के पर्दे को चिथड़े-चिथड़े कर देगी। इस लड़ाई में औरतों को भी शामिल होना चाहिए। हमारे गाँवों की औरतों की जिन्दगी जानवरों की तरह है। वे यह नहीं जानतीं कि किस तरह गृहस्थी चलानी चाहिए। वे बच्चों का ठीक से पालन-पोषण करना नहीं जानतीं। वे जिन्दगी भर भूत-प्रेत, टोना-टोटका, झाड़-फूँक आदि दुनिया भर के अन्धविश्वासों से घिरी रहती हैं। जब तक स्त्री पढ़ेगी-लिखेगी नहीं वह अपने बच्चों की जिन्दगी सुधार नहीं सकती।

उसके दिल में पढ़ने की इच्छा बार-बार पैदा होती। परन्तु यह सोचते हुए उसको डर भी बहुत लगता। हरिया को स्कूल भेजने की बात को लेकर रमैनी सहुआइन बहुत दिनों तक उससे मुँह फुलाए रहीं। अब वह अपनी पढ़ाई के लिए कैसे कहे? बुढ़िया का तो डर उसको था ही, साथ पति का भी उसको डर था। अगर उसने बिना पति से कहे पढ़ना-लिखना शुरू किया तो रमैनी सहुआइन उसके इस तरह कान भरेगी कि उसका पति उसको छोड़ देगा। सहुआइन तो अब भी सीधे मुँह बात नहीं करती थीं। और तो और, वह जमुना के बच्चों से भी बेगाने की तरह व्यवहार करने लगी थीं। जहाँ हरिया के बिना उसको एक क्षण भी अच्छा नहीं लगता था, वहाँ अब वह टर्राता रहता, परन्तु सहुआइन उठकर एक गिलास पानी भी नहीं देतीं। हरिया 'दादी, दादी' पुकारता तो वह इधर-उधर मुँह कर लेतीं। अपनी सास की इस हरकत पर जमुना छिपकर बहुत रोती। उसकी समझ में न आता कि उससे कौन-सा अपराध हो गया है। दमयन्ती ने सौर में घुसकर बच्ची की जान बचा दी तो इसमें उसका क्या दोष है?

दशहरे की छुट्टियों में जमुना का पति किसुनराम गाँव आया। उसकी उम्र लगभग तीस वर्ष की थी। वह ठिगना और मोटा था और उसका मुँह बड़ा था जैसे कोई बड़ी हँड़िया हो। उसके चेहरे पर कोई भाव नहीं और वह सुस्ती से देखता

रहता। कुछ वर्ष पूर्व किसुनराम इसी गाँव में नून-तेल मसाला इत्यादि की दुकान खोले हुए था, परन्तु दुकान न चलने पर वह शहर में जाकर एक सेठ के यहाँ नौकरी करने लगा था।

दोपहर को खाने के बाद किसुनराम अपनी माँ के पास आकर बैठ गया। रमैनी सहुआइन का मुँह अब भी फूला हुआ था।

"कह रे अम्माँ...क्या हाल-चाल है?"

"ठीक है," रमैनी सहुआइन बोली, "ए बाबू, मैं एक बात कहना चाहती हूँ। मुझे तुम कहीं दूसरी जगह भेज दो। मेरे भाई के भतीजे भी कई बार कहला चुके हैं कि बुआ कुछ दिनों के लिए आकर रह जाएँ।...हाँ ठीक भी है, आँखों का काँटा मैं ही हूँ, जितनी जल्दी दूर जाऊँ वही अच्छा...।"

"क्यों, क्या बात है?" किसुनराम ने चौंककर पूछा।

"ठीक कहती हूँ, बेटा इस घर में मेरा कुतिया का मोल है। आज तक हम लोगों की जो बुद्धि थी उस से घर-गृहस्थी चलती थी। उसी से लड़के सँभाले जाते थे और बड़े होते थे। पर तुम लोगों की स्त्रियाँ कुछ दूसरा ही चाहती हैं तो यही सही। अब इस घर में मेरी क्या इज्जत है? बाहर की औरतें आकर डाँट देती हैं। न उनकी जाति का ठिकाना, न इज्जत आबरू का, छूटी घोड़ियों की तरह चारों ओर घूमा करती हैं...।"

"कौन स्त्री है? मेरे घर में घुसेगी तो मैं टाँग तोड़ दूँगा...।" किसुनराम को क्रोध आ गया।

इसके बाद रमैनी सहुआइन ने चारों ओर सशंकित दृष्टि से देखने के बाद धीमी आवाज में दमयन्ती के सम्बन्ध में बताना आरम्भ कर दिया। उसकी जबान कैंची की तरह चालू थी। इसी दिन का वह न मालूम कब से इन्तज़ार कर रही थी। उसने अपनी मौलिक बुद्धि का उपयोग करके दमयन्ती की खूब शिकायत की। साथ में यह भी कहा कि घर के लोग जब शह देते हैं तो वह क्या कर सकती है? अगर ऐसी हालत न होती तो वह ग्रामसेविका की जबान खींच लेती। अन्त में वह अपनी दयनीय हालत का सबूत पेश करने के लिए रोने भी लगी।

किसुनराम गुस्सा हो गया अपनी पत्नी पर। उसका मुँह फूल गया जिसको देखकर रमैनी सहुआइन मन-ही-मन खुश हुई। उसने सोचा कि आवारा औरत को घर में घुसाकर जमुना ने उसकी माँ की अवज्ञा की है। इसका मतलब है कि जमुना के दिल में सास और पति के लिए जरा भी इज्ज़त नहीं रह गई। उसको एक भय भी हुआ। ग्रामसेविका के प्रभाव में आकर जमुना कहीं उसको छोड़ न दे? औरतों की जाति का क्या ठिकाना? वह गाँव में रहता नहीं, माँ बूढ़ी हो गई, ऐसे वक्त में औरत की बुद्धि बहक जाती है।

रात में जब किसुनराम मिला तो उसका मुँह देखकर जमुना समझ गई कि सास ने उसके पति का कान भर दिया है। किसुनराम ने न उसकी मुस्कराहट का स्वागत किया, न उसको अलिंगन में लेकर प्यार किया और न यही पूछा कि उसकी तबीयत कैसी है। उसने जमुना की ओर एक बार घूरकर देखा और फिर मुँह फुलाकर चारपाई पर बैठ गया।

जमुना को बहुत दुख हुआ। उसकी समझ ही में न आया कि उसकी सास क्यों डंडा लेकर उसके पीछे पड़ी रहती हैं? किसुनराम इतने दिनों के बाद आता है तो जमुना का दिल प्यार और उमंग से भरा रहता है। वह अपने पति के पास बैठकर सुख-दुख की बातें करना चाहती है, परन्तु रमैनी सहुआइन कोई न कोई बखेड़ा खड़ा कर देती है कि मन बहुत छोटा हो जाता है। उसके इस तरह दबने का ही नतीजा है कि सास उससे उस तरह पेश आती हैं। इस मर्द का भी कान कच्चा है, माँ जो लहरा देती है, उसी पर ये विश्वास कर लेते हैं। वह जितना दबती है, उतना ही ये दबाते हैं। इसीलिए कहा भी है कि इतना दबना ठीक नहीं।

"मैं जानती हूँ कि आप क्यों नाराज हैं?" जमुना ने दुखपूर्ण स्वर में कहा, "पर मैं हरिया की कसम खाती हूँ कि मैंने कोई ऐसी-वैसी बात नहीं की...।" इतना कहकर उसने चारपाई पर सोए हरिया के शरीर पर हाथ रख दिया और स्वयं रोने लगी।

किसुनराम जमुना को बहुत प्यार करता था, इसीलिए उसको यह सोचकर ईर्ष्या हुई थी कि जमुना का दिल उसकी ओर से फिर गया है। परन्तु जमुना को रोते देखकर उसका दिल मोम की तरह पिघल गया। उसको झट विश्वास हो गया कि जमुना पहले की तरह नेक और सच्ची है और उसको अब भी उतना ही प्यार करती है। जमुना का रुदन उसको बरदाश्त नहीं होता था क्योंकि वह जानता था कि जमुना अपने दुख-कष्ट की बात हमेशा छिपा जाती है और रोती भी है तो छिपकर ही। उसके दिल में प्यार उमड़ने लगा। उसने हाथ आगे बढ़ाकर जमुना को पकड़कर अपनी गोद में खींच लिया।

"तब अम्माँ क्यों नाराज है?" उसने जमुना के आँसुओं से भीगे मुख का चुम्बन लेते हुए पूछा।

पति का प्यार पाकर जमुना उसकी छाती में मुँह छिपाकर बुरी तरह हिचकने लगी थी। आँसू थमने पर उसने विस्तारपूर्वक सभी बातें बताई। ग्रामसेविका ने उस संकट के समय जिस तरह व्यवहार किया था उस तरह कोई सगी भी नहीं करेगी। उसकी गाँव के लोग चाहे जो कहें, परन्तु वह उसको अपनी छोटी बहिन की तरह ही मानेगी क्योंकि वह इतनी कृतघ्न नहीं कि सब कुछ घोलकर पी जाए। दमयन्ती कोई रंडी-वेश्या है?

वह इज़्ज़त के साथ काम करना चाहती है लेकिन उसके खिलाफ सभी डंडा लेकर पड़े हैं। वह दूसरों के बच्चों और स्त्रियों को पढ़ाने के लिए अपने शरीर को शरीर नहीं समझती। उसके परिश्रम और परेशानी को देखकर जमुना को बहुत दुख होता है। यह तो हरिया का भाग्य है कि यहाँ स्कूल खुल गया है। ये तो लड़के यों ही अभागे हैं कि उन्होंने जमुना के कोख से जन्म लिया है। वह उनको ठीक से खिला-पिला नहीं सकती, वे बड़े घरों के लड़कों की तरह स्कूल में जाकर पढ़-लिख नहीं सकते। हरिया सात पार कर गया है और वह आवारा की तरह घूमता था। उसने उसको स्कूल भेजकर क्या अपराध किया? वह भी उसने इसलिए लड़के को स्कूल भेज दिया कि वह माँ है, अपनी आँखों से लड़के को बिगड़ते नहीं देखा जाता।

जमुना की बातों का किसुनराम पर बहुत प्रभाव पड़ा। वह अफसोस करने लगा कि उसने नाहक पत्नी के साथ दुर्व्यवहार किया। शहर में रहने की वजह से पढ़ाई-लिखाई के महत्त्व को वह जानता भी था। उसने कई बार सोचा भी था कि वह बच्चों को अपने पास शहर में रखे और हरिया को पढ़ाये। वह देखता था कि लड़के और लड़कियाँ स्कूलों और कॉलेजों में साथ-साथ पढ़ते हैं और दफ्तरों में नौकरियाँ करते हैं। अगर वह स्वयं अधिक पढ़ा-लिखा होता तो उसको कोई अच्छी नौकरी मिल गई होती और वह अपने कुटुम्ब के लोगों को ढंग से रख सकता। वह मन-ही-मन दमयन्ती का भी बहुत कृतज्ञ हो गया।

"चाहो तो तुम भी पढ़ो," किसुनराम ने जमुना के बाल पर स्नेहपूर्वक हाथ फेरते हुए कहा।

"सच?" जमुना की आँखें खुशी से चमक गईं। परन्तु फौरन वह उदास भी हो गई। बोली, "अरे, मेरे भाग्य ऐसे कहाँ?"

"क्यों?"

"अम्माँ जी जीने न देंगी।"

"मैं अम्माँ से कह दूँगा।"

"जाने दीजिए...आपको भी बुरा लगेगा।" जमुना ने अपनी खुशी को दबाते हुए कहा।

"मुझको इतना गया-गुजरा समझती हो?"

"मेरा यह मतलब थोड़े है? मैं तो अपना भाग्य मानती हूँ कि आप जैसा मुझे मिला। मैं तो आपकी ही खुशी में अपनी खुशी मानती हूँ। बस आप भले-चंगे रहें। इससे अधिक मुझको कुछ न चाहिए। यह मैं थोड़े कहती हूँ कि आपको बुरा लगेगा? पर...।" इतना कहकर जमुना रुक गई। उसने स्नेहपूर्ण तिरछी दृष्टि से पति को देखा और फिर सिर नीचा करके मुस्कराने लगी।

"कुछ नहीं। मैं किसी बात की परवाह नहीं करता। सारी दुनिया पढ़ रही है तो तुम्हारे ही पढ़ने में क्या रखा है? तुम तो कुछ जानती हो पढ़ना?"

"बहुत कम, जी।" जमुना शरमा गई।

"वाह...तो चिट्ठी क्यों नहीं लिखती मेरे पास?"

"इतना कहाँ जानती हूँ? जब छोटी थी तो कुछ दिनों तक मामा के यहाँ रहती थी। मामा अपने पास बिठाकर पढ़ाते थे। बाद में चली आई तो वह पढ़ाई छूट गई। सब कुछ भूल गया है। अक्षर-अक्षर पहचान लेती हूँ किसी तरह।"

जमुना का मुँह तमतमा गया था। पता नहीं क्यों उसको बहुत शरम आ रही थी। उसका दिल खुशी से भी भरा हुआ था। वह दिन कब आएगा जब वह पति के पास चिट्ठियाँ भेजेगी? उस समय कितना अच्छा लगेगा? उसकी आँखें भर आईं। वह अब अपने को मन-ही-मन धिक्कार रही थी कि उसने अपने पति के सम्बन्ध में कुछ देर पहले बुरी बातें सोची थीं। वे कितने सीधे और समझदार हैं!

दूसरे दिन किसुनराम ने अपनी माँ से कह भी दिया, "यह बहुत अच्छा है कि गाँव में ग्रामसेविका आ गई है। तुम सब पढ़ने जाया करो। आज कल हर जगह औरतें पढ़ रही है।"

रमैनी सहुआइन आसमान से नीचे गिरी। उसको अपने बेटे से ऐसे व्यवहार की आशा नहीं थी। वह झट इशारा ताड़ गई और साथ ही यह भी समझ गई कि बहू ने उसको वश में कर लिया है।

वह तीखे स्वर में बोली, "इस उम्र में पढ़-लिखकर अपना धर्म-भ्रष्ट करना है, बेटा? हाँ, जिसको चाहते हो भेज दो, मैं क्या रोकने जाऊँगी? मैं तो घर की कुतिया हूँ, एक कोने में पड़ी रहूँगी।"

"कैसी बात करती है अम्माँ।" किसुनराम ने गम्भीर स्वर में कहा, "मैं तो सबके भले के लिए कहता हूँ। आज मुझे सख्त अफसोस हो रहा है कि मैंने इतना कम क्यों पढ़ा? फिर भी, मैंने सोच लिया है कि अपना ज्ञान और बढ़ाऊँगा। तू जानती नहीं, आजकल बूढ़े और बुढ़िया भी पढ़ती हैं? आज तू पढ़ना जानती तो महाभारत, रामायण और गीता की किताबें पढ़ सकती। तुझे धर्म का अच्छा ज्ञान होता। अगर पढ़ना-लिखना अधर्म है तो धर्म की किताबें लिखी ही क्यों गई? पुराने जमाने की स्त्रियाँ बहुत विद्वान होती थीं। यह गलत धारणा है कि स्त्रियों को पढ़ाना नहीं चाहिए।"

"तो नचाओ न बेटा मेहरिया को जहाँ चाहे। अब तो वेश्याओं का जमाना आ ही गया है।" रमैनी सहुआइन गुस्से से बोली।

"तुमको क्या ऐसी बात करनी चाहिए, अम्माँ? तू तो टोना-टोटका लेकर पड़ी रही और उस ग्रामसेविका ने डॉक्टर के यहाँ से दवा मँगा दी तो वह बुरी हो गई? कोई अच्छा काम करेगा तो तुम लोग उसको वेश्या कहने लगोगी। ये सब पुराने ख्याल है और इनसे किसी का भला नहीं हो सकता।"

रमैनी सहुआइन ने सिर पर पहाड़ उठा लिया। वह रोने-गिड़गिड़ाने लगी; "हाँ-हाँ, मैं ही बुरी हूँ! मैं ही घर की दुश्मन हूँ! हे भगवान! यही दिन दिखाने के लिए तुमने जिन्दा रखा है! हे काली मैया! तुम मुझको आज ही उठा लो।"

"अच्छा, मैं सुअर का बच्चा होऊँगा कि आज से तुमको कोई बात समझाऊँगा।" किसुनराम को भी गुस्सा आ गया।

कुछ दिन बाद किसुनराम अपने काम पर चला गया। जाने के पूर्व वह अपनी माँ का चरण पकड़कर बोला, "मुझे माफ कर दे, अम्माँ। मैंने सबके भले के लिए ही कहा था। लेकिन किस्मत में अज्ञानता ही लिखी है तो उसके लिए क्या किया जाए? तेरी मर्जी के खिलाफ इस घर में कुछ नहीं हो सकता। तू मेरी माँ है, तुझको मैं कोई तकलीफ देना नहीं चाहता।"

"कैसी बात करता है बेटा?" रमैनी सहुआइन ने कहा, "मैं तो मूरख ठहरी। मैं क्या जानूँ इन सब बातों को? तुम लोग फलो-फूलो। इससे अधिक मैं क्या चाहती हूँ? अगर तुम यही ठीक समझते हो तो बहू पढ़ने चली जाया करेगी।"

"अब जाने दे अम्माँ इस बात को।"

"नहीं-नहीं, मैं कल ग्रामसेविका को बुलाकर कह देती हूँ।"

"सच अम्माँ?" किसुनराम रमैनी सहुआइन के चेहरे को देखकर भाप न सका कि इसके दिल के अन्दर कितनी नाराजी है।

"सच कहती हूँ बेटा।"

"मेरी अच्छी अम्माँ!" किसुनराम ने झुककर पुनः अपनी माँ के पैर छुए।

किसुनराम के जाने के बाद रमैनी सहुआइन ओसारे में बैठकर न मालूम क्या बुदबुदाती रही। उसका मन तो अपने लड़के की तरह से साफ हो गया था, लेकिन अब वह जमुना को ही अपराधी समझने लगी। इसी का सारा दोष है। इसी वेश्या ने मेरे लड़के की मति फेर दी है, नहीं तो वह साक्षात् शंकर महादेव है!

[9]

दूसरे दिन रमैनी सहुआइन ने जमुना से कहा, "जाओ भाई, जाओ, पढ़-लिख आओ जहाँ जाना हो...।"

"नहीं अम्माँ जी, रहने दीजिए...।" जमुना खूब अच्छी तरह समझती थी कि उसकी सास मन-ही-मन बहुत नाराज है।

"कैसी नखरीली औरत हो जी?" रमैनी सहुआइन तीखी आवाज़ में बोली, "मर्द को तो न मालूम क्या लहरा दिया और यहाँ सीधी बनती हो। ना बाबा, मुझसे कोई मतलब नहीं, मैं ग्रामसेविका को बुलाकर कह देती हूँ।"

सास की बात सुनकर जमुना को भीतर से रुलाई छूटने लगी। वह पछताने लगी कि उसने पति से पढ़ाई की बात क्यों छेड़ी। परन्तु बाद में उसको सास पर क्रोध भी आने लगा। उसने उनका क्या बिगाड़ा है? जिन्दगी भर तो उनकी गुलामी करती रही, दिन-रात उनकी सेवा करते-करते अपने शरीर को नाश दिया, और अब ज़रा पढ़ने को कह रही हूँ तो उनसे देखा नहीं जाता। नहीं, वह जरूर पढ़ेगी। सास के मन में तो खोट पैदा हो ही गई है, अब क्या वह आसानी से मिटने वाली है?

सचमुच उसी दिन हरिया से दमयन्ती को रमैनी सहुआइन ने बुलवाया। दमयन्ती डरी-डरी आई क्योंकि उसको विश्वास था कि सहुआइन उसको किसी बात पर खरी-खोटी ही सुनाएँगी।

"अब तुम्हारे स्कूल में ये भी पढ़ेंगी, जी। इनको भी लेती जाना।" रमैनी सहुआइन ने दमयन्ती की ओर बिना देखे अत्यधिक गम्भीर और रूखी आवाज में कहा।

यह बात इतनी अप्रत्याशित थी कि दमयन्ती सहुआइन को चकित होकर देखने लगी।

"क्या बहरी की तरह घूर रही हो? क्या मैं झूठ कह रही हूँ?"

"नहीं माँ जी," दमयन्ती ने मुस्कराकर कहा, "यह मैं कहाँ कह रही हूँ कि आप झूठ बोल रही है? मुझे आप से यही उम्मीद थी, माँ जी। मैं जानती थी कि ऊपर से आप चाहें जितनी बिगड़ें, आपके दिल में माँ का स्नेह लहरा रहा है। मैं दिल से चाहती थी कि जमुना बहिन को स्कूल ले जाऊँ, लेकिन मुझे कहते संकोच होता था। मैं डरती थी कि खुद जमुना बहिन पता नहीं क्या सोचे। आप विश्वास रखें माँ जी, मैं जमुना बहिन को खुद अपने साथ ले जाऊँगी और वापस पहुँचा दूँगी।"

"अब नखरे मत फैलाओ। मुझे जो कुछ कहना था कह दिया, अब जिसको जो करना है वह करे। मैं कुछ नहीं जानती। मुझे क्या करना चाहिए, मैं कुतिया की तरह कोने में पड़ी रहूँगी...।" सहुआइन बड़बड़ाती हुई वहाँ से हट गई।

दमयन्ती के जाने के बाद जमुना गहरे चिन्तन में खो गई। अब तक वह पढ़ाई को आसान समझती थी, परन्तु जब वह असलियत बनने जा रही थी तो उसका हृदय न मालूम कैसे डर और आशंका से भर-उठा। हाय राम! वह पढ़ने कैसे जाएगी? गाँव की औरतें क्या कहेंगी? उसने अपने मन में बड़ी कमजोरी महसूस की। उसकी आँखों से तेजी से आँसू गिरने लगे। उसको ढाढ़स बस एक ही बात से हुआ। वह था किसुनराम का मुस्कराता और विश्वास से भरा चेहरा और विदा होते समय उसका यह कहना, "घबराना नहीं, मेहनत से पढ़ना-लिखना। अम्माँ को कोई तकलीफ न देना...।"

जिस दिन वह चादर ओढ़ तथा घूँघट काढ़कर पढ़ने गई, सारे गाँव में यह खबर बिजली की तरह फैल गई। बहुत-सी औरतें जंगी अहीर के घर में झाँक-झाँक गईं। चारों ओर खुसुर-फुसुर होने लगी। ग्रामसेविका ने कुछ खिला-पिलाकर जमुना की मति फेर दी है। अरे नहीं जी, उसका मन पति की ओर से बदल गया है। ग्रामसेविका का जो भाई है न, वह बहुत आता-जाता है! वह देखने में ही छोटा है, पर है बहुत घुटा हुआ। वही उसकी बच्ची के लिए रामगढ़ से दवा ले आया था। समझ में आई बात! इस बार किसुनराम आया तो उसको सभी बातें मालूम हुईं। उसने साफ-साफ कह दिया—'तुम्हारा जहाँ मन हो जाओ, अब उससे कोई मतलब नहीं।' रधिया मिसिराइन ने स्वयं अपनी आँखों से देखा था कि किसुनराम जब घर से जा रहा था तो वह बड़ा उदास था। मिसिराइन से कोई बात छिप नहीं सकती।

रधिया मिसिराइन गाँव में घूम-घूमकर कहने लगीं, "जमाना बड़ा खराब आ रहा है। यह कलियुग नहीं, भटयुग है। इसमें किसी का धरम-करम ठीक नहीं रहेगा। बड़े लोगों की इज्जत चौराहे पर उतारी जाएगी। मैया रे, रंडी-छिनालों का जमाना आ गया है...जितने दिन मज़े में गुजर जाएँ... ।"

रधिया मिसिराइन ग्रामसेविका पर शुरू से ही जली हुई थी। जिन अन्धविश्वासों से उनकी जीविका चलती थी और नेतृत्व कायम था, इन्हीं पर दमयन्ती प्रहार करती थी। उस दिन से तो वह और नाराज थी, जब उसकी झाड़-फूँक असफल हुई थी। वस्तुतः उसका दृढ़ विश्वास था कि भूत-प्रेत और जिन्न-चुड़ैल होते हैं। वह भाग्य की मानती थी—यह कैसे हो सकता है कि भाग्य कोई चीज नहीं। भाग्य से ही तो आदमी मरता और जीता है? भाग्य से कोई धनी होता है और कोई गरीब। अगर भाग्य में नहीं होता तो लाख नाक रगड़ने पर सुख नहीं मिल सकता। जमुना की बच्ची के भाग्य में जीना लिखा था इसलिए वह जी गई। उसने तो पहले ही कह दिया था कि वह जी जाएगी। वह दवा न भी खाती तो आज इसी तरह चंगी रहती। यह हरामजादी ग्रामसेविका लोगों की मति मूड़ रही है। उसको कोढ़ पड़े, उस पर लकवा गिरे, उसको काली मैया उठा ले जाएँ।

यह प्रथम अवसर था कि बड़ी कही जाने वाली जाति की एक जवान स्त्री स्कूल में पढ़ने गई थी। इससे बड़ी जातियों में तहलका-सा मच गया। बड़ी जातियों के मर्दों और स्त्रियों ने स्कूल को छोटी जातियों से सम्बन्धित करके अब तक अपने जातीय अहंकार को सन्तोष दिया था, परन्तु जमुना के जाने से जहाँ वह क्रुद्ध हुए वहाँ डर भी गए। अब कौन जानता है कि आज जमुना गई है तो कल दूसरे घर की औरत न चली जाए? फिर तो उनके घरों में भी समस्या बन जाएगी। गोसाईं जी भी तो कह गए हैं कि आज़ाद होकर स्त्री बिगड़ जाती है। यह सारा दोष इस ग्रामसेविका का ही है। इसको इसका मजा चखाना चाहिए।

औरतों की तरेरती आँखों को देखकर जमुना समझ गई कि उसके बारे में लोगों का क्या ख्याल है। लेकिन अब उस पर जिद्द सवार हो गई थी। अक्षर-ज्ञान तो उसको लगभग था ही। वह तेजी से काम सीखने लगी। स्कूल की मेहनत के अलावा वह रात में लालटेन जलाकर देर तक पढ़ती रहती थी। दो महीने में ही उसने तीसरे दर्जे की किताब खत्म कर दी। उसकी इस तरक्की से दमयन्ती को अपार खुशी हुई। वह स्कूल की अन्य औरतों से आगे बढ़ गई। दमयन्ती ने उसके घर पर पढ़ने के लिए आसान भाषा में लिखी गई कई पुस्तकें दीं। जमुना ने उनको जल्द ही समाप्त कर दिया।

किताबों को पढ़ने और स्कूल में सिखाई गई बातों का जमुना के जीवन पर बड़ा असर पड़ा। पहले वह एक साड़ी हफ्तों पहने रह जाती। अब वह रोज अपनी साड़ी छाँटती। बच्चों के कपड़ों को भी वह रोज बदल दिया करती और उनको सदा साफ रखती। उसका घर भी पहले गन्दा रहता था, परन्तु दोनों जून वह सारे कमरों, आँगन और दालान में झाड़ू लगाती।

परन्तु सब से अधिक तकलीफ उसको उस समय होती जब हमेशा सहुआइन उससे बिगड़कर बोलतीं। सहुआइन का मुँह हमेशा फूला रहता। बैठकर हमेशा अपने को कोसा करती, 'हे भगवान! मुझको जल्दी उठा लो।' हालाँकि जमुना सहुआइन की पहले से अधिक सेवा करती। सवेरे ही उठकर वह बाल्टी और लोटा माँजकर बुढ़िया के लिए रख देती। नीम की दातौन की कूची बनाकर अलग रख देती। रोज बुढ़िया की साड़ी उतारकर छाँट देती। सास को वह कभी खराई सेवराई नहीं होने देती। समय पर खाना तैयार करके पीढ़ा-पानी रखकर खिला देती। यही नहीं, खाना भी वह किस्म-किस्म के तैयार करने लगी। यह दमयन्ती ने ही राय दी थी। उसी ने जमुना को लौकी की खीर तथा बेसन की कलौंजी बनाने की विधि बताई थी। रात को वह बुढ़िया के माथे पर तेल रख देती, पैर दबा देती। लेकिन रमैनी सहुआइन ये सेवाएँ बेमन से ग्रहण करती। उसका मुँह हमेशा फूला रहता। नाक-भौं सिकुड़ी रहती। वह अक्सर धीरे-धीरे न मालूम क्या बड़बड़ाती रहती।

इस तरह दिन बीतने लगे। परन्तु उन सेवाओं का सहुआइन पर धीरे-धीरे असर भी हो रहा था। सहुआइन ने सोचा था कि पढ़ने-लिखने से जमुना की मति खराब हो जाएगी और घर चौपट हो जाएगा। लेकिन अब वह देख रहीं थी कि उसका विचार गलत है। जमुना तो और ढंग-सलीका सीख गई थी। वह और मिठास से बोलती तथा उसका और ख्याल रखती थी सहुआइन का शरीर काफी बूढ़ा और निर्बल हो गया था। पहले गृहस्थी के काम में वह भी पर्याप्त योग देती, परन्तु जमुना अब उसको कोई काम करने ही न देती थी। उसके कमजोर शरीर को आराम मिला तो उसका रोआँ-रोआँ न चाहते हुए भी जमुना को आशीर्वाद देने लगा।

एक दिन जमुना ने उसके लिए सिलकर एक ब्लाउज दिया, "अम्माँ जी, आपके कपड़े फट गए हैं। मैंने इसको आपके लिए सिला है...पहन लीजिए।"

कपड़े सीना जमुना ने दमयन्ती से सीखा था। बुढ़िया ब्लाउज़ देखकर मन-ही-मन खुश हुई, परन्तु ऊपर से वह गम्भीर बनी रही। वह दबी जबान से बोली, "रहने दो, मुझे नहीं चाहिए...।"

"मैं आपके पैरों पर पड़ती हूँ अम्माँ जी! मैंने बहुत ही हौसले से सिला है। आपका ब्लाउज़ भी तो फट गया है...।"

रमैनी सहुआइन ने कोई उत्तर नहीं दिया, परन्तु जब जमुना चली गई तो उसने ब्लाउज को हाथ में लेकर देखा। कितना अच्छा सिला है? एकदम नए काट का है। उसने चोर की तरह इधर-उधर देखकर ब्लाउज पहन लिया। पहिन कर बहुत खुश हुई। परन्तु डर से उसने झट उतार दिया कि कहीं बहू आकर देख न ले उसको उस ब्लाउज़ में। ऐसा बिना माँगा आराम उसको जीवन में कभी नहीं मिला था। वह जब इस घर में आई थी, दिन-रात घर-गृहस्थी में कोल्हू के बैल की तरह जुट रही थी। उसको याद नहीं कि किसी ने उसका इस तरह ख्याल किया हो। कपड़े वह महीनों गन्दे और फटे पहने रहती। अब वह साफ कपड़े पहनती थी, साथ ही बहू इसका भी ख्याल रखने लगी कि उसके बदन पर फटे कपड़े न हों। उसका रोआँ-रोआँ जुड़ाने लगा। वह इतनी प्रसन्न थी कि बहू से तो वह कुछ नहीं बोली, परन्तु इतने अर्से के बाद प्रथम बार दोनों बच्चों को अपने पास लेकर बैठी रही देर तक। उसने हरिया को अपने हाथ से खाना खिलाया और 'सोत बसन्त' का किस्सा सुनाती रही। वह छोटी बच्ची को गोद में लेकर खूब उछालती रही और अपने पोपले मुँह को चियार कर खी-खी-खी-खी हँसती रही। रात में वह हरिया को फिर अपने पास लेकर सोई।

दूसरे दिन उसने जमुना से कहा, "कपड़ा बहुत अच्छा सिला है बहू। पर मैं कहती हूँ तुम क्यों जान देती हो? अपने शरीर का भी ख्याल किया करो। आज तक मैंने ऐसी चीजें नहीं पहनीं तो क्या अब पहनूँगी? ये तो नए फैशन की चीज हैं। क्या मुझको मेम बनाकर छोड़ोगी?"

जमुना खुशी से रोने लगी। आँखें पोंछती हुई बोली, "मैं किस काबिल हूँ अम्माँ जी? मैं तो हमेशा यह सोचती हूँ कि मेरी वजह से आपको बहुत दुख सहना पड़ा है।"

"नहीं, दुख की क्या बात है? पढ़ो, पढ़ने से कौन रोकता है? अब जमाना ही ऐसा आ गया है तो क्या किया जाए? मैं ठहरी बूढ़ी और मूरख! मैं क्या समझूँ इन बातों को? जैसा जमाना आए वैसा ही करना चाहिए।"

बुढ़िया की बात सुनकर जमुना का हृदय गद्गद हो गया। उसका मन खुशी से नाचने लगा। सास का मन जीतकर वह समझ गई कि उसका जन्म सार्थक है।

रमैनी सहुआइन अब जमुना से खुश रहने लगीं। वह सोचती, बहू कायदे से रहती है और मुझे सुख देती है तो चलने दो पढ़ाई। पढ़ाई क्या खराब करती है? बहू के बारे में जो ऐसी-वैसी बातें करे उसको कोढ़ पड़े!

[10]

किसी शरारती लड़के ने जाकर हरचरण से कह दिया था कि लखना ग्रामसेविका के स्कूल में पढ़ता है और ग्रामसेविका ने उसको मारा है। हरचरण आगबबूला हो गया। ग्रामसेविका कौन होती है उसके लड़के पर हाथ उठाने वाली? वह इसका मजा चखा देगा। ये लोग ब्लाक के अफसरों से तो हँस-हँस कर बातें करती हैं और वहाँ गाँव के भोले-भाले लोगों के सामने सीता-सावित्री बनती हैं!

हरचरण ने सबसे पहले लखना को ही घर पर खूब पीटा और लड़के को चेतावनी दे दी कि यदि वह फिर पढ़ने-लिखने गया तो वह मारते-मारते उसकी टाँग तोड़ देगा। परन्तु जब उसको यह रिपोर्ट मिली कि लड़का अब भी जाता है तो उसके क्रोध का अन्त न रहा। इसका अर्थ है कि ग्रामसेविका ने उसके लड़के की बुद्धि खराब कर दी है! वह इसको किसी भी हालत में बरदाश्त नहीं कर सकता।

गाँव में एक विचित्र व्यक्ति है हरचरण, जिससे लोग डरते भी थे और घृणा भी करते थे। वह एक अच्छा खाता-पीता किसान था। लम्बा, तगड़ा और तन्दुरुस्त। उम्र सत्ताईस या अट्ठाईस वर्ष। कहना यह चाहिए कि सुन्दरता के मामले में लखना उसी में पड़ा था आँखों को छोड़कर। हरचरण की आँखें बड़ी-बड़ी हैं जो क्रोध में कपाल पर चढ़ जाती हैं!

उसके सम्बन्ध में एक कहानी है जो गाँव का कोई भी व्यक्ति विस्तारपूर्वक बता देगा। उसकी शादी चौदह-पन्द्रह वर्ष की उम्र में हुई थी। उस समय वह गाँव एक ही पट्टा था। रामगढ़ में वह पढ़ने भी जाता था। उसकी पत्नी सुन्दर और नेक थी। हरचरण उस पर लट्टू हो गया। चमेली भी उसको बहुत प्यार करती थी। उसका जब बाप मरा उस समय तक वह मिडिल पास कर चुका था। उसने पढ़ाई छोड़ दी और डटकर खेती करने लगा। उसका जीवन बहुत खुशहाल था। परन्तु करीब दस वर्ष बाद चमेली की मृत्यु हो गई। उसके पेट में बच्चा था जो पेट ही में मर गया था। लखना उस समय छोटा था।

हरचरण के दिल को उससे सख्त चोट पहुँची थी। उसका जीवन घोर दुख और निराशा से भर गया। विशेष रूप से उसको यह सोचकर बहुत तकलीफ हुई कि मरते वक्त वह पत्नी से भेंट न कर सका। वह उस पर कितना विश्वास करती थी। उसको कितना प्यार करती थी। यदि अन्तिम समय तक वह उससे बात कर सका होता

तो उसको तसल्ली हुई होती। चमेली को वह भूल न सका और उसको भूलाने के लिए वह गाँजा, भाँग और ताड़ी पीने लगा। घर-गृहस्थी में रुचि लेना उसने बहुत कम कर दिया। लखना की भी वह परवाह नहीं करता। कभी वह लड़के को उसके मामा के यहाँ भेज देता। उसके मामा ने कहा था कि वह लड़के को अपने यहाँ रखकर पढ़ाएँगे-लिखाएँगे। परन्तु इसके लिए हरचरण तैयार न होता। तब उसका स्वाभिमान जाग उठता। यह कैसे सम्भव है कि जब तक उसके हाथ-पैर ठीक हैं, उसके लड़के को कोई पढ़ाये-लिखाये? वह वहाँ से लखना को बुला भेजता। कई लोगों ने सुझाव दिया था कि वह दूसरी शादी कर ले, परन्तु चमेली की याद उसके हृदय में वैसी ही ताज़ी थी। उसने कई बार यह सोचा कि वह नशे की आदतें छोड़ दे, लेकिन वह छूटती न थी। उसने लखना से तो बोलना छोड़ दिया था एक बरस से। लड़का सिर्फ घर में खाना खाने आता था। इसके बाद हरचरण को फिक्र नहीं रहती थी कि वह कहाँ जाता है और क्या करता है। लखना के खिलाफ शिकायतें बहुत आती थीं, परन्तु वह उन पर ध्यान न देता बल्कि शिकायत करने वालों को ही बुरी तरह फटकार देता। कभी-कभी ही बाप और बेटा सामने होते थे, परन्तु उस समय भी हरचरण उसको पास बुलाकर प्यार नहीं करता था और न कभी यह पूछता था कि उसको किसी बात की तकलीफ है?

उसकी आदतें दिन पर दिन बिगड़ती जा रही थीं। वह पहले जितना ही सीधा-सादा था, वह अब उतना ही क्रोध और झगड़ालू हो गया था। किसी को गाली-गलौज करते उसको देर नहीं लगती थी। उसका साथ भी बुरा पकड़ गया था। वह रात में देर तक घर से बाहर रहता। वह कहीं नशा करके धुत रहता या डींगे मार रहा होता। डींगे मारने का उसको बहुत शौक हो गया था। चूँकि वह गाँव में अच्छा पढ़ा-लिखा समझा जाता इसलिए अपने सामने किसी को लगाता नहीं था। वह अपनी बातचीत में जरूर ही एक-दो अंग्रेजी शब्दों का इस्तेमाल करता, जो उसने शहर में या अंग्रेजी पढ़े-लिखे लड़कों से सीख लिए थे। पढ़े-लिखे लोगों से वह बहुत जल्दी 'तुम' पर उतर आता था। उसने गाँव के जवानों का एक गिरोह बना लिया था जो दिन-रात हा-हा-हू-हू करते थे। इस गिरोह के लोग अजीब पोशाक पहनते थे। विशेष रूप से मेला-तमाशा में इनको देखने लायक होता। लुंगी, लम्बा गाढ़े का कुर्ता, माथे पर अँगोछे की पगड़ी और हाथ में डंडा या सोटा। उनमें से कई लम्बी-लम्बी टार्च भी लिये होते। वे गाँव-जवार में कभी मेला-तमाशा में जाते तो उनके आगे-आगे हरचरण रहता। भीड़ में मेढक फेंककर भगदड़ मचाना, रंडी और लौंडे पर आवाजें कसना, दहशत पैदा करने के लिए लाठियाँ खटखटाना तथा बेमतलब हा-हा हँसना इन लोगों का काम था।

अजीब मनोविज्ञान था उसका। वह लखना की घोर उपेक्षा करता, जो कभी-कभी निर्दयता और अपराध की सीमा पार कर जाती, परन्तु यदि कोई दूसरा

लखना की उपेक्षा करता तो उसको बरदाश्त नहीं होता था। उसी तरह लखना के प्रति दूसरों का प्यार भी उसको बरदाश्त नहीं था। ऐसे वक्त उसका पिता का अधिकार और स्वाभिमान बहुत ही उग्र रूप धारण कर लेता और उसकी रक्षा के लिए वह बहुत ही व्यग्र हो उठता। निकम्मे और डींगू लोगों में ऐसी आदत होती है। अच्छी बात हमेशा उनके निकम्मेपन पर आघात करती है, वह भी इसलिए कि ऐसा व्यक्ति अपने पतन को स्वीकार नहीं करता या मन-ही-मन सोचता है कि वह जब चाहे अच्छी जिन्दगी व्यतीत करने लगेगा, जब कि वास्तविकता यह होती है कि वह दिन-पर-दिन अपनी आदतों का गुलाम होता जाता है, जिसको वह मन-ही-मन अच्छी तरह समझता भी है। अपनी यही मजबूरी वह क्रोध तथा परनिन्दा द्वारा प्रकट करता है।

एक दिन दोपहर को वह दमयन्ती के बरामदे में जाकर खड़ा हो गया। दीवाली बीत गई थी और धीमा-धीमा जाड़ा पड़ने लगा था। सामने मैदान में धूप झँवरा गई थी। हवा में खुश्की और ठंडक थी। वह धोती और लम्बा कुर्ता पहने हुए था। उसका मुख गम्भीर था और उसकी भौंहें आँखों पर झुक आई थीं।

दमयन्ती ने पहले उस ओर ध्यान नहीं दिया था, परन्तु लड़कों की चौंकी हुई दृष्टि से वह समझ गई। उसने सिर घुमाकर देखा। परन्तु हरचरण दमयन्ती को नहीं बल्कि लखना की ओर देख रहा था, जो अपने बाप को देखकर सहमकर खड़ा हो गया था। दरअसल हरचरण ने यहाँ आने के पूर्व सोचा था कि वह ग्रामसेविका को खूब फटकारेगा परन्तु यहाँ पहुँचकर दमयन्ती की ओर देखने की भी उसकी हिम्मत नहीं हुई।

वह लपककर आगे बढ़ा। उसने लखना का हाथ पकड़ते हुए कड़े स्वर में कहा, "तू यहाँ क्यों आया रे? कई बार कहा कि यहाँ आकर पढ़ने की जरूरत नहीं, लेकिन तू तो लाटसाहब हो गया है! तू समझता है कि तेरी देखभाल करने वाला और तुझ पर नज़र रखने वाला कोई नहीं? चल यहाँ से...फिर तुझे यहाँ देख लिया तो मारते-मारते तेरी हड्डी-पसली एक कर दूँगा...।"

दमयन्ती का मुँह भय से स्याह हो गया था। वह समझ गई थी कि यह लखना का बाप है। लखना उससे बहुत हिल-मिल गया था। उसकी आदतें एकदम बदल गई थीं। दमयन्ती स्वयं उसको बहुत प्यार करने लगी थी। वह परिश्रम के साथ पढ़ता था और उसने पूरी वर्णमाला सीख ली थी। उसकी समझ में न आया कि ऐसे होनहार लड़के को उसका बाप क्यों पढ़ने से रोकता है? और तब उसको लगा कि वह व्यक्ति लखना को नहीं बल्कि उसको डाँट रहा है। इसमें सन्देह नहीं कि दमयन्ती को लांछित और अपमानित करने के लिए वह यहाँ आया था।

"आप क्यों ऐसा करते हैं?" दमयन्ती ने सूखी आवाज़ में पूछा।

हरचरण ने कोई उत्तर नहीं दिया। उसने एक बार बड़ी-बड़ी आँखों से दमयन्ती की ओर उपेक्षा से देखा, फिर झटके से मुँह घुमाकर तथा अपने पीछे लखना को घसीटते हुए बरामदे से नीचे उतर गया।

दमयन्ती के मुख की मलिनता और गहरी हो गई।

अपने घर के अन्दर लखना को खड़ा करके हरचरण उसकी ओर आश्चर्य से देखने लगा। रास्ते भर वह उससे कुछ भी नहीं बोला था। लखना हत्यारे की तरह मुँह बनाए था। इस लड़के पर उस ग्रामसेविका ने कौन-सा जादू कर दिया है? यह तो अब तक हवा की तरह आजाद रहा है। गाँव भर के लड़कों को मारता-पीटता रहा है। यह देखते ही देखते बदल गया है। कैसी गम्भीरता है उस लड़की में? वह सीधे आँखों में देखती है। उसका मुख भय से कैसा स्याह हो गया था? उसने ऐसा क्यों व्यवहार किया? क्या पढ़ना-लिखना बुरी चीज है? उसको लखना पर बहुत दया आ रही थी।

परन्तु ऊपर से वह उसी तरह डाँटकर बोला, ''खबरदार, अब उधर पाँव करोगे तो तोड़ दूँगा पाँव। मैं ये सब आदतें पसन्द नहीं करता। बस यही समझ लो कि मैं नहीं चाहता कि तुम वहाँ जाओ।'' वह एक क्षण को लड़के को घूरता रहा। फिर उसने पूछा, ''वह ग्रामसेविका तुझे कुछ खाने को देती है क्या रे कि तू लालच में वहाँ चला जाता है?''

लखना चुपचाप सिर झुकाये रहा, कुछ बोला नहीं।

''बोलता क्यों नहीं रे? मैं तुमसे कुछ पूछ रहा हूँ न?''

''नहीं देती कुछ खाने को।'' लड़के का चेहरा क्रोध की जिद्द से सहसा विकृत हो गया था।

हरचरण को उसकी वह मुद्रा बुरी लगी, जैसे वह चुनौती दे रहा हो। वह गरज पड़ा, ''तो वहाँ तू क्यों जाता है रे हरामी के बच्चे? सीधे से बता नहीं तो तेरी हड्डी-पसली तोड़ कर रख दूँगा।''

''नहीं बताऊँगा! नहीं बताऊँगा।'' लखना चीख पड़ा और अन्त में घूमकर वहाँ से भाग खड़ा हुआ। हरचरण स्तम्भित होकर देखता रह गया। ऐसी हरकत तो लखना ने कभी नहीं की थी। मालूम होता है कि ग्रामसेविका ने उसके दिल को वश में कर लिया है।

वह बैठ गया। उसके दिल पर न मालूम कब चुपके से एक उदासी उतर आई दरवाजे से फैले मैदान का एक टुकड़ा दिखाई दे रहा था, जिसमें सुखकर धूप चमक रही थी। उसको अपने ऊपर आश्चर्य हो रहा था। वह कुछ ऊपर उठकर अपने को देख रहा था। एक समय उसका जीवन कैसे सुख से भरा था। वह इतना बुरा कहाँ था? उसमें कोई ऐब नहीं थे। वह डटकर मेहनत करता था, डटकर खाता था और डटकर सोता था। चमेली कैसी अच्छी थी? ऐसी पत्नी भगवान सबको दे। परन्तु

उसके मरने के बाद हरचरण का जीवन टूटकर बिखर गया जिसको उसने कभी सँभालने की कोशिश नहीं की। चमेली की देह कैसी अच्छी थी? उसकी हँसी, उसकी बोली, उसका प्यार कितना अच्छा था? हरचरण का मन भींगने लगा।

वह दिन भर लखना की व्यग्रतापूर्वक प्रतीक्षा करता रहा। वह कहीं गया भी नहीं, चुपचाप घर में अनमना-सा पड़ा रहा। उसका हृदय एक अनजान दुख से भरा हुआ था। उसको यह क्या हो गया है? शायद वह बीमार पड़ने वाला है।

जब रात गाढ़ी होने लगी तो लखना चुपचाप आकर खड़ा हो गया। इस बीच हरचरण ने खाना बना लिया था। अब तक उसका मन लड़के ही में रहा था। लड़के को देखकर वह चौंक पड़ा।

"कहाँ था, रे?"

लड़का चुप।

"स्कूल में पढ़ने गया था?"

लड़के के मुँह से अब भी आवाज न निकली।

हरचरण का हृदय पता नहीं कैसी कटुता से भर गया। उसका होश हवास लुप्त हो गया। उसने लपककर लड़के के मुँह पर एक तमाचा जोर से जड़ दिया, "झूठ बोलता है सूअर। मैं खूब जानता हूँ कि तू स्कूल ही गया था।...मैं मार डालूँगा।"

हरचरण का पूरा हाथ लखना के मुँह पर पड़ा था। वह छटपटा कर रह गया। अन्त में वह नीचे बैठकर धीरे-धीरे ऊँ-ऊँ कर रोने लगा।

हरचरण वहाँ से हट गया। उसको बहुत अफसोस हो रहा था। वह दिन भर लड़के की प्रतीक्षा करता रहा था, फिर उसको देखते ही वह इस तरह बिगड़ कैसे गया? वह स्वयं अपने मन की हालत समझ नहीं पाया। वह अपने अन्दर एक अजीब उलझन महसूस कर रहा था। वह अपने से ही क्रुद्ध था और इसी क्रोध को उसने इस तरह व्यक्त किया था।

कुछ देर बाद वह कमरे में पुनः आया। लखना उसी तरह जमीन पर बैठा था, परन्तु वह रो नहीं रहा था। उसके आँसू उसकी आँखों के नीचे सूख गए थे।

"चल उठ, खा ले।" हरचरण ने रुखाई से कहा।

लखना हठपूर्वक बैठा रहा चुपचाप।

"मैं कह रहा हूँ न कि चल उठ खा ले?"

फिर भी लड़का न उठा।

इस पर हरचरण वहाँ से हट गया। उसने रसोईघर में जाकर एक थाली में खाना परोसा और उसको ले जाकर लखना के पास रख दिया।

"थाली रख दी है। चाहे खा, चाहे मर।" बड़बड़ाता हुआ हरचरण पुनः रसोईघर में चला गया। वहाँ उसने खाना खाया। हाथ-मुँह धोकर कमरे में पुनः आया तो

उसको बड़ा अचम्भा हुआ। लखना उसी तरह बैठा था। वह अपने सामने स्थिर दृष्टि से देख रहा था।

"अरे तूने अभी तक नहीं खाया? अच्छा, मैं देखता हूँ कब तक नहीं खाता है। समझ ले, इन नखरों का मुझ पर कोई असर न होगा। तू नहीं जानता, जब मुझ पर गुस्सा चढ़ जाता है तो साक्षात् भगवान चले आएँ तो भी मैं मानने वाला नहीं। एक बार फिर कहता हूँ। चुपचाप खाकर सो जा...ऐसा न हो फिर तुझे भुगतना पड़े।...मैं जा रहा हूँ कुछ देर के लिए बाहर। समझ में आया न कि मैंने क्या कहा है?"

जवाब न पाकर हरचरण बाहर निकल गया। बाहर से उसने दरवाजा बन्द करके ताला लगा दिया। रात में अक्सर वह ऐसा ही करता था। परन्तु जब वह देर से रात में घर लौटा तो देखा कि खाने की थाली उसी तरह पड़ी थी—सभी सामान ज्यों का त्यों। पास ही लखना जमीन पर ठिठुरा-सा सोया था।

हरचरण सन्न-सा रह गया। लखना बिना खाए ही सो गया है। अगर उसकी माँ रहती तो ऐसा किसी भी हालत में न होता। वह लड़के पर झुक गया और उसको स्नेहपूर्वक गोद में उटा लिया। फिर उसको खाट पर लाकर सुला दिया और ऊपर रजाई ओढ़ा दी। उसकी देह बर्फ की ठंडी हो गई थी। हरचरण की आँखें डबडबा आई थीं।

परन्तु कुछ दिन बाद हरचरण को जब यह मालूम हुआ कि लखना फिर स्कूल में जाता रहा है तो क्रोध से उसकी हालत बुरी हो गई। ऐसा जिद्‌दी लड़का तो उसने देखा नहीं था। पिता का अहंकार चोट खाए साँप की तरह फन उठाकर फुँफकार उठा। इसके अलावा उसके क्रोध का एक और कारण भी था। लड़के के स्कूल जाने से उसकी बदनामी होती है, ऐसा वह समझता था। ग्रामसेविका यह समझती होगी कि लड़के का बाप आवारा है और वह उसकी परवाह नहीं करता। जब लड़का स्कूल नहीं जाएगा तो उसके सम्बन्ध में ग्रामसेविका को सोचने का मौका नहीं मिलेगा। वस्तुतः लड़के का पढ़ना उसको चुनौती के समान लगता था, जैसे कोई उसका मजाक कर रहा हो, उस पर व्यंग्य कर रहा हो।

एक दिन वह पुनः दमयन्ती के स्कूल में जाकर खड़ा हो गया। दमयन्ती उसको देखकर पुनः डर गई। उसने लखना को समझाया था कि उसके बाप जब नहीं मानते तो वह पढ़ने न आया करे। परन्तु लखना रोज आकर बैठ जाता तो दमयन्ती ने उसका विरोध न किया। यह कैसा अन्याय है कि लड़का पढ़ना चाहे और उसको पढ़ने न दिया जाए? उसने सोचा कि शायद उसका बाप अब आपत्ति न करे।

"फिर तू आने लगा, रे?" हरचरण ने लखना की ओर देखकर कड़े स्वर में कहा।

"देखिए, मैं आपसे प्रार्थना करती हूँ कि लड़के को पढ़ने दीजिए, इसकी तबीयत पढ़ने में बहुत लगती है। यह बहुत होनहार है, इसका जीवन चौपट न कीजिए।" इस तरह दमयन्ती ने गिड़गिड़ाई-सी आवाज में कहा।

"लड़का यहाँ न पढ़ेगा। मैं बाप हूँ, मुझसे अधिक कोई नहीं समझेगा कि उसकी भलाई किसमें है। मैं नहीं चाहता कि वह यहाँ बैठे। आप इसको यहाँ बैठने नहीं दीजिए, मैं यही कहता हूँ...।"

वह लखना को पकड़कर उसी दिन की तरह ले गया। दमयन्ती का मुँह तमतमा आया था। उसका इस तरह अपमान करने का उस व्यक्ति को क्या अधिकार है? उसका हृदय क्रोध और अपमान से जल रहा था। वह आश्चर्य कर रही थी कि कैसे वह अपनी भावनाओं को नियन्त्रित कर सकी।

[11]

प्रधानजी बाहर के बैठक में चारपाई पर लेटे छटपटा रहे हैं। उनको नींद नहीं आ रही है। खाट में खटमल भी बहुत हैं ससुरे! कभी वह उठकर बैठ जाते हैं और खिड़की के रास्ते सामने अन्धकार में घूर-घूर कर देखते हैं। उनका मन बहक-बहक कर भाग रहा है, पगहा तुड़ाने को आतुर बाछे की तरह। कभी वह अँगड़ाई लेते हैं। जी अच्छा नहीं है शायद। कल ओसारे में सोने की वजह से सर्दी लग गई है क्या? अब हवा-वतास से बचने की जरूरत है।

नाम है विचित्र नारायण दुबे, जिसके अनुरूप गुण भी है! ठिगना थुलथुल शरीर, लम्बी नाक, तरल-सी आँखें और बड़े-बड़े दाँत, जो दोनों होंठों को कभी मिलने नहीं देते। गाँव में उनके पास सबसे अधिक जमीन थी। मकान भी बड़ा और पक्का था। परन्तु वह बहुत ही धर्मात्मा किस्म के व्यक्ति थे। आजादी मिलने से पूर्व चाहे वह प्रभावशाली और अत्याचारी जमींदार के रूप में भले ही विख्यात रहे हों, परन्तु उसके बाद उनमें घोर परिवर्तन हुआ। वह कहते भी थे कि यह जीवन परिवर्तनशील है। उन्होंने खद्दर का कुर्ता, खद्दर की धोती और गांधी टोपी नियमित रूप से पहननी शुरू कर दी थी। उनकी आवाज बहुत मीठी हो गई थी और वह सदा मुस्कराते रहते थे।

प्रधानजी ने गाँव की जनता के लिए अपना जीवन समर्पित कर दिया था। मसलन वह गरीबों को रुपये सूद पर देते। वह प्रेमपूर्वक कर्ज को उस हद तक चढ़ जाने देते थे, जब गरीब लोग पूरा चुकता कर ही नहीं सकते थे। वे चुकाते भी जाते थे और कर्ज बना भी रहता था। इस तरह गाँव के लोगों की एक अच्छी-खासी संख्या उन पर आश्रित थी। जिनकी आर्थिक स्थिति खराब थी उनमें से कोई खेत-खलिहान

देखता था, कोई गाय-बैलों को सानी-पानी चला देता था और कोई रात को पहरा दे देता।

मुकदमा लड़ना भी प्रधानजी का विशेष गुण है। गाँव के दो दलों में मार-पीट करा देना उनके बाएँ हाथ का खेल था, परन्तु वह अपने को इस शक्ल में रखते कि दोनों दल उनको निष्पक्ष और निर्लिप्त समझते थे। मुकदमा लड़ने के इच्छुक लोगों को वह शहर ले जाते थे। उनकी जान-पहचान के दो-तीन वकील थे, जो उन्हीं के गाँव-जवार के रहने वाले थे। उन वकीलों से एक निश्चित रकम कमीशन के रूप में बँधी हुई थी। वह मुवक्किलों के खर्चे से जाते थे, उनके साथ होटल में रहते थे, दोनों जून डटकर खाते थे, सिनेमा-थियेटर देखते थे, मौजा-पानी लेते थे।

छोटे से छोटे काम के लिए प्रधानजी अफसरों या दफ्तर के बाबुओं से मिलने को तैयार रहते हैं। स्वतन्त्रता दिवस के बाद विकास-कार्य के सिलसिले में कई दफ्तर खुल गए थे। लोग जरूरत होने पर प्रधानजी के पास ही जाते थे। वे जानते थे कि प्रधानजी के अलावा और कोई उनका काम नहीं कर सकता। परन्तु काम कैसे हो? भैया, जैसा जमाना आए वैसा करना चाहिए! वे तो शहर के लोग हैं, पैसा तो उतना मिलता नहीं, दो-चार पैसा पान-पत्ता के लिए जरूरी हो जाता है। वैसे तो कोशिश यही की जाती है कि काम मुफ्त ही में हो जाए, परन्तु कुछ कहा भी तो नहीं जा सकता! इस तरह प्रधानजी की जेब हमेशा भरी रहती थी।

गाँव की जनता के वास्तविक प्रतिनिधि थे प्रधानजी क्योंकि वहाँ के अधिकतर लोग यह तो जानते नहीं थे कि विकास योजनाओं से दरअसल क्या फायदे हैं। दो-चार जो जानते भी थे उनको कायदा-कानून ठीक से मालूम नहीं था। वे लोग सरकारी अफसरों और बाबुओं से बचना भी चाहते थे। उन लोगों के दिल में बाबुओं के प्रति गहरा सन्देह था। इसका कारण भी था। दफ्तर के बाबू तथा अफसर जब गाँव में आते तो वे बहुत ही ऊँचाई से बात करते थे। कभी-कभी वे रूखा व्यवहार भी करते। वे गाँव में प्रधानजी या कभी-कभी महादेव सेठ के यहाँ रुकते, जहाँ उनके लिए पूड़ियाँ छानी जाती; दही-दूध का इन्तजाम किया जाता, उनकी जी हुजूरी की जाती। उनको गाँव के अन्य लोगों के यहाँ जाने की जरूरत ही महसूस नहीं होती थी। सारी बातें और सारे आँकड़े उनको इन धनी घरों से मालूम हो जाते थे। इसका परिणाम होता कि इन्हीं व्यक्तियों के घर के सामने सफाई हो पाती या नाली पक्की कर दी जाती। इन्हीं को सबसे अधिक तकावी मिलती और इन्हीं को सबसे अधिक कर्ज मिलता था। खाद, बीज आदि अन्य सुविधाओं के मामले में भी वे ही लोग लाभ में रहते थे। शेष जनता तो विकास बाबुओं और अफसरों से इस तरह डरती थी जैसे वे थानेदार या पुलिस-सिपाही हो।

पैसे-पाई जोड़ने में प्रधानजी बहुत होशियार थे। वह कोई भी ऐसा काम नहीं करते थे जिससे उनका नुकसान हो। गाँव के लेखपाल तथा हलके के थानेदार

दुश्मन न बनने पाएँ इस पर वह विशेष ध्यान देते थे। गाँव के लोगों पर उनका अतिरिक्त रोब पड़े, इसलिए वह थानेदार को अक्सर दावत देते थे। ऐसे ही रोब का अनुचित लाभ अपनी जमीन-जायदाद में निरन्तर वृद्धि करते रहते थे। पट्टीदारों की जमीन में से कुछ भाग हथिया लेते थे। और उन पर मुकदमें की नौबत आती तो प्रधानजी उससे बाज नहीं आते थे। उधर शहर में मुकदमा चलता था और इधर प्रधानजी साम, दाम, दंड और भेद की नीति अपना कर गवाहों को तोड़ लेते थे।

इस तरह वह गाँव के नेता बन चुके थे। अब वह गम्भीरतापूर्वक किसी राजनीतिक पार्टी में शामिल होकर असेम्बली का चुनाव जीतने का सपना देख रहे थे। अभी तक वे सभी पार्टियों को मदद देते थे। कांग्रेसियों के मुँह पर कांग्रेसियों जैसी और जनसंघियों के मुँह पर जनसंघियों जैसी बात करते थे। उनका कोई राजनीतिक विचार था भी नहीं। भीतर से वह घोर सम्प्रदायवादी अवश्य थे। उनको यह पसन्द नहीं था कि भारत में मुसलमानों को रहने दिया जाए। वह यह भी मानते थे कि जब तक धरती है, गरीबों और अमीरों का भेद बना रहेगा। अमीर अमीर ही रहेंगे और गरीब गरीब। परन्तु इन विचारों को वह जबान के बाहर नहीं लाते थे और हमेशा जनता के राज्य की बात करते। कभी-कभी वह सोचते थे कि क्यों न शासनारूढ़ दल में शामिल होकर कुछ ठेके लिये जाएँ और कारोबार चलाया जाए। शहर में वह कुछ व्यापार करना चाहते थे। यह कारोबार और ठेके का युग है। कारोबार में जो सुख है वह किसी चीज में नहीं। खास तौर से ठेका में तो पैसा ही पैसा है। उसमें ब्रह्मा आ जाएँ तो भी घाटा नहीं हो सकता।

प्रधानजी के दिल में व्यापार वाली बात धँस गई थी। गाँव की नेतागिरी भी कोई नेतागिरी है? जब तक जिला और प्रान्त की नेतागिरी नहीं मिलती तब तक क्या मजा है? और पैसा ऐसी चीज़ है, जिससे सारे काम सिद्ध हो सकते हैं। पैसे से दुनिया का सारा सुख खरीदा जा सकता है। सारी प्रतिष्ठा पैसे से मिल सकती है। प्रधानजी का मन पैसे में तैरा करता। परन्तु वह जल्दीबाजी नहीं करना चाहते थे। उनको अपनी सफलता पर विश्वास था। वह जिस तरह धीरे-धीरे चलते थे उसी तरह वह अपनी योजनाओं को भी कार्यान्वित करते थे। वे बोलते भी धीरे-धीरे थे और मुस्कराते भी धीरे-धीरे थे। अधैर्य नाम का दोष तो उनमें था ही नहीं। अपने इसी इत्मीनान के कारण वह कभी निराश नहीं होते थे और अपने कार्यों में सफल भी होते थे।

प्रधानजी में एक और भी गुण था। वह लगभग पचास वर्ष के थे परन्तु इस उम्र में भी उनकी रसिकता नहीं गई थी। जिस तरह गुड़ की ओर चींटा खिंचता है उसी तरह वह जवान स्त्रियों की ओर आकर्षित होते थे। गरीब लोगों पर उनकी विशेष कृपा रहती थी। ऐसे लोगों की वह हर किस्म की सहायता करते, खास तरह

से रुपये-पैसे की, और इस तरह उनकी कृतज्ञता खरीद लेते थे। फिर तो वह उनके घरों में आने-जाने लगते किसी होशियार शिकारी की तरह। विधवाओं के कष्ट से तो उनका हृदय रो पड़ता था। वे अपना प्राण देने को तैयार रहते।

इस समय वह कई महत्त्वपूर्ण विचारों में खो गए थे। उनको अपने घर की औरतों पर बहुत गुस्सा आ रहा था, खास तरह से अपनी पत्नी पर। यह ससुरी बना-बनाया काम बिगाड़ देती है! कुछ समझती ही नहीं। जब उन्होंने यह सुना था कि गाँव में ग्रामसेविका आने वाली है तो वह बहुत खुश हुए थे। उन्होंने स्कीम बनाई थी कि ग्रामसेविका को अपने बैठके में टिका देंगे। उन्होंने सुना था कि ग्रामसेविका को स्कूल चलाने के लिए काफी सामान मिलते हैं। प्रधानजी के मुँह में पानी भर आया था। यहाँ लोग पढ़ेंगे-लिखेंगे तो खाक! फिर ग्रामसेविका के घर में रहने पर उनकी प्रतिष्ठा बढ़ेगी। सरकार और अफ़सरों पर उनका प्रभाव पड़ेगा। बड़े-बड़े लोग उनके यहाँ आएँगे। अफसरों की मोटरें वहाँ पर खड़ी होंगी। परन्तु जिस दिन ग्रामसेविका आई थी वह काम से शहर में चले गए थे। वह यहाँ आकर ठहरी भी थी, परन्तु यहाँ की औरतों ने सारा काम बिगाड़ दिया था। सच कहा है कि औरतें मूर्ख होती हैं और अपनी मूर्खता से बना बनाया काम बिगाड़ देती हैं।

प्रधानजी के दिल में और कसक थी। उन्होंने दमयन्ती को जब से देखा था उनका दिल लोटपोट हो गया था। ऐसी सुन्दर छोकरी ग्रामसेविका बनकर आएगी, इसकी उनको उम्मीद नहीं थी। एकदम जवान और नमकीन, जैसे शान पर चढ़ाई गई हो। बड़ी भोली दिखती है। हर सुन्दर स्त्री भोली दिखती है, यह प्रधानजी जानते हैं। साथ ही उनका अनुभव बताता था कि स्त्री के दिल में कामना स्वयं नहीं जागती है, बल्कि वह जगाई जाती है। घोड़े की तरह स्त्री को भी वश में किया जाता है। जिसको घोड़े को वश में करने की कला आती है वह स्त्री को वश में कर सकता है। उसी से स्त्री खुश भी रहती है। प्रधानजी इस कला में माहिर हैं। लेकिन सारा काम घर की औरतों ने खराब कर दिया। अगर वह होते तो भोली चिड़िया इस तरह फुर्र से न उड़ जाती। कैसी लम्बी, पतली और तन्दुरुस्त देह है उसकी। मक्खन की तरह मुलायम।

उन्होंने किसी मँजे हुए कूटनीतिज्ञ की तरह प्रतीक्षा करना श्रेयस्कर समझा था। उन्होंने सोचा था कि दमयन्ती अपने काम में असफल होकर उनकी सहायता अवश्य लेगी। उनकी सहायता के बगैर इस गाँव में किसी का कोई नया काम चल जाए, उन्होंने आज तक नहीं देखा था। इसके अलावा औरतों के सम्बन्ध में उनका विचार पूर्णतया विद्रूपात्मक था। औरत, चूल्हा-चौका के अलावा कुछ कर ही नहीं सकती, यह वह अच्छी तरह समझते थे। गाँव में स्कूल चला लेना तो बड़ों-बड़ों के बूते की बात नहीं थी। इसीलिए उनका विश्वास था कि दमयन्ती कहीं बचकर जा नहीं सकती।

इसके बाद वह जरूरी काम से लम्बे समय के लिए दो बार शहर तथा उसके बाद एक रिश्तेदारी में चले गए थे। जब वह निश्चिन्त होकर गाँव में रहने लगे तो उनके दिमाग पर दमयन्ती का भूत सवार हुआ। बह हर दृष्टि से दमयन्ती को वश में करना हितकर समझते थे। परन्तु उनको आश्चर्य था कि दमयन्ती अपना काम तेज़ी से फैलाती जा रही थी। वह पहले बड़े उदास हुए थे। उनके सहयोग के बिना गाँव में कोई कार्य हो, यह निराशाजनक बात थी। इसलिए जैसे नेतृत्व अपने हाथ में लेने के लिए दो बार दमयन्ती के घर जाकर उसको आशीर्वाद दे आए थे। उसकी पीठ ठोककर शाबासी दी थी और इस तरह देह-स्पर्श करने का सुख प्राप्त किया था। उन्होंने उसकी तारीफ के पुल बाँध दिए थे। ऐसी ही लड़की देश का गौरव बढ़ाती है। ऐसी वीर महिलाएँ इस भारत देश में ही पैदा होती हैं। वह बहुत ही प्रसन्न हुए हैं। उनको तो पहले ही दमयन्ती को देखकर उम्मीद हो गई थी कि यह लड़की देश और समाज की नाक ऊँची रखेगी। उनको किसी बात की चिन्ता नहीं करनी चाहिए। किसी बात का वह डर न करे। वह निर्भय-कार्य करे। मगर किसी बात की तकलीफ हो तो सीधे उनके घर आए। वह उसकी तरक्की के लिए कोई बात उठा नहीं रखेंगे। उनका तो अफसरों से दोस्ताना है। बी.डी.ओ. साहब तो उनका बड़ा ख्याल रखते हैं। पहुँचते ही कुर्सी से उठ खड़े होते हैं और मुँह मीठा कराने के बाद ही बातें करते हैं। वह मुँह देखते रहते हैं कि प्रधानजी कोई बात कहें। अबकी वह मिलेंगे तो प्रधानजी दमयन्ती की तारीफ कर देंगे...।

प्रधानजी की चिन्ता उस समय और बढ़ गई जब जमुना स्कूल में पढ़ने जाने लगी। उनके कान खड़े हो गए थे। वह दिल से यही चाहते थे कि पढ़ाई-लिखाई की यह योजना सफल न हो। उनको ऐसा विश्वास भी था। उनकी यही कामना थी कि ऐसी योजना का ढोंग चलता रहे, जिससे उनका अधिक से अधिक काम सिद्ध हो। हर योजना के सम्बन्ध में उनका यही दृष्टिकोण था। योजनाओं को वह भगवान का प्रसाद समझते थे। वह देखते थे कि इन योजनाओं को लोग जेब में लेकर घूमते हैं, और जिस तरह शक्तिशाली ही जमीन और स्त्री का सुख भोग सकता है, उसी तरह शक्तिशाली ही उन योजनाओं से लाभ उठा सकता है। शक्तिशाली से मतलब उनका उस व्यक्ति से था, जो मीठा बोलता हो, जिसके पास पैसा हो, जो बुद्धि का इस्तेमाल करता हो, जो आदमियों को बेवकूफ बना सकता हो, जो अफसरों को खुश रखता हो, जो धूल से पैदा करने की ताकत रखता हो, जो पग-पग पर झूठ बोलता हो।

जमुना के पढ़ने से उनको ऐसा लगा कि उन्होंने जो सोचा था वह सरासर गलत सिद्ध हो रहा है। जमुना के शिक्षा-ग्रहण का मतलब यह था कि दमयन्ती की बातों का असर बड़े घरों की बहू-बेटियों पर पड़ा रहा है। इसका मतलब है कि दमयन्ती

बुद्धिमान, ईमानदार, सचरित्र तथा परिश्रमी है। आज एक बड़े घर की बहू पढ़ने गई है, कल दूसरे घर की जाएगी। दमयन्ती प्रधानजी को एक चुनौती-सी मालूम हुई। अगर इस लौंडिया के पर अभी से कतर नहीं दिए गए तो बहुत बुरा होगा। उनको अपने पुरुषार्थ पर विश्वास है। पुरुषार्थ से बड़े-बड़े काम होते हैं। पुरुषार्थ से ही स्त्री को वश में किया जाता है।

[12]

सुसरे बड़े खटमल हैं! प्रधानजी चारपाई पर उठ बैठे। फिर खड़े हो गए। अन्त में सामने टहलने लगे। करीब बारह बजे का समय था। चारों ओर अन्धकार छाया है। नाद के पास खूँटे में बँधे गाय-बैल भी खड़े-खड़े सो रहे हैं। पिछवाड़े एक कुत्ता लगातार भौंक रहा है। इन सालों को रात में ही भौंकना रहता है प्रधानजी का मन दमयन्ती के कमरे में उड़ रहा है। इस समय वह सोई होगी। उसका शरीर फूल की तरह पड़ा होगा। प्रधानजी का कलेजा धड़कने लगा। उनका खून गर्म होने लगा, जैसे धीमी आँच पर चढ़ाया गया हो। भगवान ने उनको बुद्धि दी है। उस बुद्धि को बड़े-बड़े लोग मान गए। उनको वह दिन याद है। पासी टोली की सरस्वती हत्थे पर ही नहीं चढ़ती थी। क्या मदमाती जवानी थी उसकी? पके महुए की तरह उसका शरीर था, जैसे रस टपकना ही चाहता हो। उसका पति बहुत सीधा-सादा था परन्तु स्त्री बहुत ही होशियार थी। उन्होंने कितना रुपया उसके पति को खिलाया था! लेकिन सरस्वती हाथ में रेत की तरह बिछल जाती थी। आखिर में प्रधानजी ने उसके पति को बुरी तरह पिटवा दिया था। किन्तु ऊपर से उन्होंने उसकी दवा-दारू कराई, रिपोर्ट लिखाने के लिए थानेदार को अपने साथ लेकर आए थे। रुपए-पैसे दिए थे। और एक रोज सरस्वती को अकेले में पकड़ लिया था। वह कुछ नहीं बोली थी। वह रोती हुई उनकी गोद में आ गिरी थी। उपकार बहुत बड़ी चीज है। संकट में उपकार का अस्त्र अचूक होता है। उसके सामने सब सिर नवाते हैं, यह प्रधानजी अच्छी तरह जानते हैं। यह जमाना इसी का है। लोगों के सामने हमेशा यही प्रकट करना चाहिए कि समाज की समस्त सुरक्षा तथा व्यवस्था उन्हीं की वजह से चलती है। जो अपने को देवता कहता है उसी को देवता समझा जाता है। साधारण लोग तो बेवकूफ और डरपोक और गरीब होते हैं। वे तो चाहते ही हैं कि उन पर कोई शासन करे...।

प्रधानजी ने निश्चय कर लिया। बाहर से खिड़की के रास्ते हवा का एक तेज ठंडा झोंका आया था। उन्होंने जूते पहने, कम्बल ओढ़ लिये और दरवाजा खोल दिया। फिर बैठक में बाहर से ताला लगाकर वह बाहर निकल गए। जाड़ा अब मजे

का पड़ने लगा था। शबनम खूब गिर रही थी और आसमान जैसे धुएँ से भर गया था। चारों ओर घोर अन्धकार फैला था। पिछवाड़े कुछ कुत्ते भौंक रहे थे।

रास्ते में कोई नहीं मिला। प्रधानजी दमयन्ती के ओसारे में आकर खड़े हो गए। उनका कलेजा तेज़ी से धड़क रहा था। वह कुछ देर तक आहट लेते रहे। उनकी आँखें अँधेरे में बिल्ली की तरह घूर रही थीं। वह धीरे-धीरे आगे बढ़े और दरवाजे के पास पहुँचकर चुपचाप खड़े हो गए। फिर दरवाजे को धीरे से खटखटाया। कोई जवाब न मिला। भीतर से खर्राटे की आवाज सुनाई दे रही थी। उन्होंने जरा जोर से दरवाजा खटखटाया। अब भीतर किसी के 'ऊँह-ऊँह' करने की आवाज सुनाई दी। फिर चारपाई चरमराई। अन्त में किसी की पग-ध्वनि नजदीक आती मालूम हुई। प्रधानजी समझ गए कि दरवाजे के पास कोई आकर खड़ा हो गया है परन्तु डर के मारे कुछ बोल नहीं रहा है। उन्होंने एक बार और खटखटाया।

"कौन है?" भीतर से भय से कम्पित नारी-स्वर सुनाई पड़ा।

"मैं हूँ बिटिया। गाँव का प्रधान। एक मिनट के लिए खोलो तो...बहुत जरूरी काम है।"

"कौन प्रधान?"

प्रधानजी ताड़ गए कि दमयन्ती को विश्वास नहीं हो रहा है। वह मन-ही-मन मुस्कराए। लौंडिया बड़ी चालाक है।

"अरे तुम नहीं पहचानतीं? मैं हूँ गाँव का प्रधान विचित्र नारायण दुबे। जल्दी खोलो। पता नहीं कौन-से लोग तुम्हारे मकान का चक्कर लगा रहे थे।"

"अच्छा खोलती हूँ।" दमयन्ती इस तरह बोली जैसे सर्दी से ठिठुर रही हो।

स्पष्ट था कि उसने भीतर लालटेन जलाई क्योंकि कुछ खटपट के बाद एक मद्धिम मटमैली-सी रोशनी किवाड़ की दरारों से बाहर दिखाई देने लगी। फिर उसने अपने भाई विनय को जगाया। अन्त में दरवाजा खोल दिया। दोनों भाई-बहन खड़े थे। दमयन्ती के हाथ में लालटेन थी। उनके चेहरे फक पड़ गए थे। विनय तो अजीब भयातुर दृष्टि से देख रहा था।

"कौन से लोग थे?" दमयन्ती के मुँह से किसी तरह आवाज निकली।

"पता नहीं कौन लोग थे!" प्रधानजी ने कुछ रुखाई से कहा।

दमयन्ती के लालटेन जलाने और विनय को जगाने पर वह मन ही मन नाराज हो गए थे। वह धीरे-धीरे बोल रहे थे, "मैं आहट पाकर घर से बाहर निकल आया था। वे तीन आदमी थे—बहुत हट्टे-कट्टे। उनके हाथ में डंडे थे। मैं उनके पीछे लग गया। जब वे तुम्हारे मकान के सामने खड़े हुए तो मैं बहुत ही चक्कर में पड़ा। वह कुछ खुसुर-फुसुर बातें करने लगे। मैं इसको बरदाश्त नहीं कर सकता था। मैं गाँव का प्रधान हूँ, गाँव के किसी आदमी का मैं बुरा नहीं चेत सकता, खास तरह

से तुम्हारा तो बाल बाँका भी नहीं होने दे सकता। तुम इस गाँव में हम लोगों की मेहमान हो।''

एक क्षण के लिए रुककर तथा नीचे देखकर वह इस तरह मुस्कराये जैसे सब कुछ समझ रहे हों ''मैं कुछ-कुछ पहचानता हूँ...पर ठीक से नहीं कह सकता। हैं ये गाँव ही के लोग। मैंने ललकारा, 'कौन है रे? असल बाप के बेटे होंगे तो सामने आकर खड़े हो जाओगे...।' लेकिन ससुरे नौ-दो ग्यारह हो गए। मैंने भी उस समय उनका पीछा करना ठीक न समझा। कल समझ लूँगा। तुमको कोई आहट तो नहीं मालूम हुई।?''

''नहीं...।'' दमयन्ती का स्वर जैसे उसके गले में ही डूब गया।

''क्या बताएँ...।'' प्रधानजी सिर झटककर जैसे अपनी तीव्र नाराजगी जाहिर की, ''मैंने कई बार ससुरों से कहा कि गाँव में ऐसी हरकत नहीं होनी चाहिए। लेकिन वे मानते ही नहीं...।''

''कौन लोग थे प्रधानजी? मेरे घर में क्या है जो लोग चुराने आएँगे...?''

प्रधानजी मन-ही-मन हँसे। जैसे कह रहे हों 'तुम क्या जानोगी के तुम्हारे पास कौन-सा धन है।' ऊपर से गम्भीर स्वर में बोले, ''अरे बिटिया, कोई सामान ही चुराने थोड़े आता है? आजकल जमाना बहुत ही खराब आ गया है, लोगों की नीयत का कोई ठिकाना नहीं। वे दूसरों की बहू-बेटियों को गन्दी नजर से देखते हैं। इस गाँव में लुच्चे-लफंगे क्या कम हैं? वे तो जरा मुझसे डरते हैं, नहीं तो इस गाँव में दिन दहाड़े न मालूम क्या हो जाए। वे जानते हैं न कि थानेदार साहब मेरे दोस्त हैं, बी.डी.ओ. साहब मुझे बहुत मानते हैं और मन्त्री-मिनिस्टर मुझसे हाथ मिलाते हैं...मुझसे दुश्मनी करेंगे तो लेने के देने पड़ जाएँगे। मुझमें यही तो, कमजोरी या खूबी कहो, है कि मैं अन्याय बरदाश्त नहीं कर सकता। मैं लुच्चई-लफंगई नहीं देख सकता। इसीलिए वे मुझको अपना दुश्मन समझते हैं। मैं कहता हूँ...बच्चू, मैं जब तक जिन्दा हूँ तब तक तुम्हारी नहीं चलने दूँगा। मरने पर जो चाहे हो...तुम्हें यहाँ अकेले डर तो नहीं लगता, बिटिया?''

''नहीं...डर तो नहीं लगता। लेकिन मेरी समझ में नहीं आया कि लोग मेरे पीछे क्यों पड़े हैं? मैं तो किसी का कुछ नहीं बिगाड़ती। मैं कल बी.डी.ओ. साहब के पास रिपोर्ट करूँगी...।''

''अरे बिटिया...ऐसा करना मत।'' प्रधानजी इस तरह मुस्कराकर बोले जैसे बहुत अच्छी राय दे रहे हों, ''जल्दीबाजी में कोई काम करना अच्छा नहीं। इस गाँव को तुम नहीं जानती। बहुत ही बदमाश गाँव है। यहाँ के लोग थानेदार, पुलिस और अफसरों से नहीं डरते। मैं न कहता हूँ! तुम रिपोर्ट करोगी तो सारा गाँव खिलाफ हो जाएगा। लोग यह सोचेंगे कि तुमने सारे गाँव के खिलाफ रिपोर्ट की है। ऐसा कोई काम न करो जिससे लोग नाराज हों। तुम्हारा काम काफी आगे बढ़ गया है।

मैं चाहता हूँ कि तुम्हारी दिन पर दिन तरक्की होती जाए। तुम जरा भी मत घबराओ। मैं जब तक जिन्दा हूँ तुम्हारा कोई बाल बाँका नहीं कर सकता! तुम निर्भय रहो। मैंने तो पहले ही कह दिया था कि तुम मेरे बैठके में रहो। वहाँ किसी के पहुँचने की हिम्मत न होगी। खैर, जो हुआ सो अच्छा हुआ। अब भी कोई बात नहीं। अगर तुमको अकेले में डर लगता हो तो कहो किसी को सोने के लिए कह दूँ।...मैं खुद यहाँ सो सकता हूँ... ।''

इतना कहकर प्रधानजी रुके। उन्होंने लम्पटपन से मुस्कराकर अजीब अर्थपूर्ण दृष्टि से दमयन्ती की ओर देखा। परन्तु दमयन्ती इतना डर गई थी कि उनका मतलब न समझ सकी। वह डरी-डरी दृष्टि से उनको देखती रही।

''संकोच न करो...मैं भी यहाँ सो सकता हूँ। मेरा क्या है...मेरा तो जीवन ही सेवा के लिए है। मौका आ जाने पर मैं अपना प्राण भी दे सकता हूँ। मेरी तो यही तमन्ना है कि तुम लोगों की सेवा करते-करते मेरी जान जाए। मुझे न परिवार से मोह है, न जमीन-जायदाद से। मेरी तो सम्पत्ति यही जनता है। मेरे इस क्षुद्र शरीर से जितनी सेवा हो जाए। हाँ-हाँ, संकोच मत करो। मेरा क्या है...मैं नीचे सो जाऊँगा। मैं भी देखना चाहता हूँ कि ये लोग कौन हैं और कैसे आते हैं? मुझे भी अब जिद्द सवार हो गई है। अगर मैं उनको इसी गाँव के बीच दिन-दहाड़े जूते न खिलवाऊँ तो मेरा नाम नहीं।...ठीक है, मैं सो जाऊँगा...तुम संकोच के मारे कुछ कह नहीं पा रही हो। इसमें संकोच कैसा? मैं तो घर का आदमी हूँ... ।''

''नहीं, कोई डर नहीं।...कोई बात होगी तो मैं आपको बताऊँगी?'' दमयन्ती ने स्थिर स्वर में उत्तर दिया। उसने अब प्रधानजी को गौर से देखा। वे अजीब लोलुप दृष्टि से उसकी ओर देख रहे थे। दमयन्ती अब भी उनके भाव को ठीक से न समझ सकी, परन्तु उनको उस दिन की बात याद आई जब प्रधानजी के घर की औरतों ने उसको 'वेश्या' कहा था। वे जब यह जान जाएँगी कि प्रधानजी उसके घर में सोते हैं तो वे क्या कहेंगी? और बात तो सारे गाँव में मालूम हो जाएगी इसमें छिपाने को है भी क्या? प्रधानजी तो सचमुच उसके बुजुर्ग के समान हैं। परन्तु जो गाँव अब भी उससे घृणा करता है, उस पर किस्म-किस्म के लांछन लगाता है; वह ऐसी हालत में जिन्दा न छोड़ेगा। दमयन्ती अकेले सब कुछ बरदाश्त करेगी। उसको किसी की सहायता की जरूरत नहीं। वह अब भी डरी हुई थी, परन्तु यह सोचकर कि बाधाओं से लड़ने के लिए ही वह यहाँ आई थी, वह कुछ-कुछ आश्वस्त हो गई थी। उसका डर कुछ-कुछ कम हो गया था।

''कोई बात नहीं,'' उसकी बात से प्रधानजी हतप्रभ हो गए थे। मन-ही-मन वह डरे थे कि कहीं दमयन्ती ने उनका मन्तव्य समझ तो नहीं लिया? उन्होंने अपने को धिक्कारा कि ऐसी जल्दीबाजी से उनको काम नहीं लेना चाहिए था। दरअसल दमयन्ती के भय को देखकर उनको आशा इतनी बढ़ गई थी कि उनको पूर्ण विश्वास

हो गया था कि इस हालत में इससे जो चाहेंगे करा लेंगे। यदि उसने सोने की इज़ाजत दे दी तो उनको और क्या चाहिए था? ऐसी स्त्री को तो अपनी मुट्ठी में समझना चाहिए। जब डरी हुई स्त्री यह समझने लगे कि केवल एक ही व्यक्ति से उसकी रक्षा हो सकती है तो उस व्यक्ति को अपनी मूँछ पर ताव देना चाहिए। इन्हीं तर्कों के सहारे प्रधानजी का दिल छलाँगे भरने लगा था। सफलता की निश्चिन्तता ने उनकी वासना को उभारकर रख दिया था। अब उनको अपनी गलती महसूस हो रही थी। वह नीची नज़र करके बोल रहे थे, "मैंने तो तुमसे कह ही दिया है कि जब तक मैं इस गाँव में हूँ तुम्हारा कोई बाल बाँका नहीं कर सकता। मैं कल ही उन लोगों से निबटता हूँ। उन लोगों ने समझ क्या रखा है? चाहूँ तो एक-एक आदमी को जेल की चक्कियाँ पिसवा दूँ। छोड़ इसलिए देता हूँ कि गाँव के लोग हैं...इससे गाँव की बदनामी होती है। जाओ, सोओ निश्चिन्त होकर। भीतर से दरवाजा ठीक से बन्द कर लेना...।" वह एक क्षण को रुके, फिर उन्होंने शिष्टतापूर्वक धीरे-धीरे हँसकर कहा, "कल तुम मुझसे मिल सकती हो? मैं अकेले में तुमसे कुछ जरूरी बातें करना चाहता हूँ।"

दमयन्ती के दिल में फिर दशहत हुई। उसने पूछा, "कब?"

"कब तुम खाली रहोगी?"

"शाम को चार से पाँच बजे के बीच में मैं मिल सकती हूँ...।"

"ठीक है, ठीक है। मैं तुम्हारे घर पर आ जाऊँगा।...तुमको मेरे यहाँ आने की जरूरत नहीं...तुमको बेकार में कष्ट होगा। वे बातें एकान्त ही में करना चाहता हूँ। मामला कुछ पेचीदा लगता है इसलिए। लेकिन कोई बात नहीं...मैं सब ठीक कर लूँगा। कल शाम तक चीजें साफ हो भी जाएँगी। अच्छा तो तुम जाओ...सोओ। निश्चिन्त रहो...मैं कोई आदमी भेजकर इधर पहरा लगवा देता हूँ न...। अच्छा तो...।"

नमस्ते करके दमयन्ती ने भीतर से दरवाजा बन्द कर लिया तो प्रधानजी घूमकर नीचे उतर गए। आगे बढ़कर उनके मुँह से दमयन्ती के लिए गालियाँ निकलने लगीं। ससुरी बहुत भगतिन बन रही है। मैं ऐसी औरतों को खूब अच्छी तरह जानता हूँ। ये औरतें आखिर तक यही दिखाती हैं कि वे सीता-सावित्री हैं और जब इनको चस्का लग जाता है तो ये मौका-बेमौका परेशान तक करने लगती हैं! फिर तो बेशर्मी पर उतर आती हैं! उस समय उनकी इज्ज़त कहाँ जाती है? अरे औरत की भी कोई इज्ज़त होती है? औरत बनी है मर्द के लिए। डर नहीं है! डर नहीं है! अगर रात को बारह बजे इसको अपने घर नहीं बुलवाया तो मेरा विचित्र नारायण दुबे नाम नहीं।...परन्तु लौंडिया डर अवश्य गई है, चाहे कहे वह जो। उसकी बड़ी-बड़ी आँखें कैसी फेल गई थीं डर के मारे? लौंडा भी साला बहुत डर गया था। प्रधानजी का दिल कह रहा था कि उनको सफलता अवश्य मिलेगी।

भगवान ने उनको दिमाग दिया है। हर कठिन काम धीरे-धीरे होता है। वह विजय की कल्पना से मुस्कराने लगे।

[13]

स्त्रियों का स्कूल बन्द करके दमयन्ती सीधे घर आ गई थी। अभी मैदान में धूप फैली थी, यद्यपि हतप्रभ होकर लाल हो रहीं थी। हवा तेज़ थी। आकाश साफ और खुशनुमा था जैसे किसी ने झाड़ू से बुहारकर साफ कर दिया हो। अभी विनय नहीं आया था। वह साढ़े पाँच बजे तक आता था। उसके आते-आते दमयन्ती कुछ नाश्ता बनाती थी और फिर रात के भोजन के लिए दाल चढ़ा देती थी।

उसने कमरे को खूब अच्छी तरह साफ किया, फिर दोनों खाटों पर खूब साफ-साफ चादरें बिछा दी थीं। जिस अलमारी पर आईना-कंघी रखा था उसको ढंग से सजा दिया था। फिर वह नाश्ता बनाने में लग गई। चूँकि प्रधानजी आ रहे थे इसलिए उसने नमकीन और चाय के अलावा सूजी का हलुवा भी बना लिया। अन्त में कमरे में बैठकर वह इन्तजार करने लगी।

उसका कमरा बहुत छोटा न था। फर्श कच्ची थी जिसको दमयन्ती हर इतवार को गोबर और पीली मिट्टी से लीपती थी इसलिए वह बहुत साफ-सुथरी रहती थी। आँगन की ओर एक खिड़की खुलती थी, जिसमें चार लकड़ी के छोटे-छोटे दरवाजे थे। खिड़की के पास ही तीन खानों की अलमारी बनी हुई थी। इसके अलावा ऊपर एक पटनी और चार ताक़ भी थे। दमयन्ती के लगभग सभी सामान, जो अधिक नहीं थे, उस कमरे में ही थे। अलमारी के पास दो ट्रंक रखे थे जो सफेद कपड़ों से ढँके जाने के कारण इस तरह लग रहे थे जैसे कि छोटी-छोटी मेज़ें हों। जिधर बाहर वाला दरवाजा था उसके पास ही दीवार से सटी एक साधारण हल्की मेज़ और दो बाँस की कुर्सियाँ रखी हुई थीं। ये सामान खास नहीं थे, फिर भी कमरे के लिए काफी थे, यद्यपि वे इस कायदे से रखे थे कि कमरा बहुत ही हल्का-हल्का लगता था।

दमयन्ती को कल रात प्रधानजी के जाने के बाद नींद नहीं आई थी। विनय को तो उसने निश्चिन्त होकर सोने के लिए कह दिया था, परन्तु वह कोई खटका होने पर उठकर बैठ जाती थी। उसको यह सोचकर अचम्भा हो रहा था कि उसने अपने शरीर तथा अपने मन की आकांक्षाओं के सम्बन्ध में सोचना ही बन्द कर दिया था। उसको अब भी कभी-कभी अतुल की याद आती थी, परन्तु ऐसी भावनाओं को वह बलपूर्वक दबा देती थी। कभी-कभी उसको जीवन पहाड़-सा लगता। उसको प्रेम और शादी से घृणा-सी हो गई थी। उसने सोचा था कि वह अकेली ही अपनी

जिन्दगी काट देगी। वह अपने भाई को अधिक से अधिक पढ़ाएगी, उसी की शादी करेगी। और क्या चाहिए उसको? गाँव में आकर तो वह लगभग सब कुछ भूल गई थी। उसको परिश्रम भी इतना करना पड़ता था कि उसको सोचने की फुरसत ही नहीं मिलती थी।

परन्तु प्रधानजी ने एक नए खतरे की ओर संकेत किया था। सचमुच वह इस परदेश में कितनी अकेली है? वह निस्संकोच सबसे मिलती, निस्संकोच गाँवों में घूमने निकल जाती है, यदि कुछ लोग रास्ते में मिलकर उसका मुँह बन्द कर दें तो वह क्या करेगी? या उसके घर में कुछ लोग कूद आएँ तो वह किसको पुकारने जाएगी? विनय तो अभी लड़का है। शहर की बात दूसरी होती है। वहाँ पुलिस का बन्दोबस्त होता है। इन गाँवों में तो आए दिन चोरियाँ और डकैतियाँ होती हैं। यहाँ कौन बचाने आएगा? और जब घटना हो जाएगी तो लोग आएँगे। पता नहीं कौन लोग रात में घूम रहे थे! उसने सोचने की कोशिश की–परन्तु उसके ख्याल में कुछ न आया। उसको अपने शरीर से पता नहीं कैसी घृणा होने लगी! काश वह अपनी जुबान तथा सुन्दरता को नष्ट कर सकती। उसका हृदय तीव्र कटुता से परिपूर्ण हो गया।

बाद आहट पाकर वह चौंक पड़ी, परन्तु वह विनय था। उसको लगा कि प्रधानजी अब नहीं आएँगे। वह भाई के चेहरे को गौर से देखती रही। वह नौ बजे ही स्कूल चला जाता है। इतनी दूर पैदल जाना और पैदल आना। उसका चेहरा मुरझा जाता है। वह स्नेह से विह्वल हो उठी।

"हाथ-पैर धो लो। मैं नाश्ता लाती हूँ...।"

वह उठकर रसोईघर में गई। जब वह नाश्ता ले आई विनय चारपाई पर चुपचाप बैठा था। उसने मेज अपने सामने खिसका ली थी। दमयन्ती ने सामान रखा तो वह उस पर टूट पड़ा। दमयन्ती न मालूम एक कैसे दुख से विभोर होकर उसको देख रही थी। जब माँ मरी थी तो वह एकदम बच्चा था। क्या वह कभी माँ के बारे में सोचता है? चुप्पा तो वह खुद है। अम्मा रहती तो वह शायद शरारत भी करता। समय से पहले ही वह गम्भीर हो गया है। वह हर काम में दमयन्ती की सहायता करना चाहता है। दमयन्ती के मना करने पर भी वह सवेरे उठकर झाड़ू लगा देता है, बिस्तर खुद बिछाता है, अपने कपड़े खुद छाँटता है, दमयन्ती उसको कौन-सा सुख दे पाती है? उसको वह ठीक से खिला-पिला भी नहीं पाती। उसने कई बार सोचा था कि वह विनय के लिए एक साइकिल खरीद सकती, परन्तु यह असम्भव ही था क्योंकि उसको अपनी गृहस्थी का काम किसी तरह चलाकर शेष रुपये पिताजी के पास भेजने पड़ते थे। वह पैसे-पैसे को दाँत से पकड़ती थी। विनय होशियार है, वह सारी परिस्थिति को अच्छी तरह समझता है। शहर में पला हुआ लड़का यहाँ विचित्र जीवन देख रहा है। क्या उसकी तबीयत उचटती नहीं?

“बहुत थक जाते हो न?” दमयन्ती ने आगे बढ़कर स्नेह से उसके बाल पर हाथ फेरते हुए कहा।

“नहीं तो।” विनय ने उसकी ओर आश्चर्य से देखा।

“तबीयत तो लगती है न यहाँ?”

“हाँ।” विनय नीचे सिर किए हुए खाते-खाते बोला।

“जब तुम्हारा इम्तहान खत्म होगा घर चलेंगे। खूब अच्छे नम्बर में पास हो जाओ। अगले वर्ष तुम्हारा टेन्थ है। अभी से खूब मेहनत करो। दर्जे में तुम्हारे मास्टर मानते हैं न?”

“हाँ। हिन्दी और अंग्रेजी के मास्टर तो बहुत मानते हैं।”

“हिन्दी और अंग्रेजी तुम्हारी अच्छी है न?”

“क्लास में सबसे अच्छी।”

“हिसाब कैसा है?”

“वह भी अच्छा है, लेकिन उतना नहीं। एक लड़का है, उसका हिसाब बड़ा तेज है। वह बहुत गरीब है, लेकिन पढ़ने में बहुत तेज है।”

“तुमसे भी तेज है?”

“मेरी ही तरह है। अगर मेरा हिसाब का पर्चा अच्छा हो जाए तो मैं उससे बाजी मार ले जाऊँगा।”

“हिसाब में मेहनत करो। जानते हो? अगर दर्जे में फर्स्ट आओगे तो मैं तुमको इनाम दूँगी।”

“क्या दोगी?” विनय ने आँखें उठाकर उसकी ओर देखा। उसकी आँखें खुशी और उत्साह से चमक रही थीं।

“समझो।” दमयन्ती मुस्कराने लगी।

“कपड़े?”

“ऊँ हूँ! कपड़े तो तुम्हारे पास हैं। फट जाएँगे तो नए बन जाएँगे।”

“अच्छा फुटबाल, क्यों?”

“वह भी नहीं। फुटबाल तुम कहाँ खेलते हो?”

“अच्छा तो आप ही बताइए, दीदी! मेरी समझ में कुछ नहीं आता।”

“नहीं, अभी नहीं। तुम फिर बूझो।” दमयन्ती अपनी हँसी दबाती हुई बोली।

विनय अपने होंठों पर अँगुली रखते हुए आँखें उठाकर कुछ सोचता रहा। फिर उत्साहपूर्वक बोला, “अच्छा तो जूते। है न?”

दमयन्ती खिलखिला कर हँस पड़ी, “अच्छा तो जूते लेंगे आप? नहीं, यह भी नहीं। जूते तुम्हारे फट रहे हैं, अगली तनख्वाह मिलने पर जूते खरीद दूँगी। यह तो मैं पहले ही खरीदने वाली थी।”

“अच्छा तो होल्डाल।”

"जी नहीं।"

"तब जाइए!" विनय ने मुँह फुला लिया।

"अच्छा नाराज न हो। यदि तुम फर्स्ट आए तो तुमको एक हिन्दी का और एक अंग्रेजी का अच्छा शब्दकोश खरीदकर दूँगी। ठीक है?"

विनय बहुत खुश हुआ। उसको अफसोस हो रहा था कि वह क्यों नहीं ताड़ सका। कितना आसान है ताड़ना? कितना मजा आता अगर वह ताड़ जाता तो!

"खुश हो गए न?" दमयन्ती स्वयं बहुत खुश हो गई थी।

"तब तो हाई स्कूल में जरूर हिन्दी और अंग्रेजी में डिस्टिंक्शन पाऊँगा।"

"अच्छी बात है...।" वह कुछ आगे न बोल सकी क्योंकि बाहर ओसारे में पैरों की आहट सुनाई पड़ी। उसने सिर घुमाकर देखा तो सामने प्रधानजी खड़े मुस्करा रहे थे।

"आऊँ बिटिया?"

"हाँ-हाँ...नमस्कार।" दमयन्ती ने उठकर हाथ जोड़ते हुए कहा। फिर विनय से धीरे स्वर में बोली, "जाओ...कुछ देर तक घूम आओ...। तब तक मैं प्रधानजी से बातें कर लेती हूँ। कहीं दूर मत जाना...।"

[14]

प्रधानजी को चारपाई पर बिठाकर दमयन्ती भीतर चली गई। सूरज डूब गया था और शाम का धुँधलका गाढ़ा होने लगा था। वह भीतर-ही-भीतर कुछ परेशानी महसूस करने लगी थी। प्रधानजी के न आने से उसका मन निश्चिन्त हो गया था। जैसे रात को जो दुखद समस्या आ गई थी वह समाप्त हो गई हो। परन्तु उनके आने से ऐसा लगा जैसे स्थिति और विकट हो गई हो। उसको अब याद आया कि कल रात प्रधानजी के चेहरे पर कोई ऐसा भाव था जिससे वह डर गई थी। वह बहुत ही सज-धज कर आए थे। झकाझक सफेद कुर्ते के ऊपर एक चॉकलेट रंग की सदरी थी। सिर पर किश्तीनुमा टोपी। टोपी पहनकर उनका चेहरा अजीब ही नुकीला तथा आडम्बरपूर्ण हो जाता था, जैसे वे इनसान न होकर गिद्ध या चील या इसी किस्म की कोई खूँखार बड़ी चिड़िया हों।

दमयन्ती ने लालटेन जलाकर कमरे में रख दी। फिर रसोईघर से हलवा और नमकीन ले आई तथा उनके सामने मेज़ खिसकाकर उस पर तश्तरियाँ रख दीं।

"अरे बिटिया, तुमने यह क्या तकलूफ़ किया?" प्रधानजी ने थूक को घोंटकर हँसते हुए कहा। उनको तकल्लुफ कहने नहीं आता था इसलिए वह तकलूफ ही कहा करते थे। शहर में आते-जाते रहने से उन्होंने यह शब्द-ज्ञान हासिल किया था। पहले

उनको इस शब्द पर खुद हँसी आती थी। उनकी समझ में ही न आता था कि जब तकलीफ मौजूद है तो 'तकलूफ' क्यों कहा जाता है। इसको वह शहरवालों और खास तरह से उर्दू बोलनेवालों की नजाकत कहते थे। परन्तु गाँव में वह इस शब्द का कभी-कभी इस्तेमाल करते थे, खास तरह से उस समय जब वह किसी पढ़-लिखे व्यक्ति से बातचीत कर रहे होते।

"नहीं, थोड़ा लीजिए...मैं चाय ले आती हूँ...।"

दमयन्ती के जाने पर प्रधानजी ने हलवा और नमकीन पर हाथ साफ करना शुरू कर दिया। खाने-पीने में भी उनकी तबीयत बहुत लगती थी, और इसी वजह से उनका शरीर अब भी अच्छा था। उनकी जितनी उम्र थी उससे वह कम ही के लगते थे। वह मन-ही-मन हलवे की तारीफ करते हुए सोच रहे थे कि यह लड़की बहुत ही सुरुचि-सम्पन्न है। निहायत साफ-सुथरा कमरा है। एक उनका घर है, लगता है जैसे कोई अस्तबल हो। हमेशा गन्दगी बनी रहती है। बक्सा खुला है तो खुला ही रहेगा। गन्दे कपड़े चारपाइयों पर पड़े हैं। लड़के जहाँ-तहाँ खाकर अन्न छितराये हुए हैं। स्त्रियाँ कई दिनों की मैली साड़ी पहने हुए हैं। यह भी नहीं कि साड़ियों की कमी है, लेकिन आदत को क्या कहा जाए? एकदम जाहिल हैं सब! यह पढ़ने-लिखने का नतीजा ही तो है कि यह लड़की इस ढंग से रह रही है। यह सब सोचकर दमयन्ती को वश में करने की इच्छा उनकी तीव्रतर हो गई। गन्दा रहने वाला व्यक्ति सदा साफ-सुथरे ढंग से रहने वाली स्त्रियों का त्यागपूर्ण प्यार प्राप्त करने की आकांक्षा रखता है, उसी तरह जिस तरह कि गन्दा विचार रखने वाले पवित्र जीवन व्यतीत करने वाली स्त्रियों या बदसूरत व्यक्ति अत्यधिक खूबसूरत स्त्रियों के बारे में कल्पना करते हैं। अपनी भावुकता में वे अपने को आसानी से योग्य भी समझ जाते हैं। उनको विश्वास हो जाता है ऐसी लड़कियाँ उनसे प्रभावित होती हैं। प्रधानजी की हालत कुछ ऐसी ही थी। वह सोच रहे थे कि दमयन्ती इतनी बड़ी हो गई, क्या वह अब तक बची होगी? अरे राम भजो, वह खूब जानते हैं इन शहरी लड़कियों को, जवानी का उभार होते ही ये हाथ फिरवाने लगती हैं। अब तक वह कई घाटों का पानी पी चुकी होगी। ऐसी औरतें अनजान जगहों में सदा यह सिद्ध करने का प्रयास करती हैं कि वे सती सावित्री हैं। वह अपने तर्क से बहुत प्रसन्न हो रहे थे और उत्साहित भी, साथ ही भगवान से मना रहे थे कि यदि यह लड़की व्यभिचारिणी हुई और उनके कब्जे में आ गई तो वह बाद में अपने जीवन को एकदम सुधार लेंगे...।

"माफ कीजिए...कुछ देर हो गई।" दमयन्ती ने चाय का प्याला सामने रख दिया था।

"कोई बात नहीं...कोई बात नहीं। हलवा बहुत अच्छा बना है। मेरे घर की औरतें भी ठीक ही बनाती हैं। मैं तो तुमको देखकर ही समझ गया था कि तुम कोई

खानदानी औरत हो। मेरे घर की औरतें भी इसी तरह सफाई से रहती हैं। हर सामान अपनी जगह पर। यह क्या कि सभी चीजें बिखरी हुई हैं! नहीं, मैं बहुत खुश हुआ।...तुम भी कुछ खाओ।'' प्रधानजी मुँह खोलकर उसकी ओर एकटक देखने लगे थे।

''आप खाइए...।'' दमयन्ती ने संकुचित होकर कहा।

''अरे कुछ तो शौक करो...यह अच्छा नहीं लगता...।''

''नहीं-नहीं। मैं चाय पी चुकी हूँ।''

''अच्छा, पी चुकी हो? तो कोई बात नहीं। मैंने सोचा था कि...।'' वह सिर झुकाकर खाने लगे। चाय पीने के बाद वह बोले, ''अच्छा तो अब कुछ काम की भी बात होनी चाहिए...खवाई तो बहुत हुई।''

''जी हाँ...।'' दमयन्ती ने धीरे से कहा। उसको ऐसा लगा कि उसके दिल पर किसी ने पत्थर का बोझ रख दिया हो।

''रात को और कोई घटना तो नहीं हुई?''

''नहीं।''

''कुछ सोचा तुमने उसके सम्बन्ध में?''

''किसके सम्बन्ध में?''

''अरे, उसी रात वाली बात के बारे में कह रहा हूँ। इतनी जल्दी भूल गई? मैंने तो उस पर बहुत विचार किया है। कुछ उसके बारे में पता भी लगाया है। मामला बहुत गम्भीर है...।'' वह सहसा चुप हो गए और बहुत ही चिन्तित दृष्टि से देखने लगे।

''क्या बात है?'' दमयन्ती को एक दहशत जकड़ती गई।

''अरे पूछो मत...मैं बहुत शर्मिन्दा हूँ इस गाँव से। यहाँ एक ऐसा आदमी है...नाम जाने दो...उससे सभी थर-थर काँपते हैं। वह जो चाहता है कर लेता है। उसके पास पैसा भी है...खैर पैसा उतना नहीं जितनी शक्ति है। आज वह अँगुली का इशारा कर दे तो पाँच-दस हजार आदमी तैयार खड़े हो जाएँ। तुमसे कहता हूँ...'' प्रधानजी की आवाज धीमी हो गई, ''आस-पास के हल्कों के थानेदार उसके इशारे पर नाचते हैं। वह जानते हैं कि गाँव-जवार में जो चोरियाँ-डकैतियाँ या स्त्रियाँ भगाने की जो घटनाएँ होती हैं उनमें उस व्यक्ति का हाथ है, लेकिन कोई कुछ बिगाड़ नहीं सकता। सबको पटाये रहता है। कलक्टर, डिप्टी-कलेक्टर, बी.डी.ओ., एस.पी. सभी उसकी जेब में रहते हैं, उससे थर-थर काँपते हैं। झूठ क्यों बोलूँ...मैं खुद उससे डरता हूँ...भाई, नंगों से खुदा भी डरता है।'' वह हँसने लगे।

दमयन्ती का मुख भय से स्याह हो गया था; जैसे वह किसी अथाह समुद्र में फेंक दी गई हो। उसके मुँह से कोई आवाज न निकली और वह डरी-डरी दृष्टि से प्रधानजी को देखने लगी।

"झूठ क्यों बोलूँ ...उन्हीं सालों के यहाँ से आ रहा हूँ। समझो कल रात ही से होश में नहीं हूँ। इसी के लिए कई जरूरी काम छोड़कर सवेरे से मारा-मारा फिर रहा हूँ। मेरे घर में बच्चों की तबीयत खराब है...लेकिन ठीक है, सब भगवान की माया है, अच्छी होनी होगी तो बच्ची भी अच्छी हो जाएगी...मैं अपना फर्ज करूँगा और भगवान अपना। मेरी वजह से अगर किसी का भला हो जाता है तो मैं हर काम छोड़कर वही काम करूँगा...इसी वजह से मेरे घर वाले भी नाराज हो जाते हैं।...हाँ तो मैं कह रहा था कि मैं उस आदमी के यहाँ गया था। मजलिस जमी हुई थी। एक से एक शातिर बदमाश इकट्ठे थे। मुझे देखकर वे चौंके। उन्होंने मान लिया कि वे ही रात में थे...मैंने सोचा था कि साफ-साफ बातें कर लेना ठीक होता है। मैंने उस आदमी को समझाया...यह भी प्रार्थना की कि वह मेरी खातिर ही मान जाए...लेकिन वे तुले हुए हैं। खास तरह से...क्या बताऊँ, कहते बहुत शर्म आती है।"

"कहिए न?" दमयन्ती ने रुआँसे स्वर में आग्रह किया।

"क्या कहूँ?" प्रधानजी एक क्षण के लिए चुप हो गए। फिर इसे तरह बोले जैसे कोई निश्चय कर लिया हो, "खैर...कहना तो है ही। वह आदमी तुमको जी जान से चाहता है। उसने समझो...क्या बतलाऊँ...खैर, उसने मुझसे यही कहलवाया है कि तुम जिद्द न करो, कोई जानने न पाएगा...और तुम सुख और चैन से रहोगी। मैं तो बहुत पशोपेश में हूँ कि क्या कहूँ। भाई, मैं तुमसे साफ-साफ बताता हूँ, उसके सामने मैं कुछ भी नहीं हूँ...फिर तुम्हारी क्या हस्ती है? मुझे चिन्ता बस इसी बात की है कि जमाना बहुत खराब आ गया है। मैं जानता हूँ कि नौकरी किस तरह मिलती है आजकल। लाखों-करोड़ों लोग देश में भूखों मर रहे हैं, बी.ए., एम.ए. को भी कोई नहीं पूछता। उनकी कुत्ता-बिल्ली की तरह हालत है। तुम तो अपने को भाग्यशालिनी समझो कि तुमको नौकरी मिल गई। अब अगर मैं यह कहता हूँ कि तुम उस आदमी के सामने न झुको तो वह अफसरों से कहकर तुमको नौकरी से निकलवा देगा। इसके अलावा वह और हरकतों से भी बाज नहीं आएगा। इसलिए अच्छा तो यही है कि शक्तिशाली लोगों से तुम मिल-जुल कर रहो...जिन्दगी चैन से कटेगी और तरक्की भी हो जाएगी।...वह आदमी ऐसा है भी कि उसके दिल में जो आता है उसको वह कर दिखाता है, इसलिए बेइज्जत होने से अच्छा यही है कि उसको खुश रखो। वह मालामाल भी कर देगा और तरक्की भी करवा देगा। मैं क्या राय दूँ, समझ में नहीं आता...हाँ, मुझे लगता है कि इसके पीछे बी.डी.ओ. का भी हाथ है...।"

"बी.डी.ओ. का हाथ? क्यों? वह तो बहुत ही सज्जन और परिश्रमी आदमी हैं?" दमयन्ती ने भय के कारण फुसफुसाते स्वर में पूछा।

"दुनिया में सभी सज्जन हैं! यही तो तुम्हारी समझ है? अरे बिटिया, मैं अच्छी तरह जानता हूँ इन महाशय को! यह मेरी इज्जत तो बहुत करते हैं, पर उसकी वजह

से मैं झूठ नहीं बोलूँगा। मैं तो इसी ब्लाक का नहीं, और ब्लाकों का भी हाल जानता हूँ। तुम क्या समझती हो कि ये बी.डी.ओ. लोग कोई काम करते हैं अपने देश के लिए? अरे राम भजो! सभी अपना घर भर रहे हैं। खूब पैसा बना रहे हैं। जनता तो अनपढ़ गँवार है। वह क्या समझे इन बातों को? यहीं नही, इसके अलावा वे अपने मातहत काम करने वाली स्त्रियों से नाजायज फायदा उठाते हैं। मैं सब देख चुका हूँ। मैं तुमको ही देख रहा हूँ जो इतनी आचरणवाली हो, नहीं तो और ग्रामसेविका तो बी.डी.ओ. तथा और अफसरों की कोई भी सेवा करने में अपना सौभाग्य समझती है। खैर, यह भी जिन्दगी का एक पहलू है और मैं उनको दोष नहीं देता। एक ही जिन्दगी तो मनुष्य को मिलती है, उसमें भी आदमी सुख से न रहे और सदा खिच-खिच में रहे तो त्याग और सदाचार से क्या लाभ? जब तक जिन्दा रहो, खूब आनन्द करो।...इस ब्लाक के बी.डी.ओ. देखने में सीधे हैं, लेकिन उनको इसका बड़ा मलाल है कि तुम उनके यहाँ हाजिरी क्यों नहीं बजातीं? योजना-वोजना तो चलती है और चलती रहेगी। खैर, इससे मुझे कुछ नहीं लेना...। हाँ, तो तुम क्या कह रही हो? मैं क्या जवाब दे दूँ उस आदमी को? एक बात तो है कि अगर वह तुम पर खुश हो गया तो तुम्हारी काफी तरक्की हो जाएगी और तुम जल्दी ही तीन-चार सौ रुपए तनख्वाह झाड़ने लगोगी...।''

''हे भगवान!'' दमयन्ती अपने को बहुत देर से जब्त कर रही थी, लेकिन अब वह शर्म, अपमान तथा भय से मुँह छिपाकर रोने लगी थी। फिर रोते हुए वह बोली, ''कौन व्यक्ति है वह? आप बताते क्यों नहीं? मैं अभी उसकी पुलिस में रिपोर्ट करूँगी। उसने समझ क्या लिया है? मेरी क्या इज्जत नहीं है? वह सामने आ जाए तो मैं उसकी वह खबर लूँगी कि वह भी समझ जाएगा...।''

प्रधानजी कुछ देर तक इस तरह ठनककर हँसते रहे जैसे उन्होंने इस समस्या पर काफी विचार कर लिया हो और उन्होंने जो फैसला कर लिया है वह अन्तिम और सही फैसला है तथा दमयन्ती में एकदम लड़कपन है। सहसा गम्भीर होकर बोले, ''देखो दमयन्ती, इस तरह तैश में आकर कोई काम नहीं करना चाहिए। राय देना मेरा काम है और उस पर चलना और न चलना तुम्हारा काम है। जानती हो, पुलिस किसके हाथ में है? यहाँ के थानेदार को मैं अच्छी तरह जानता हूँ। मेरा दोस्त है तो क्या, परन्तु है बहुत ही हरामजादा आदमी। अगर वह आदमी इशारा कर दे तो यह थानेदार मुझको बोरे में कसवाकर नदी-नाले में फिंकवा दे। बात अधिक करने से क्या फायदा? यह तुम भी जानती हो और मैं भी कि यह दुनिया बहुत जालिम है। मैं तो यहाँ तक कहता हूँ कि जैसी दुनिया हो वैसा ही करना चाहिए। सभी ऐसा कर रहे हैं—बड़े-से-बड़े महात्मा और आदर्शवादी। देश की तरक्की की बात तो लोग जुबान से करते हैं लेकिन सभी भीतर से गरीबों को चूसकर अपना स्वार्थ साधने को तैयार हैं। मैं तो रोज यही देखता हूँ। इस दुनिया में दो ही बेवकूफ देख रहा हूँ।

एक तो मैं और दूसरी तुम। इसलिए मैं सही राय दूँगा कि पहाड़ से टकराने से काई फायदा नहीं...तुम्हारे साथ तुम्हारा भाई पढ़ रहा है...और भी जिम्मेदारियाँ होंगी तुम पर...।"

"यह असम्भव है! मैं जान दे दूँगी, पर इस रास्ते को न अपनाऊँगी। मैं काफी विचार करने के बाद ही यहाँ पर आई हूँ। बाधाओं से मैं नहीं डरती...।" दमयन्ती प्रधानजी को क्षोभ से देख रही थी।

"अच्छा...तो एक बात करोगी?"

"क्या?"

"तुम इस्तीफा देकर यहाँ से चली जाओ।"

"यह भी असम्भव है।...परन्तु आप ऐसा क्यों कह रहे हैं?"

"ठीक ही कह रहा हूँ।...मैंने अब तक जो बातें कही हैं वे तुम्हारी भलाई के लिए ही। आखिर तुम इस टुच्ची नौकरी में क्यों पड़ी हुई हो? पैसा भी नहीं मिलता और इज़्ज़त-आबरू भी हमेशा खतरे में रहती है। यह जान लो कि गाँव के इन लोगों की तरक्की तुम नहीं कर सकतीं। ये लोग जिस तरह रहते आए हैं उसी तरह रहते चले जाएँगे। ये जानवर हैं जानवर; इनको ताड़न दो तो ये खुश रहेंगे। मैं खुद देश का विकास देखना चाहता हूँ लेकिन महात्मा गांधी जब इनका सुधार नहीं कर सके तो हम और तुम किस खेत की मूली हैं? इसलिए तुम इस्तीफा देकर घर में जाकर बैठो। मैं जानता हूँ तुम्हारे घर में खाने की कमी नहीं है। मैं सच कहता हूँ कि यह काम तुम्हारे जैसी शरीफ औरतों के लिए नहीं है...।"

"मैं नौकरी नहीं छोड़ सकती। मेरे घर की हालत अच्छी नहीं। मैं अपना काम भी करूँगी और इज़्ज़त-आबरू से भी रहूँगी।"

प्रधानजी कुछ देर तक चुप रहे। वह गम्भीरतापूर्वक कुछ सोचने का अभिनय करते रहे। परन्तु मन-ही-मन वह दमयन्ती पर काफी नाराज थे और गालियाँ दे रहे थे। उन्होंने यह नहीं सोचा था कि वह इस तरह अपने आचरण पर दृढ़ रहेगी। उन्होंने दमयन्ती के आचरण के सम्बन्ध में सही-सही पता लगाने के लिए एक काल्पनिक बदमाश आदमी का डर दिखाया था। उनको उम्मीद थी कि इस डर के सामने दमयन्ती झुक जाएगी। यदि दमयन्ती ने जरा भी इशारा कर दिया होता कि वह उस 'बदमाश आदमी' की इच्छा की पूर्ति करने को तैयार है, तो प्रधानजी का काम सिद्ध हो जाता। जो स्त्री डर की वजह से एक मर्द के पास जाने को तैयार हो जाएगी वह मौका आने पर दूसरे के पास भी जा सकेगी। स्त्री जब एक बार आचरण से गिरती है तो वह गिरती ही जाती है, यह प्रधानजी का विश्वास है। दमयन्ती का मन लेने के लिए उन्होंने यह प्रपंच रचा था। परन्तु जब वह दृढ़ रही तो उन्होंने नौकरी से इस्तीफा देने की बात कही, यद्यपि वह जानते थे कि दमयन्ती किसी भी हालत में नौकरी नहीं छोड़ेगी। इस प्रस्ताव द्वारा वह दमयन्ती का अपने

को जबरदस्त शुभचिन्तक प्रकट करना चाहते थे। दमयन्ती पहले बेहद डरी थी और उसी डर की प्रतिक्रिया स्वरूप उसमें एक अभिमान तथा दृढ़ता की भावना पैदा हुई थी। निःसहायता में कभी-कभी ऐसी हालत हो भी जाती है। प्रधानजी सोच रहे थे कि यह अच्छी खासी डरी हुई थी, अब इसको क्या हो गया? अजीब लड़की है। लेकिन उसके रुदन का स्मरण कर वह आश्वस्त भी हो गए। ऐसी लड़कियों का मन धीरे-धीरे वश में होता है। उसके लिए जरूरी है कि उनके मन के निकट पहुँचा जाए। उनका विश्वास प्राप्त किया जाए। कैसी मुलायम देह है इसकी, जैसे मक्खन की टिकिया!

"बिटिया...मैं तुमसे बहुत खुश हूँ।" प्रधानजी दमयन्ती को निश्छल प्रशंसा-भाव से देखने का अभिनय करते हुए बोले, "मैंने तुम्हारी परीक्षा ली है और तुमको सोने की तरह खरा पाया है। तुमसे मुझे यही उम्मीद थी। तुम्हारी जैसी लड़की इस पृथ्वी पर दीया लेकर ढूँढ़ने पर भी नहीं मिलेगी। अच्छी बात...मैं भी तैयार हूँ। अब मुझे कुछ-न-कुछ करना ही पड़ेगा। आदमी तो वह बहुत बदमाश है लेकिन पालिसी से काम करना पड़ेगा। इन सबों ने मेरे गाँव को बदनाम कर दिया है। पर बिटिया, तुम ये बातें किसी से कहना मत, नहीं तो लेने के देने पड़ेंगे। मैं कुछ दिन तक उस आदमी को उम्मीद पर ही टालूँगा...फिर देखी जाएगी। हाँ, तुम एक-दो दिन के लिए मेरे साथ शहर चलोगी?"

"शहर क्यों?"

"बस मैं इस जिले में उन्हीं के पास जा सकता हूँ। वह मेरे रिश्तेदार होते हैं। बस वही रक्षा कर सकते हैं। वह जिले के बहुत बड़े नेता हैं। समझो, उनका कहना नेहरू जी तक मानते हैं। नेहरू जी जब आते हैं तो उन्हीं के यहाँ रुकते हैं। यहाँ के हाकिम-हुक्काम अगर डरते हैं तो सिर्फ उन्हीं से, क्योंकि वह कोई भी बात आसानी से नेहरू जी के यहाँ लिख भेजते हैं।..फिर तो आफत! वह मुझको बहुत मानते हैं! वह चाहते हैं कि मैं उनसे कोई काम कहूँ...लेकिन मैं भी बहुत अड़ियल आदमी हूँ...आजतक एक काम भी उनसे नहीं कहा, इसलिए वह कुछ नाराज भी रहते हैं...लेकिन तुम्हारी खातिर मैं उनके पैर पकड़ूँगा। जब वह मामला हाथ में लें लेंगे तो या तो तुम्हारा यहाँ से तबादला ही हो जाएगा या हमारा गाँव भी सुधर जाएगा। अगर उनका समर्थन प्राप्त हो गया तो मैं एक-एक साले को पकड़कर जेल भेजवा दूँगा। चल सकती हो शहर?"

"छुट्टी कहाँ मिलती है?"

"छुट्टी तो मिल जाएगी...आज नहीं तो कल।"

"देखा जाएगा।"

"देखा जाएगा नहीं, बिटिया। तुम समझ नहीं रही हो कि यह कितना जरूरी काम है। तुम निश्चिन्त रहो। मेरे साथ रहोगी तो तुम्हारा कोई बाल बाँका नहीं कर

सकता। भगवान ही जानता है कि मैंने आजतक किसी को बुरा नहीं चेता। मुझे किसी चीज की कमी नहीं है। जमीन-जायदाद के मामले में मैं सौभाग्यशाली हूँ। मेरे भी इशारे पर नाचने वाले बहुत लोग हैं। मैं अपने घर में आराम से पड़ा रह सकता था...लेकिन नहीं...मानवता का भी कुछ तकाजा है। जबसे मैंने ससुरों को तुम्हारे दरवाजे पर देखा है...मुझे चैन नहीं। जैसे खुद मुझ पर कोई विपत्ति पड़ गई हो। इसीलिए मैं तुमसे कह रहा हूँ। काम पड़ने पर आदमी न मालूम कहाँ-कहाँ जाता है... ।''

''अच्छी बात है... ।'' दमयन्ती का स्वर बुझा-बुझा था।

''सच? शाबास! मुझे बड़ी खुशी हो रही है। तुम कल की छुट्टी के लिए अर्जी दे दो। चार दिन की छुट्टी ले लो। तुम ऐसा ही समझना कि तुम अपने घर चल रही हो। किसी बात की परवाह नहीं, तुम मुझ पर भरोसा रखो। मैं सभी सालों को जेल की रोटी न खिलाऊँ तो मेरा विचित्र नारायन दुबे नाम नहीं! मैं भी कोई मामूली जीव नहीं हूँ। कोई डाल-डाल चलेगा तो मैं पात-पात चलूँगा। हाँ, ध्यान रहे कि बात चिरई का पूत भी न जानने पाए। अपने भाई से मत बताना। उससे भी कहना कि सरकारी काम से जा रही हूँ...एक-दो दिन में चली आऊँगी।...तो ठीक रहा न? अच्छी बात है। मैं तुमसे बताता हूँ...अगर कोई ऐरी-गैरी लड़की होती तो वह झट से तैयार हो जाती। मजबूरी में आकर झुक जाती। क्या करे कोई? सबसे प्यारा है पेट। उसके बाद ही इज्जत-आबरू या और कोई चीज आती है। पर तुम डटी रहीं। समझो, इस गाँव में मैं ही तुमको अच्छी तरह समझता हूँ...और साले तो हमेशा तुम्हारी निन्दा करते हैं। मुझको तुमसे जो आशा थी वह तुमने किया। मैं तुम पर बहुत खुश हूँ। अच्छा तो... ।''

प्रधानजी अचानक उठ खड़े हुए। दमयन्ती ने भी उठकर उनको नमस्कार किया। वह जब बरामदे में आए तो उनको मालूम हुआ कि कोई नीचे उतर कर भागा हो। यह कौन हो सकता है? अरे कोई नहीं। यह मन का वहम है! वह स्वयं नीचे उतरकर अन्धकर में बढ़ने लगे। उन्होंने लौंडिया को खूब चमका दिया। अब समझो, जाल में फँस गई है। एक ओर जाल फैलाते जाइए...और दूसरी ओर दाना दिखाकर चिड़िया को पुचकारते जाइए। शहर में कैसा मजा आएगा, इस बार वह गुलज़ारीमल के धर्मशाले में ठहरेंगे। कुछ पैसा दे देने पर कमरा दे देते हैं। बड़ा अच्छा इन्तजाम है वहाँ पर। खाना भी अच्छा मिलता है और चारपाई भी बड़ी तथा आरामदेह होती है। मच्छर भी ससुरे एक भी नहीं मिलते। पैसे कुछ अधिक लेते हैं तो क्या हुआ...वैसा सुख भी तो नहीं मिल सकता? जमीन पर स्वर्ग उतर आएगा। लेकिन यह आखिरी है। इसके बाद वह अपने जीवन को ऊँचा उठाएँगे। न मालूम कब से पह रामायण का नियमित रूप से पाठ करना चाहते हैं लेकिन कोई-न-कोई ऐसी झंझट आ जाती है कि सब गड़बड़ हो जाता है। ठीक है, गीता प्रेस वाली रामायण...!

वह तेजी से बढ़े जा रहे थे। उन्होंने एक ढेले से कई चिड़ियों का शिकार करने की योजना बनाई थी जिसके सफल होने पर दमयन्ती भी कब्जे में आ जाएगी तथा उससे प्राप्त होने वाली अन्य सुविधाएँ भी। मनगढ़न्त कहानी बनाई जाए तो ऐसी ही कि उससे बड़ा-से-बड़ा आदमी गचका खा जाए। डरी स्त्री कटी पतंग की तरह बेसहारा होती है, पीछे पड़ने से वह पतंग लूटी जा सकती है। स्त्री जिसको अपना संरक्षक समझ लेती है उनको अधिकतम सीमा तक कृतज्ञ भी कर सकती हैं। जो चुपके-चुपके उनके साथ शहर में जाएगी वह निःसहायावस्था में उनकी इच्छा का विरोध भी नहीं कर सकेगी। वह उनका सहारा लेकर अपनी इज्जत-आबरू की रक्षा करेगी। बेसहारा स्त्री को बहकाना कितना आसान है, यह प्रधानजी से अच्छी तरह कोई नहीं जानता। प्रधानजी के चेहरे पर एक लम्बी मुस्कराहट फैल गई थी। वह सोच रहे थे कि दमयन्ती ही ऐसी है, नहीं तो अन्य ग्रामसेविकाएँ तो बहुत जल्दी झुक जाती हैं। अफसर भी तो अजीब-अजीब आ गए हैं। सभी साले कुत्ते हैं! स्त्री को देखा नहीं कि उनके मुँह में पानी आया। बस दुम हिलाने लगते हैं। उनको मना-फुसलाकर या डरा धमकाकर ऐसी हालत पैदा कर देंगे कि वह बेचारी आ ही जाएगी जाल में। लेकिन दमयन्ती जैसे चिड़िया कोई नहीं मिलेगी।...

[15]

प्रधानजी के बाहर निकलने के पूर्व दमयन्ती के बरामदे से कूदकर जो अन्धकार में गायब हो गया था वह लखना था। वह अब स्कूल में पढ़ने नहीं जाता था, क्योंकि हरचरण उसके पीछे बुरी तरह पड़ गया था। फिर अब लखना पहले की तरह जीवन व्यतीत करने लगा था। वह दिन भर गाँव में डग-डग घूमा करता। कभी-कभी वह ईंटों या कंकड़ों के साथ खेलता हुआ स्कूल के पास अवश्य चला जाता, परन्तु किसी की ओर देखता नहीं बल्कि यह प्रदर्शित करता कि ऐसा अनजान में हो गया है। दमयन्ती भी उसको देखकर नहीं देखती। हरचरण के व्यवहार से उसको बहुत चोट पहुँची थी और वह नहीं चाहती थी कि लखना को लेकर स्कूल में उस किस्म के कांड हों, यद्यपि वह लखना को अब भी उसी तरह प्यार करती थी। उसके लिए उसका दिल छटपटा जाता। उसमें कितना सुधार हो गया था? वह होशियार भी कितना था? यदि वह पढ़-लिख जाए तो कितना अच्छा हो। चूँकि दमयन्ती ने अपने स्नेह और परिश्रम द्वारा लखना को सुधारा था इसलिए लखना से उसको एक तरह से मोह हो गया था, उस कलाकार की तरह जो अपनी रचनाओं से दुर्बलता की सीमा तक मोह करता है। फिर लखना उसको प्यार भी बहुत करता था, यह दमयन्ती जानती थी। और इस पर भी वह लखना के लिए कुछ नहीं कर सकती थी, यह

सोचकर दमयन्ती का हृदय दुख से भर जाता। वह अपने को उनके लिए अपराधिनी समझती थी।

उस दिन लखना तालाब के किनारे पीपल के वृक्ष पर बैठकर अपनी स्लेट पर दोपहर से लेकर शाम तक लिखता रहा था। शाम हुई तो वह नीचे उतरकर गाँव की ओर चला। स्कूल के पास आकर उसके पाँव स्वतः ही रुक गए। वह कुछ देर तक चुपचाप बाहर ही खड़ा रहा, फिर वह ओसारे में आ गया। उसने जो कुछ लिखा था उसको आज दीदी को दिखाएगा। कुछ दिन पहले उसने रामगढ़ से स्लेट खरीदी थी। ननिहाल से उसको कुछ पैसे मिले थे उन्हीं को उसने बचाकर रखा था। स्लेट को तालाब के पास एक झाड़ी में छिपाकर रखता था। परन्तु भीतर तो कोई बैठा था। उसने झाँका तो प्रधानजी नजर आए। वह चकित हो गया। उससे भी आश्चर्य की बात यह थी कि दमयन्ती सिर झुकाकर रो रही थी। उसकी दीदी इस तरह रो भी सकती है उसने इसकी कल्पना भी नहीं की थी। उसको प्रधानजी पर बहुत गुस्सा आ रहा था। उसका पक्का विश्वास था कि प्रधानजी ने उसकी दीदी को रुलाया होगा। जो बातचीत हो रही थी उसमें से अधिकांश उसकी समझ में कुछ भी नहीं आया और जो कुछ आया वह यह कि दमयन्ती किसी बड़ी विपत्ति में फँस गई है। प्रधानजी से वह खुद जला रहता था, क्योंकि प्रधानजी उसको अकेले में पाकर गालियाँ देते थे। इसका कारण यह था कि लखना ने प्रधानजी के लड़के दीना को एक-दो बार मार दिया था। वह सोच रहा था कि वह कल दीना को खूब मारेगा—उस समय तक मारता रहेगा जब तक कि उसके खून न निकल आए। दीना की छोटी बहन कमली को भी वह पीटेगा। देखें उनका बाप क्या कर लेता है उसका!

बरामदे से उतरकर जब वह भाग रहा था तो उसके दिमाग में एक विचार उत्पन्न हुआ। स्कूल के सामने एक छोटा मैदान पड़ता था उसमें एक नीम का वृक्ष था। लखना फुर्ती से उस पेड़ पर चढ़ गया। वह प्रधानजी को आज मजा चखाएगा। उस दिन वह बहुत गालियाँ दे रहा था। जब प्रधानजी पेड़ के नीचे से गुजरे तो उसने खपड़ैल का एक टुकड़ा, जो उसने रास्ते में उठा लिया था, नीचे फेंका, जो प्रधानजी की टोपी पर गिरा। प्रधानजी गेंद की तरह उछलकर इस तरह अलग खड़े हो गए जैसे करइत साँप पर पैर पड़ गया हो।

"कौन है रे?" उनकी आवाज भय से काँप रही थी।

उत्तर पाने की उन्होंने प्रतीक्षा नहीं की और वहाँ से फौरन खिसक गए। अब वह हँसकर अपने मन को समझा रहे थे कि कोई बन्दर होगा। ये बन्दर भी तो बड़े पाजी होते हैं! नहीं...नहीं...पाजी नहीं, वे तो हनुमानजी के सिपाही हैं...सिपाही क्यों, साक्षात् हनुमानजी हैं। भूत-प्रेत निकट नहीं आवा, हनुमान जो नाम सुनावा। हनुमानजी ने ही मज़ाक किया होगा। कौतुक करना तो कोई उनसे सीखे। कौतुक नहीं लीला! यही करने के लिए उन्होंने कंकड़ उठा लिया होगा और जब प्रधानजी नीचे से गुजरे

होंगे तो फेंक दिया होगा। फेंक नहीं दिया होगा, हाथ से छूट गया होगा! यहाँ बन्दर भी तो बहुत हैं...उफ् फिर बन्दर! हाँ, हनुमान भी तो बहुत हैं इधर! भूत-प्रेत यहाँ नहीं आ सकता, झींगुर सोखा ने तो उस बार बाँध दिया था। सोखा भी बड़ा सिद्ध आदमी है।...अरे बाप रे!

प्रधानजी सिर पर पैर रख कर भागे। उनकी पीठ पर जोर का ढेला लगा था। बाप रे भूत! परन्तु आवाज़ उनके गले के भीरत ही घूमती रही बढ़ी नदी की चकोह की तरह। सोखा ने फिर गलत मन्त्र पढ़ दिया क्या? जय हनुमानजी! जय हनुमान जी!

लखना उतरकर खूब हँसा! गुलेल का उसका निशाना चूकता नहीं। भद्द से पीठ पर लगा था। खोपड़ी में उसने जान-बूझकर नहीं मारा था। बेकार में खून निकल आता और अगर वह बेहोश होकर गिर पड़ते तो मुश्किल हो जाती। अँधेरे में उसने प्रधानजी को नीलगाय की तरह सरपट भागते हुए देखा था। देखते-देखते ही गायब हो गए। ऐसी फुर्ती तो उसने कभी नहीं देखी प्रधानजी में!

दूसरे दिन लखना ने सचमुच प्रधानजी के लड़के दीना तथा उनकी छोटी लड़की कमली को खूब मारा। वह उनको फुसलाकर तालाब की ओर ले गया था और वहीं मरम्मत की थी।

"अपने बाप से कह देना...स्कूल की दीदी को उन्होंने और तंग किया तो मैं लोगों की मारते-मारते जान ले लूँगा। अब की खोपड़ी फोड़ दूँगा...।"

दीदी के अपमान का इस तरह बदला निकालकर वह बहुत खुश था। वह दिन भर तालाब के किनारे छिपा रहा और गाँव की ओर नहीं गया। वह जानता था कि प्रधानजी उसको किसी आदमी द्वारा अपने यहाँ पकड़ मँगवाएँगे या उसके घर पहुँच जाएँगे। तब उसको हरचरण के हाथ पिटना पड़ेगा। वह तालाब में खूब तैरता रहा और बाद में पीपल के पेड़ पर बैठकर पैर हिला-हिलाकर अपने मन का आनन्द प्रकट करता रहा।

शाम होने पर वह फिर उसी दिन की तरह दमयन्ती के बरामदे में जाकर खड़ा हो गया। उसको उम्मीद थी कि शायद प्रधानजी फिर दमयन्ती के यहाँ विराजमान हों। परन्तु कमरे में सिर्फ विनय था जो लालटेन की रोशनी में कोई किताब पढ़ रहा था। विनय का उस तरह पढ़ना उसको बहुत अच्छा लगा। उसके मन में एक अनजान ईर्ष्या भी उत्पन्न हुई। काश वह भी इसी तरह पढ़ सकता।

बरामदे में आहट पाकर विनय चौंका। उसने सिर उचकाकर बाहर की ओर देखा।

"कौन है?" उसने पूछा।

लखना ने कोई उत्तर न दिया बल्कि कुछ पीछे खिसक गया। इस पर विनय उठकर बरामदे में आया।

“क्या बात है?” लखना अब भी चुप था।

“दीदी से मिलना चाहते हो?” परन्तु लड़के का उत्तर अब भी न पाकर विनय यह कहकर कि ‘आओ’, कमरे के भीतर पुनः चला गया। उसने भीतर जाकर दमयन्ती से कहा, जो रसोईघर में खाना बनाने में व्यस्त थी।

“क्या नाम है तुम्हारा?” विनय ने वापस आकर चारपाई पर बैठते हुए लड़के से पूछा।

“लखना।”

“स्कूल में पढ़ते हो?”

“नहीं।”

इस उत्तर से विनय कुछ चौंका। फिर अकारण हँस पड़ा।

“पढ़ना चाहते हो?”

लखना ने फिर कोई जवाब न दिया। उसका मुख गम्भीर हो गया था।

“कुर्सी पर बैठ जाओ। दीदी अभी आ रही हैं।”

यह कहकर विनय पढ़ने लगा। लखना का चेहरा किसी अपराधी की तरह हो गया था। वह कुर्सी पर बैठा नहीं, बल्कि बार-बार अजीब सहमी दृष्टि से भीतर के दरवाज़े की ओर देखता रहा। कुछ देर के बाद ही दमयन्ती आई जल्दी-जल्दी। उसके मुख पर मुस्कराहट थी परन्तु लखना को देखकर वह गम्भीर हो गई। उसका हृदय पता नहीं कैसी कटुता से भर गया।

“विनय, इस लड़के से कह दो कि वह यहाँ से चला जाए। इसको यहाँ आने की जरूरत नहीं...।” यह कहकर वह स्वयं पीछे घूम कर घर के अन्दर फिर चली गई।

विनय चौंककर लखना की ओर देखने लगा, जिसके मुख पर गहरी कालिमा पुत गई थी। इसके बाद वह कमरे से धीरे-धीरे निकलकर बाहर अन्धकार में खो गया था।

[16]

दमयन्ती को अपने से घृणा हो गई है। वह अपने को क्षमा नहीं कर सकती। उस दिन वह प्रधानजी के सामने क्यों डर गई थी? क्या वह सचमुच इतनी गई-गुजरी है कि वह अपने सम्मान की रक्षा के लिए किसी दूसरे मर्द के साथ किसी अनजाने शहर में मारी-मारी फिरे? वह जानती थी कि इस दुनिया में बहुत जुल्म है और एक-से-एक बुरे लोग भी हैं, परन्तु इस देश में जो व्यवस्था है—सरकार और पुलिस है वह सब क्या व्यर्थ है? ज्यों-ज्यों वह सोचती गई उसको प्रधानजी की बातें झूठी

और हास्यास्पद प्रतीत होने लगीं। वह समझने लगी कि भय स्वाभिमान के प्रतिकूल है। वह अपने भय को दबाने की कोशिश करती। और तब प्रधानजी का सही रूप उसके सामने आ जाता। प्रधानजी ने अपने को छोड़कर सबकी निन्दा की थी, जबकि सत्य यह था कि उनकी दृष्टि तथा व्यवहार में बेशर्मी और लम्पटपन था। परन्तु इतने पर भी उसका डर पूरी तरह मिटा नहीं था। वह एक जवान और निःसहाय स्त्री है, इस ख्याल को वह अपने दिमाग से हटा नहीं सकी। इससे वह मुक्त होना चाहती थी, जिसमें असमर्थ होने के कारण उनका सारा उत्साह मर गया था और वह अपरिसीम निराशा से भर उठती थी। भय के कारण वह अपने को पतित समझने लगी। उसको लगता कि इस जीवन में वह कुछ भी नहीं कर सकती। उसका चेहरा सदा उदास रहता और वह किन्ही विचारों में खोई-खोई रहती।

कुछ दिनों बाद शाम को प्रधानजी फिर उससे मिले। वह बहुत ही प्रसन्न थे और सदा की तरह उनके होंठों पर मधुर मुस्कान विराजमान थी।

"कहो बिटिया, क्या हाल चाल है?"

"ठीक है।" दमयन्ती ने विचित्र रुखाई से उसको उत्तर दिया।

"छुट्टी की अर्जी तो दे दी होगी।"

"नहीं," दमयन्ती दृढ़ स्वर में बोली, "मेरे पास यहाँ इतना काम है कि मुझे दूसरी जगह जाने की फुर्सत नहीं। मुझे सबसे प्यारा अपना काम ही है। मुझे ऐसा लगता है कि जो स्त्री अपने सम्मान की रक्षा स्वयं नहीं कर सकती और उसके लिए दूसरों पर आश्रित रहेगी, उसकी कोई रक्षा नहीं कर सकता। आचरण की रक्षा अपने साहस, ईमानदारी और परिश्रम से होती है। मैं आपकी बात नहीं मान सकती कि गाँव में लोगों की ऐसी हालत रहेगी। इन लोगों की तरक्की को कोई नहीं रोक सकता क्योंकि वे धीरे-धीरे समझ रहे हैं कि उनके पिछड़ेपन के क्या कारण हैं। सदियों से उनको दबाया जाता रहा है इसलिए ऊपर उठने में भी समय लगेगा। इन्हीं गरीब, अशिक्षित और मजबूर लोगों के बीच जीने और मरने के लिए मैं आई हूँ। मेरी और गति नहीं है।"

दमयन्ती को होश नहीं था कि वह क्या कह रही है। फिर भी वह इन्हीं बातों को कई बार मन-ही-मन दुहरा चुकी थी। वह क्रोधपूर्ण उत्तेजना के ऐसे स्तर पर पहुँच गई थी कि वह अत्यधिक भावुक हो गई थी। प्रधानजी का मुँह फक पड़ गया था।

"ठीक कहती हो बिटिया...ठीक कहती हो। अच्छा चलूँ, एक जरूरी काम है, बाद में मिलूँगा...।"

प्रधानजी फुर्ती से चले गए थे। इसके बाद दमयन्ती के मन से काँटा जैसे निकल गया था। उसकी पुरानी स्फूर्ति लौट आई थी और वह दूने उत्साह तथा उमंग से काम करने लगी थी। प्रधानजी को साफ-साफ जवाब देकर जैसे उसने अपने अपमान

का बदला चुकाया था और भविष्य की चिन्ता छोड़कर वह काम में लग गई थी, जिससे उसमें साहस और निश्चिन्तता आ गई थी। वह अब प्रसन्न रहने लगी और उसके होंठों पर पहले की तरह प्रसन्नता थिरकने लगी। उसके दिल पर से बोझ हट गया था और उसका शरीर तथा मन हल्का हो गया था।

एक दिन वह जमुना के यहाँ गई। रविवार का दिन था। उस दिन स्कूलों में छुट्टी रहती थी। जमुना उसको देखकर बहुत प्रसन्न हुई। उसने दौड़कर ओसारे में खड़ी चारपाई बिछा दी और फिर घर में से एक कटोरे में दो लड्डू तथा गिलास में पानी लाकर रख दिया। रमैनी सहुआइन मन्दिर गई थी तथा हरिया भी नहीं था। छोटी बच्ची घर में सोई हुई थी।

"वाह! यह तो बहुत अच्छी चीज है...लेकिन मैं अकेली नहीं खाऊँगी...।" दमयन्ती ने हँसकर कहा।

जमुना ने सशंकित दृष्टि से दरवाजे की ओर देखा, क्योंकि उसको डर था कि कहीं रमैनी सहुआइन चली न आएँ। फिर उसने शरारत से मुस्कराकर लड्डू उठा लिया। फिर बोली, "अब तो खुश हुई? बस जल्दी खत्म कीजिए।"

दमयन्ती ने भी लड्डू उठाकर खाते हुए कहा, "माता जी मजे में हैं न?"

"हाँ...पहले तो बहुत नाराज रहती थीं। पर अब वह भी समझने लगीं कि पढ़ने-लिखने से कोई नुकसान नहीं।"

"मैं जानती थी कि आप उनका दिल जीत लेंगी। आपकी वजह से मुझे घर की कमी खलती नहीं।" दमयन्ती की आँखें भर आईं।

"बहिन, मेरा भाग्य है कि आप मिलीं। मैं जो कुछ हूँ वह आप ही की वजह से।" जमुना भी गद्‌गद हो गई थी।

उसके बाद दमयन्ती ने गाँव प्रधान वाली घटना विस्तार से बताई। जमुना आतंक से उसको देखती रही। साथ ही वह मन-ही-मन दमयन्ती के साहस की कायल भी हो गई थी। यदि वह होती तो क्या करती? वह तो डर के मारे मर ही जाती। उसको प्रधान पर बहुत गुस्सा आया। प्रधान के सम्बन्ध में वह अच्छी तरह जानती थी। उसी के कारण जमुना के पति किसुनराम की आधा कट्‌ठा जमीन हाथ से निकल गई थी। किसुनराम ने मुकदमा दायर किया था, परन्तु प्रधान ने गवाहों को तोड़ लिया था, साथ ही किसुनराम को मरवा डालने की धमकी भी दिलवाई थी। किसुनराम की दुकान न चलने का कारण भी प्रधान ही रहा था। वह लोगों को किसुनराम के खिलाफ भड़काता था तथा साथ ही कुछ बदमाश लोगों को दुकान पर भेजता था, जो आकर गाली-गलौज तथा झगड़ा करते थे।

"बहिन जी, मुझे अफसोस है कि आपसे मैंने पहले क्यों न बताया। दूसरों से कहने से दुख आधा हो जाता है। फिर प्रधान के बारे में आपसे मालूम हो जाने से मुझे वैसी परेशानी न होती।...खैर, जो हुआ सो अच्छा हुआ। मैंने सोचा है डरने से

अच्छा है कि डर का मुकाबला किया जाए। हम लोगों को अपना काम बढ़ाना चाहिए। मैं आपसे एक प्रार्थना करती हूँ...।''

''क्या?'' जमुना ने चौंककर पूछा।

''आप ग्रामलक्ष्मी हो जाइए।''

''ग्रामलक्ष्मी क्या होती है?''

''बहिन, मुझे कुछ और गाँवों में स्कूल खोलने हैं, इसलिए जब काम बढ़ जाएगा तो मुझे फुर्सत कम मिलेगी। अगर आप ग्रामलक्ष्मी बन जाएँगी तो मेरे काम को सँभाल लेंगी। मैं मदद को तो रहूँगी ही। इसके अलावा यह अच्छा है कि इस गाँव के लोग ही इस काम की जिम्मेदारी अपने कन्धे पर लें। हम लोग तो यहाँ हमेशा रहने वाली नहीं है, कुछ दिन रहकर चली जाएँगी। यह आपका काम है और अपना काम खुद ही करना अच्छा होता है। सरकार भी यही चाहती है कि हमारे गाँव के लोग अपने पैरों पर खड़े हों। अपना काम अपने से करने से आदमी गलतियाँ भी कर सकता है, लेकिन वह बहुत कुछ सीखता भी है। इससे उसके दिमाग की सुस्ती दूर होती है और अपने में विश्वास पैदा होता है तथा नई-नई बातें सूझती हैं। ग्रामलक्ष्मी के लिए सरकार ने कुछ तनख्वाह भी निश्चित की है।''

''बहिन जी, मैं इसके काबिल कहाँ हूँ?'' जमुना ने गम्भीर स्वर में कहा।

''आप काबिल हैं। आपने इतने ही समय में जो तरक्की की है इससे मुझे अचम्भा होता है। आप ऐसे स्वभाव की हैं कि सभी आपकी ओर आकर्षित हो जाते हैं। आप में लगन है। आप काफी मेहनत कर सकती हैं। अब कैसी काबिलियत चाहिए? मैं आपसे प्रार्थना करती हूँ कि मेरी यह बात मान जाइए...।''

''पर इस घर के जो मालिक हैं उनसे भी पूछना पड़ेगा?'' जमुना शमरा गई।

''माताजी से?''

''हाँ माता जी से भी और...'' जमुना का चेहरा तमतमा गया।

''समझ गई।'' जमुना मुस्करा पड़ी, ''आप उनके पास चिट्ठी लिख दीजिए...।''

''अरे बाबा, मैं नहीं लिखती चिट्ठी-विट्ठी।'' जमुना ने शरारत से अपनी जुबान काटकर कहा।

''क्यों?'' दमयन्ती हँस पड़ी।

''कभी लिखी हो कि आज ही लिखूँगी।''

''पहले तो आप पढ़ती भी नहीं थी।''

''लाज लगती है।'' जमुना खिलखिलाकर हँस पड़ी।

''पति से लाज कैसी, बहिन? आप चिट्ठी ज़रूर लिखिए।'' दमयन्ती खुद शरमा गई।

''अच्छा बहिन जी, एक बात पूछूँ...बुरा तो नहीं मानेंगी?''

"पूछिए।"

"आपने अब तक शादी क्यों नहीं की?"

"शादी करना क्या जरूरी है?" दमयन्ती हँसने लगी।

"क्यों नहीं होती? नहीं होती तो लोग क्यों करते हैं? यह तो सबकी इच्छा होती है कि उसकी शादी हो, बाल-बच्चे हों...।" जमुना सहसा रुकी। उसने गौर किया कि दमयन्ती का चेहरा गम्भीर हो गया है। उसको लगा कि ये बातें करके वह दमयन्ती के साथ अन्याय कर रही है।

"मन का कोई दूल्हा नहीं मिला इसलिए शादी नहीं की।...पर आप यह सब क्यों पूछ रही हैं? यह कोई खास महत्त्व की बात नहीं है। आप मेरी प्रार्थना ठुकराना तो नहीं चाहतीं?"

"नहीं बहिन जी, मैं चिट्‌ठी लिखूँगी उनको। मैं नहीं जानती कि वह जवाब में क्या लिखेंगे। पढ़ना-लिखना तो खैर दूसरी बात है, पर नौकरी करवाना शायद उनको पसन्द न हो। मैं कुछ कह नहीं सकती। उनकी चिट्‌ठी आने पर ही मैं कुछ बता सकूँगी।"

जमुना स्वयं गम्भीर हो गई थी। उसको दमयन्ती के स्वर में हल्की रुखाई का अभास मिला था। वह समझ गई कि दमयन्ती उससे कुछ छिपा रही है और शायद इसी कारण उसका स्वर रूखा हो गया था। अलगाव के इस व्यवहार के कारण उसका मन थोड़ा भी हो गया। एक स्त्री के सम्बन्ध में दूसरी स्त्री की उत्सुकता असीम होती है, जो उस समय और बढ़ जाती है जब वह यह देखती है कि दूसरी स्त्री अन्य परिस्थितियों तथा विचारों से परिचालित है। जमुना मन-ही-मन कुछ बुरा भी मान गई थी। इसीलिए उसने संकेत किया था कि शायद उसके पति को यह सब मंजूर न हो।

परन्तु दमयन्ती के चले जाने पर जब जमुना चिट्‌ठी लिखने बैठी तो उसको अपनी गलती महसूस हुई। दमयन्ती की वजह से ही वह आज पति के पास चिट्‌ठी लिखने के काबिल हुई थी। उसकी बड़ी साध थी कि वह पति के पास चिट्‌ठी लिख सकती या पति की उसके पास चिट्‌ठी आती। वह उसका पत्र पाकर कितना खुश होंगे? दमयन्ती के इस उपकार को वह कभी भी भूल नहीं पाएगी।

किसुनराम ने जमुना के पत्र का जल्दी ही जवाब दे दिया था। उसने जमुना को सम्बोधित किया था 'प्राण प्यारी'। जमुना को खुशी और प्यार से रोमांच हो आया। किसुनराम ने लिखा था—तुम्हारी चिट्‌ठी पाकर मुझे बहुत खुशी हुई है। मैं नहीं जानता था कि तुम इतनी जल्दी तरक्की कर लोगी। इससे मुझे भी बहुत उत्साह आया है और मैं भी कुछ पढ़ने-लिखने लगा हूँ। मैं सोचता हूँ कि इतनी जिन्दगी तो मेरी बेकार गई, अब समय का कुछ अच्छा इस्तेमाल करना चाहिए। जहाँ मैं काम करता हूँ वहाँ एक बाबू भी काम करते हैं। उनका स्वभाव बहुत अच्छा है। उनके

यहाँ से मैं एक किताब ले आया हूँ। वह इतिहास की किताब है। उसमें लिखा है कि पुराने जमाने में हमारे देश में बहुत तरक्की हुई थी, और यहाँ के लोग हर बात में बढ़े थे। यहाँ की औरतें भी पर्दा नहीं करती थीं। वे पढ़ती-लिखती थीं, मर्दों से बहस करती थीं और मौके पर लड़ाई भी लड़ती थीं। इसके बाद यह देश गुलाम हो गया। लेकिन आजादी के बाद यहाँ फिर तरक्की का काम शुरू हो गया है। यहाँ के मर्दों और स्त्रियों को पढ़ना-लिखना चाहिए। हम सबको खूब मेहनत करनी चाहिए। उन बाबूजी ने और किताबें देने को कहा है। मैं सोचता हूँ कि तुम कितनी हिम्मती हो! तुम पढ़ोगी-लिखोगी तो इसका असर बच्चों पर भी बहुत पड़ेगा। बच्चे किसी काम लायक हो जाएँगे। तुम ग्रामलक्ष्मी जरूर हो जाओ। गाँव में लोग किस्म-किस्म की बात करेंगे, पर ख्याल मत करना। धीरे-धीरे ही समझ आती है। अम्मा को खुश रखना। वह दिल की अच्छी है। वह पुराने जमाने की है, इसलिए वह इन बातों को ठीक से समझ नहीं सकती। शहर की बात दूसरी है। यहाँ स्त्रियाँ पढ़-लिखकर दफ्तर में काम करती हैं। गाँव का भी नक्शा धीरे-धीरे बदल जाएगा।

जमुना ने चिट्ठी को कई बार पढ़ा। जब-जब वह पढ़ती उसका दिल प्यार और उमंग से भर आता। दमयन्ती सुनेगी तो कितनी खुश होगी? अगर दमयन्ती न आती तो वह क्या जानती इस सुख को? पत्र-व्यवहार से एक-दूसरे के लिए प्यार कितना बढ़ जाता है? उसको लग रहा था जैसे वह अपने पति को बोलते हुए देख रही हो। कई बार तो उसको ऐसा महसूस हुआ कि वे उसको गोद में लेकर प्यार कर रहे हों। वह सिहर-सिहर उठती। उनको देखे हुए कितने दिन हो गए? और फिर भी उसको लगता था कि जैसे उनको कल ही देखा हो। वे कितने भले हैं? उसकी तमन्ना ही रह गई कि वह उसको डाँटते-डपटते। खाना भी चुपचाप खा लेते हैं। अगर नमक कम पड़ा हो या अधिक, वह सिर झुकाकर इस तरह पसन्द से खाएँगे जैसे खाना बहुत अच्छा बना हो। वहाँ उनको बड़ी तकलीफ होती होगी। अपने हाथ से वह खाना बनाते हैं। मेरे शरीर का उन्होंने सुख कभी नहीं जाना। वह पास रहते तो वह उनको ठीक से बनाकर खिलाती-पिलाती, उनके सिर और बदन में तेल लगा देती, कोई मेहनत का काम करने नहीं देती। जब से उन्होंने होश सँभाला उनको कष्ट ही कष्ट भुगतना पड़ रहा है। वह तो कुछ सेवा भी नहीं कर सकी। जमुना प्यार से इस कद्र अभिभूत हो गई कि वह चुपचाप रोने लगी।

[17]

जमुना ग्रामलक्ष्मी बन गई। माघ का महीना बीत चुका था। फागुन चढ़ने से धूप में तेजी आ गई थी। हवा बहुत अच्छी लगती थी। दिन में गर्मी पड़ती और रात

में खुशनुमा ठंडक। दमयन्ती बहुत खुश थी। जमुना को उसी ने बनाया था। उसी के परिश्रम, लगन और सच्चाई से प्रभावित होकर जमुना ने पढ़ाई-लिखाई की थी, यह विचार चाहने पर भी दमयन्ती अपने दिमाग से निकाल न पाती। उसने सोचा था कि विशुनपुर की स्त्रियों को पढ़ाने-लिखाने का काम जमुना के हाथ में सिपुर्द कर वह स्वयं पास के अन्य दो गाँवों में स्कूल खोलेगी। जमुना के इस तरह काम करने से और भी स्त्रियाँ आगे बढ़ेंगी।

परन्तु रमैनी सहुआइन ने फिर मुँह फुला लिया। उनके घर की बहू नौकरी करेगी यह उन्होंने सपने में न सोचा था। नौकरी तो मर्द-मानुस के लिए है। कहीं औरतें नौकरी करती हैं? औरत तो वह अच्छी है जो घर का काम करे, पति-बच्चों को ठीक से रखे, सास-ससुर की सेवा करे, हाँक-डाँट में रहे। नौकरी करने से तो धर्म-कर्म चौपट हो जाएगा। पता नहीं किसुनराम की मति क्यों मारी गई है कि वह अपनी बीबी को नचनिया बनाने पर तुला हुआ है। परन्तु सहुआइन की नाराज़ी का एक कारण दूसरा भी था जो अधिक महत्त्वपूर्ण था। किसुनराम ने उसकी आज्ञा भी नहीं ली थी और सीधे बहू के पास नौकरी करने के लिए लिख दिया था। इसी को कहते हैं कलियुग! माँ बूढ़ी और अशक्त हुई, उसको कौन पूछे भाई? अब तो जो कुछ है वह मेहरिया ही है। इसके अलावा रमैनी सहुआइन यह भी सोचती थी कि कमाने-धमाने से जमुना एकदम आजाद हो जाएगी, किसी के कहने में नहीं रहेगी, उसकी मति खराब हो जाएगी और गाँव में थूड़ी-थूड़ी मच जाएगी। स्त्री का इस तरह आजाद रहना भी ठीक नहीं।

सहुआइन ने जमुना से बोलना फिर बन्द कर दिया। जमुना कोई बात भी पूछती तो जवाब नहीं देती। जमुना को बहुत दुख होता। वह सब काम-धाम करती थी। सास की हर तरह से सेवा करती थी। परन्तु इसका भाग्य ही खराब है। वह जो कुछ कहती है उसको अम्मा जी दूसरा ही समझती हैं। वह जान निकालकर भी रख दे तो उनको विश्वास नहीं होगा। जिस तरह वह पढ़ती थी उसी तरह नौकरी भी कर लेती है। समय से जाती है और समय से आती है। कोई बेशर्मी नहीं करती वह। ढंग से आँचल को सिर के आगे खींचकर चलती है। अब और क्या करे वह? उनके चिट्ठी लिखने पर ही तो वह ग्रामलक्ष्मी बनी है? अम्मा जी को तो यह जलन है कि उन्होंने चिट्ठी क्यों लिखी उसके पास। वह खूब समझती है लोगों के मन की बात। अरे भाई, मर्द-मानुस अपनी औरत के पास चिट्ठी नहीं लिखेगा तो किसके पास लिखेगा? दूर-दूर रहने से चिट्ठी पाती का ही तो सहारा रहता है? वह तो अपनी नीयत ठीक रखेगी, इससे चाहे कोई खुश रहे या रंज। वह तो सबके लिए वही जमुना रहेगी। उसका कालेजा और स्त्रियों की तरह नहीं है। वह तो सबके साथ नेकी ही करेगी, चाहे दूसरे जो कुछ भी करें उसके साथ।

गाँव में सनसनी मच गई। पहले-पहल बड़ी जातियों के लोग बहुत रंज हुए। अब कोई इज्जत नहीं रहेगी बड़े घर के लोगों की। जब गाँव की औरतें बाहर निकलकर नौकरी करेंगी, फिर मर्दों की इज्जत क्या रह जाएगी? अब और घरों की बहुएँ भी घर से निकलेंगी। अब किसी का क्या ठिकाना? यह जमुना तो बहुत सीधी कही जाती थी। सहुआइन भी सारे गाँव में ढिंढोरा पीटती थी, "मेरी बहू तो गऊ है गऊ। उसके पास जुबान ही नहीं है, खाक गऊ है। उसके पेट में वित्ता भर की छुरी है जी। इसने तो खुलेआम सारे गाँव की नाक कटा दी! यह कलियुग है कलियुग! अब देखना, वह अपने पति को भी छोड़ देगी! किसुनराम तो पुराना गौदमदास है। उसको समझ में तो कोई बात ही नहीं आती। अब वह उसको भेड़ा बनाकर रखेगी।

छोटी जातियों की औरतों को एक प्रतिहिंसात्मक खुशी हुई। उसका भी यही विश्वास था कि जमुना अपने पति और सास के कहने में नहीं है। ऐसा तो गाँव में कभी नहीं हुआ कि बड़ी जाति की औरत नौकरी-चाकरी करे! बड़ी जातियों की औरतें छोटी जातियों की औरतों से इसलिए भी नफरत करती थीं कि छोटी जातियों में शादी-ब्याह के मामले में काफी स्वतन्त्रता थी। स्त्रियाँ एक पति को छोड़कर दूसरे से ब्याह कर लेती थीं। उनके पति उनको मारते भी बहुत थे। उस समय उनमें से कई घरों से भाग जाती थीं या दूसरे मर्द का हाथ पकड़ लेती थीं। अब बड़ी जातियों में भी यही बातें होने वाली थीं। बस कहने भर को इज्जत-आबरू है! वे खूब जानती हैं कि कहाँ क्या हो रहा है।

परन्तु ज्यों-ज्यों दिन बीतने लगे और लोगों के दिमाग में यह बात आती गई कि नौकरी-चाकरी करने से भी जमुना में कोई परिवर्तन नहीं हुआ है और वह अब भी वैसी ही सुशील है, तो सभी ईर्ष्या से जलने भी लगे। दरअसल पहले उसको विश्वास ही नहीं था कि यह भी कोई नौकरी है और उस नौकरी का पैसा भी मिलेगा। उनमें से अधिकतर ग्रामसेविका के विरोध में रहे थे और उन्होंने अपनी औरतों तथा बच्चों को स्कूल नहीं भेजा था। परन्तु अब वे न मालूम किस तर्क से सोच रहे थे कि जमुना को तनख्वाह देकर सरकार ने उनके साथ अन्याय किया है। उनके हृदय के अन्तरतम गह्वर में यह भी इच्छा थी कि वह नौकरी उनके घर की किसी औरत को ही मिलनी चाहिए। यह अजीब स्थिति थी। वे पढ़ने-लिखने का विरोध करते थे जब कि वे दुनिया का रंग-ढंग देखकर मन-ही-मन मानने लगे थे कि पढ़ने-लिखने से जरूर ही कोई लाभ है। लाभ को वह रुपये-पैसे की शक्ल में ही आँकते थे। या किसी अन्य प्रकार की सुविधा के रूप में सोचते थे। वे अजीब विरोधाभास में फँसे थे। अशिक्षा और गरीबी के कारण वे अन्धविश्वासों से जकड़े थे। वे सदियों से सताए गए थे। वे अभावों से घिरे रहते थे। वे अपनी इस मजबूरी में विश्वास नहीं कर सकते थे कि अन्धविश्वासों के अलावा कोई और सत्य है।

परन्तु वे देख रहे थे कि नई-नई योजनाएँ चालू की जा रही हैं। भीतर-ही-भीतर वे आशा करते थे कि उन योजनाओं से उनका लाभ भी हो। चूँकि लाभ कम होता था इसलिए उनका उन पर विश्वास नहीं होता था। परन्तु जब किसी का लाभ होता था तो दूसरे मन-ही-मन बुरा मानते थे। उनमें से हरेक अपने को ही अधिकारी मानता।

रधिया मिसिराइन ने तो चारों ओर यह फैला दिया कि किसुनराम ने जमुना को छोड़ दिया है। वह ग्रामसेविका के भाई से फँस गई है। वह लौंडा देखने को ही छोटा है, गज भर का दिल है उसका। शहर से सब सीखकर आया है। जितना ही जो चुप्पा रहता है उतना ही वह बदमाश होता है। गोसाईं जी भी यही कह गए हैं, रधिया मिसिराइन ने रामायण में खुद पढ़ा है। रमैनी सहुआइन भी बहुत दुखी है ऐसी कुलक्षिणी बहू पाकर। सहुआइन देवी हैं देवी! वह कुछ नहीं बोलती तो यह मत समझो कि वह समझती भी नहीं कुछ। जो स्त्री महात्मा होती है वह अपने दुख को पी जाती है। सहुआइन भी रधिया मिसिराइन की तरह ही है। मिसिराइन भी शंकर महादेव की तरह बड़ा से बड़ा दुख पी जाती है। सहुआइन का दिल ही जानता है! बेचारी को भगवान सौ वर्ष तक जिलाएँ...पर जिसकी ऐसी आज़ाद बहू हो उसके जीवन का क्या ठिकाना? सब रोगों की जड़ तो चिन्ता है। आग की तरह शरीर को भस्म कर देती है समझो। सब कुछ मालूम है रधिया मिसिराइन को। जमाना बड़ा खराब आ रहा है। इस गाँव पर भारी विपत्ति पड़ने वाली है। काली मैया का कोप जागने वाला है।

एक दिन रधिया मिसिराइन जंगी अहीर के यहाँ गई। दोपहर का समय था। जंगी की स्त्री बिलरी आँगन में खाट पर लट खोले बैठी थी। पास ही कनिया भी थी जो अपनी माँ के लिए ब्लाऊज सी रही थी।

"मिसिराइन जी पाँव लगूँ।" बिलरी ने अपने सिर पर आँचल खींचते हुए खाट से उठकर कहा।

"जुग-जुग जिओ तुम दोनों माँ-बेटी। दूधो नहाओ पूतों फलो। सुना है चौधरी शहर गए हैं।" मिसिराइन जी खाट पर बैठ गई थीं।

"हाँ—पासी टोला के पास जो खेत है उसका मुकदमा है। कल आ जाएँगे। बिलरी नीचे जमीन पर ही बैठ गई।

मिसिराइन ने कनिया की ओर देखकर कहा, "तुम्हारी लड़की-लक्ष्मी है लक्ष्मी। उसके भाग्य में रानी बनना लिखा है...। बस एक कसर है।"

"क्या बात है मिसिराइन जी?" बिलरी ने चिन्तित स्वर में कहा।

"कोई खास बात नहीं...काली माई चाहेंगी तो ठीक हो जाएगा। तुम समझो जमाना बड़ा खराब आ गया है। हवा-बतास है।" फिर वह फुसफुसाहट भरे स्वर में बोली, "अरे बंसवारी वाली डोमिनिया है न, उसको मैंने आज इधर ही घूमते

हुए देखा है। सब ठीक कर दूँगी। वह बहुत तंग नहीं करती...बस एक-डेढ़ रुपये के चढ़ावा से खुश हो जाती है। तुम चिन्ता मत करो।...स्कूल ठीक चल रहा है?"

"सब आपकी किरिपा है।"

"कैसा पढ़ाती है सहुआइन की बहू?" मिसिराइन ने अर्थपूर्ण दृष्टि से देखकर पूछा।

"कनिया तो कहती है ठीक पढ़ाती है, हाँ, ग्रामसेविका बहिन की तरह नहीं है।"

"अरे वह क्या पढ़ाएगी? उसके खानदान में किसी ने पढ़ाया भी है? उससे अधिक तो तुम्हारी लड़की जानती है। सारा गाँव कह रहा है कि ग्रामलक्ष्मी तो कनिया को बनना चाहिए। स्कूल खोलने को तो तुम्हारे घर में हो खोल दिया और तनख्वाह—तलब देने का मौका आया तो दूसरे को दिलवा दिया।...अरे तुम सीधी हो, तुम क्या समझो? यह दुनिया बहुत चालाक है।"

"क्या बात है मिसिराइन जी?"

मिसिराइन ने कुछ उत्तर न देकर कनिया को सन्देहपूर्ण दृष्टि से देखा।

बिलरी ने कनिया से कहा, "जाओ बेटी, क्या यहाँ गर्मी में बैठी हो? जाओ जरा बाहर हवा-बतास खा आओ।"

कनिया मतलब समझ गई और गुस्से से झुनझुनाती हुई वहाँ से चली गई।

रधिया मिसिराइन ने हँसकर कहा, "तुम्हारी लड़की बड़ी होशियार है। इसके दिमाग को कोई क्या पाएगा? ऐसी सुशील और बुद्धिमान लड़की गाँव भर में नहीं है।" अचानक वह अपना स्वर धीमा करके बोली, "बात यह है कि इसमें मामला दूसरा है। मुझे खूब अच्छी तरह मालूम हैं, सरकार ने कनिया के लिए ही लिख कर भेजा था, पर इस ग्रामसेविका ने सब गड़बड़ कर दिया। इसको तुम सीधी न समझना। पढ़ना-लिखना तो में भी अच्छा समझती हूँ...पर यह कई घाटों का पानी पीकर आई है। इसका भाई भी छिपा गुण्डा है, देखने को ही छोटा है। उसको सहुआइन की बहू ने फाँस लिया है।...कहना मत किसी से, मैं तो सब पता लगा चुकी हूँ। किसुनराम बिगड़कर घर से भाग गया है। इसीलिए ग्रामसेविका ने मिलकर तनख्वाह सहुआइन की बहू को दिलवा दी है।"

बिलरी ने छाती पर हाथ रखकर रुआँसी आवाज़ में कहा, "तो मैं क्या जानूँ, ए मिसिराइन जी! मैं तो उन ग्रामसेविका बहिन को बहुत ही सीधी समझती थी। मैं क्या जानती थी कि भीतर-ही-भीतर यह काट हो रही है। कनिया को तो सभी कहते हैं कि वह बहुत होशियार है। उस दिन एक ज्योतिषी जी आए थे, इसका हाथ देखकर बोले कि यह तो साक्षात् गंगा मैया है, भगवती है, इसका ब्याह राजा के घर में होगा। रमैनी सहुआइन की बहू तो इसके बाद स्कूल में पढ़ने आई! जब यह बात

है तो मैं स्कूल थोड़े चलने दूँगी अपने यहाँ। बाबा रे! सहुआइन की बहू ने तो गज़ब कर दिया!"

"किसी से कहना मत। मैंने भी और किसी से नहीं कहा। तुमसे तो इसलिए कहा कि तुम गऊ की तरह सीधी-सादी हो...सोचा बताती चलूँ। अच्छा चलती हूँ।"

यह कह कर मिसिराइन उठ खड़ी हुई। बिलरी दौड़ी-दौड़ी रसोईघर में गई, वहाँ से एक थाली में चावल, दाल और आटा ले आई, जिनको मिसिराइन ने आँचल में अलग-अलग बाँध लिया। साथ ही बँसवारी की चुड़ैल को शान्त करने के लिए उसने एक रुपया भी दिया।

मिसिराइन के जाने के बाद कनिया अपनी माँ के पास आकर बैठ गई।

"अब तेरा पढ़ना-लिखना बन्द।" बिलरी ने गुस्से से कनिया को देखकर कहा।

"क्यों?" कनिया चौंक पड़ी।

"इसी तरह। अब बहुत हो चुका। जब तक मेरी इच्छा रही तू पढ़ती रही। अब यही समझ कि मेरी इच्छा नहीं है।"

"मैं नहीं छोड़ूँगी पढ़ाई। बाबू तो कहते हैं पढ़ने को...तेरा क्या जाता है?"

बिलरी ने उसकी बाँह खोदकर तरेरती हुई आँखों से देखते हुए धीमे स्वर में कहा, "अरे चुप्प हरामजादी! समझती भी तो कुछ नहीं यह। सरकार यह चाहती है कि तू ग्रामलक्ष्मी बन जाए और ग्रामसेविका बहिन जी ने दूसरे को बना दिया। इसके भीतर बड़ी-बड़ी बातें हैं...। मैं तो सीधी-सादी हूँ, मुझको ये लोग उल्लू बनाती है।" फिर जोर से बोली, "ए बेटी, जरा एक गिलास पानी तो पिलाना। मिसिराइन जी थीं तभी से बड़े जोर की प्यास लगी है!"

पानी देकर कनिया ने भुनभुन स्वर में कहा, "मुझे तेरी बात समझ में नहीं आती।"

"अरे तू जानती भी है, बुद्धू? सरकार तुझको इस गाँव में सबसे काबिल समझती है। सरकार ने लिखा था कि ग्रामलक्ष्मी का जो तलब है वह कनिया लड़की को मिलना चाहिए। रधिया मिसिराइन कागज अपनी आँखों से देख चुकी हैं। पर इन दोनों औरतों ने कागज दवा दिया—फाड़कर फेंक दिया समझो। ये सरकार को भी ढेंगा दिखा रही है समझो। अब मैं इन लोगों को अपने घर में घुसने थोड़े दूँगी? झाड़ू से बहारूँ इन लोगों को! सो अब तू चुप रह। अधिक गिटपिट करेगी तो दो हाथ दे दूँगी मुँह पर।"

ग्रामसेविका और जमुना के सम्बन्ध में अपमानजनक बातें सुनकर कनिया शर्म और क्षोभ से रोने लगी। वह दोनों की बड़ी इज्जत करती थी क्योंकि दोनों उसको बहुत प्यार करती थीं। उसके खिलाफ कनिया कोई लांछन की बात नहीं सुन सकती

थी। वह समझ गई कि रधिया मिसिराइन सब लहरा गई है। उसकी माँ गाँव की अन्य बहुत-सी औरतों की तरह मिसिराइन पर बहुत विश्वास करती थी परन्तु कनिया को उन पर जरा भी विश्वास नहीं। ग्रामसेविका दीदी ने बताया है कि भूत-प्रेत, चुड़ैल वगैरह कुछ भी नहीं। रधिया मिसिराइन की तो इसी से रोजी चलती है। जमुना भाभी की लड़की को तो उन्होंने करीब-करीब मार डाला था। वह तो दीदी ने बच्ची को बचाया था। वह सब जानती है। छीः छीः! कैसी बातें करती है अम्माँ। इसको जरा भी दिमाग नहीं। सोचकर ही कितनी शर्म लगती है! वह जान दे देगी पर ऐसी बातों पर विश्वास नहीं करेगी।

"रो-रोकर क्या नखरा फैलाने लगी रे? तू अपने बाप के सहारे जीतती है, पर समझ लेना मैं स्कूल चलने नहीं दूँगी अब। यह ब्रह्मा की लकीर समझना। मैं ऐसी-वैसी औरत नहीं हूँ। मैं अच्छी के लिए अच्छी हूँ और बुरी के लिए बुरी।"

कनिया वहाँ से उठकर चली गई। जिस माँ ने दमयन्ती और जमुना के खिलाफ ऐसी बातें कही है उससे वह नहीं बोलेगी। दमयन्ती विनय की बहिन है इसलिए वह नहीं चाहती कि दमयन्ती का दिल जरा भी दुखे! जब यह सब सुनेगा तो विनय को कितना दुख होगा? वह कनिया तथा उसके घरवालों को गँवार और असभ्य समझेगा। ऐसा प्रभाव वह विनय के दिमाग में नहीं उत्पन्न होने देना चाहती थी। स्कूल की वजह से वह कैसे उत्साह और उमंग में रहती थी? सवेरे उठते ही उसको स्कूल और विनय की याद आती थी। वह सोचती थी कि शायद आज विनय किसी कारण से उसके घर आए। शाम होते-होते वह निराश हो जाती थी, परन्तु सोते वक्त वह पुनः भविष्य के रंगीन सपने बुनती थी। स्कूल उसके जीवन का अंग बन चुका था। स्कूल के बिना वह कैसे जीवित रह सकेगी?

उसी दिन सचमुच बिलरी दमयन्ती और जमुना को जवाब दे दिया कि स्कूल अब उनके यहाँ नहीं चल सकेगा। बिलरी को सबसे अधिक क्रोध इसी बात का था कि उसने अपने यहाँ स्कूल चलने दिया, नीच जातियों की स्त्रियों और बच्चों को अपनी दालान में बैठने की इजाजत दी, कनिया को शुरू से ही स्कूल में पढ़ने दिया, परन्तु दमयन्ती ने उसको ग्रामलक्ष्मी नहीं बनाया था। दाल में जरूर कुछ काला है। इसी कारण से अन्य कारण भी महत्त्वपूर्ण हो गए थे।

दमयन्ती और जमुना आश्चर्य-स्तम्भित हो गईं। उन्होंने कारण पूछा तो बिलरी ने कुछ नहीं बताया। दमयन्ती ने उसको बहुत समझाया कि अगर उसके दिल में कोई ऐसी-वैसी बात हो तो वह निकाल दे। परन्तु बिलरी ने यही कहा कि उसकी मर्जी है। मर्जी जब तक रही उसके स्कूल को चलने दिया। अब मर्जी नहीं है। इस पर जमुना ने कहा कि कोई बात नहीं है, स्कूल अब उसकी दालान में लगा करेगा।

वे लोग चली गईं। कनिया उनके सामने नहीं आई थी। उसको लाज लग रही थी और वह कमरे में छिपकर रो रही थी। वह बार-बार यही सोच रही थी कि विनय उसके बारे में क्या सोचेगा? उसको ऐसा लग रहा था कि विनय, दमयन्ती, जमुना सभी को तथा उसके माँ-बाप को घृणा करने लगेंगे। वे उससे अब ठीक से नहीं बोलेंगे और उसके घर कभी नहीं आएँगे। उसकी जिन्दगी कैसे कटेगी? उसने सोचा था कि वह अधिक से अधिक पढ़कर विनय के योग्य बनेगी। उसको अभी क्या आता है? उसको ग्रामलक्ष्मी नहीं बनना। जमुना भाभी इससे बहुत अधिक जानती हैं। वे कितनी भली है? वह तो उनके पैरों की धूल के बराबर भी नहीं। वह तो अभी बच्ची है और उसकी उम्र सोलह वर्ष भी नहीं हुई।

अम्माँ हमेशा रुपये-पैसे की बात सोचती है। उसको विश्वास नहीं कि सरकार ने उसके लिए लिखा था।

कनिया दिनभर कमरे में चुपचाप पड़ी रही। उसकी माँ कुछ कहती भी तो वह जवाब नहीं देती। बिलरी समझ गई कि कनिया स्कूल बन्द होने से नाराज है। वह गुस्से के मारे बड़बड़ाती रही। पाल-पोस कर इतना बड़ा किया पर उसको तो पर लग गए हैं। बड़ी जवानी छाई है तो मैं ऐसी जवानी में आग लगा दूँगी। मैं वह माँ नहीं हूँ जो अपने बच्चों को सिर पर बिठाए रहती है। मैं तो जीभ खींझ लेती हूँ। हाँ...लड़की वही अच्छी लगती है जो एक बार कह देने पर समझ जाए। वह जितनी ढील देती है उतनी और कोई क्या देगी?

"चल रे, खाना खा ले।" रात में खाना तैयार होने पर बिलरी ने कनिया से कहा।

"मुझे भूख नहीं है...।" कनिया ने गम्भीर स्वर में उत्तर दिया।

"क्यों नहीं भूख है, रे! जरा मैं भी सुनूँ। मैं तेरे सब नखरे देख रही हूँ। सिर पर चढ़ाने का यह नतीजा है। तू समझती है कि इस तिरिया चरित्तर से तुझे स्कूल में भेज दूँगी? इस जन्म में तो नहीं होगा यह...चाहे तू खाना खा या मर।"

कुछ देर बाद बिलरी ने खाना ले आकर कनिया की खाट के नीचे रख कर ढक दिया। साथ में एक लोटा पानी भी था। परन्तु कनिया ने खाना की ओर देखा तक नहीं। वह देर तक न मालूम क्या-क्या सोचती रही। फिर वह सो गई। बिलरी को नींद नहीं आ रही थी। एक हल्की झपकी लेने के बाद वह हड़बड़ाकर उठी यह देखने कि कनिया ने खाया है या नहीं। थाली ज्यों की त्यों ढकी पड़ी थी और कनिया खर्राटें भर रही थी। बिलरी बहुत डरी। उसको याद आया कि क्रोध में उसने लड़की के लिए न मालूम कितनी भली-बुरी बातें कही थीं। उसने यह भी कहा था कि 'वह खाए या मर जाए।' माँ होकर उसको ऐसी कुभाषा मुँह से निकालनी चाहिए? उसने खाना भी नहीं खाया है, कहीं उसको कुछ हो-हवा गया तो...।

उसको रातभर नींद नहीं आई। वह अकारण अपने भाग्य को कोसने लगी। वही बहुत लुच्ची और अभागिन है। उसको काली मैया उठा लेती तो अच्छा होता। वह बहुत ही तुच्छ औरत है। अपनी निन्दा करके वह अपनी कुभाषा के कनिया पर आशंकित प्रभाव को शक्तिहीन करना चाहती थी। वह दो एक बार रोई भी।

दूसरे दिन सवेरे जंगी आया। उसको देखकर बिलरी झटकने-पटकने लगी, "सँभालो जी, अपनी लड़की को। बहुत सिर पर चढ़ाए रहते हो। कल दिन से ही रोना-पीटना मचाये है। खाती-पीती भी कुछ नहीं।"

"क्या बात है भाई? इस तरह क्यों गर्म हो रही हो?" जंगी ने मुस्कराते हुए कहा।

"मुझे मज़ाक अच्छा नहीं लगता जी...सो मैं कहे देती हूँ।"

"अरे सुनूँ भी कि क्या बात है?"

"बात क्या है? सरकार ने लिखा था कि तुम्हारी बेटी को ग्रामलक्ष्मी बना दिया जाए, पर उस ग्रामसेविका ने इधर-उधर करके यह नौकरी रमैनी सहुआइन की बहू को दिलवा दी। सारा गाँव कहता है कि तुम्हारी लड़की ग्रामसेविका से थोड़ा ही कम जानती है। पर वहाँ तो भीतर-ही-भीतर कुछ दूसरा ही छन रहा है।"

"क्या छन रहा है?" जंगी अब गम्भीर हो गया था।

बिलरी ने चारों ओर सशंकितदृष्टि से देखकर फुसफुसाहट भरे स्वर में अपने पति से कुछ बातें कहीं। फिर जोर से बोली, "इसीलिए मैंने साफ-साफ कह दिया कि हमारे घर में स्कूल नहीं चलेगा और हमारी लड़की भी नहीं पढ़ेगी।"

"हाय रे करम! तू ठहरी एक दम मूरख!" जंगी ने अपना माथा ठोककर कहा।

"हाँ, मैं तो मूरख हूँ ही। तभी तो गुलामी करती हूँ? फिर तुम ब्याह कर क्यों लाए थे? अगर ऐसी ही बात है तो मैं अपने नैहर चली जाती हूँ। भैया ने कई बार बुलाया भी है। हाँ, यह रोज का ताना-व्यंग्य तो नहीं रहेगा? मैं भी ऊब गई हूँ इस दुनिया से। भगवान मुझे मौत भी नहीं देता।" वह रोने लगी। उसकी रुलाई का कारण पति का ताना-व्यंग्य नहीं बल्कि अपनी पुत्री का उपवास था, जो अब तक नहीं टूटा था। उसको यह भी मलाल था कि कनिया ने उसका कहना न मानकर खाना नहीं खाया और गैरों के लिए वह जान देने पर तुली हुई है।

"अरे...तू समझने की कोशिश क्यों नहीं करती? अच्छा बता, ये बातें तुमसे किसने कही?" जंगी ने मृदु स्वर में पूछा।

"कही किसने? मुझे सब कुछ मालूम है।" बिलरी ने आँसू पोंछ लिए थे।

"तुझे कुछ नहीं मालूम। तू तो एकदम सीधी है, तुमसे जो कुछ कह दिया जाता है उस पर विश्वास कर लेती है। अच्छा कनिया की कसम। सच-सच बता कि किसने बताया यह सब?"

बिलरी झनक गई, "देखो जी, मुझको यह पसन्द नहीं। इसी भरोसे तुम जीतते हो। ले-देकर एक ही तो लड़की है आँखों में की पुतली। उसकी कसम धराते शर्म नहीं आती? भगवान मेरी बच्ची को सौ वर्ष की बूढ़ी करे। रधिया मिसिराइन आई थीं। वही सब कुछ पता लगा चुकी हैं।"

जंगी ने परेशानी-भरे स्वर में कहा, "इसीलिए कहता हूँ कि तू है गऊ—एकदम गऊ। तुझको कोई जैसा सिखा-पढ़ा देता है वही तू मान लेती है। बार-बार तुमसे कह चुका हूँ कि यह मिसिराइन बड़ी पाजी औरत है। मैं तो इसको बहुत दिनों से जानता हूँ। वह एक-दूसरे को लड़ाती रहती है। महात्मा जी तो जो है सो प्यार का मन्त्र पढ़ा गए हैं। मिसिराइन जैसी औरतों को नहीं पसन्द करते थे महात्मा जी। मिसिराइन तो दमयन्ती बिटिया से इसलिए जली हुई है कि वह झाड़-फूँक के खिलाफ डॉक्टर-वैद्य पर विश्वास करने को कहती है। बिटिया ने ही रमैनी सहुआइन की बहू मुन्नी को दवा देकर बचाया था। जो इतना अच्छा काम करेगा वह बुरा हो गया? मेरी तो दमयन्ती बिटिया से सब बातें हो चुकी है।"

"क्या हो चुकी है बातें?" बिलरी ने सन्देह-भरी दृष्टि से पति को देखा।

"गाँव जाने के पहले मैं शाम को स्कूल की ओर से जा रहा था जो दमयन्ती बिटिया ने मुझको अपने पास बुलाया। वह तेरी बहुत तारीफ कर रही थी। कहने लगीं कि बिलरी काकी तो देवी हैं देवी। ऐसी औरत चिराग लेकर ढूँढ़ने पर भी नहीं मिलेगी।" उसने बिलरी की ओर प्रशंसापूर्ण दृष्टि से देखकर कहा। तारीफ वाली बात उसकी काल्पनिक थी जो उसने बिलरी को खुश करने के लिए गढ़ी थी।

"चलो, बना रहे हो मुझको।"

"अरे एकदम सच है। चाहे जिसकी कसम खा ले।"

"तो क्या कह रही थीं?"

"यही कि बिलरी काकी देवी हैं। वह कहने लगीं कि अगर बिलरी काकी ने अपने घर में स्कूल चलने नहीं दिया होता तो यहाँ कोई भी काम नहीं हो पाता। इतना बड़ा त्याग कोई भी स्त्री नहीं कर सकती।"

बिलरी मन-ही-मन खुश होकर बोली, "मेरा दिल भी बड़ा पापी है। सारा गाँव कहता है कि मेरा हाथ बड़ा खुला है। अभी उस दिन कमलिया की माई कह रही थी कि 'भौजी, तुम्हारा जैसा दिल है वैसे किसी का क्या होगा? कोई भी चीज़ तुम्हारे यहाँ से माँगती हूँ तो तुम जरूरत से अधिक दे देती हो। और लोग तो इस तरह हाथ सिकोड़कर देती हैं कि क्या कहे?' साधुओं-भिखमंगों पर भी मुझे बहुत दया आती है। खिलाने-पिलाने में भी मेरा यही हाल है। यहाँ जो खाकर गया है वह अब तक याद करता है। मुझे अफसोस है कि ग्रामसेविका बिटिया को मैंने हाथ से कुछ बनाकर नहीं खिलाया। बेचारी इतनी तो मेहनत करती हैं, क्या बना पाती होंगी खाना?"

"और भी बहुत सी बातें मालूम हुईं," जंगी ने कहा, "यह प्रधान जो है न, वह बड़ा पाजी है। वह ग्रामसेविका बिटिया को भी तंग कर रहा है। तुम तो जानती ही हो कि शरीफ घरों की बहू-बेटियों पर इसकी बुरी नजर रहती है? उसको जलन यह है कि ग्रामसेविका उसके कहने पर क्यों नहीं चलती? रधिया मिसिराइन उसी की चेली है। वह उसके हाथ पर एकाध रुपये टिका देता है और मिसिराइन तोते की तरह वही पढ़ती है जो प्रधान सिखाता है। गलती हमी लोगों की है। जब हम लोग गाँव सभा के मामलों में जरा भी दिलचस्पी नहीं लेंगे तो ऐसे लम्पट लोग आएँगे ही। महात्मा जी भी गाँव-सभा और पंचायत राज चाहते थे। पंचायत राज का मतलब गरीब जनता का राज। हम सबको मिल-जुलकर काम करना चाहिए और प्रधान के अन्याय का मुकाबला करना चाहिए। प्रधान तो पंचायत और गाँव सभा को अपनी जेब में लिये फिरता है। अगले चुनाव में हमें कोशिश यही करनी चाहिए कि इस प्रधान जैसा स्वार्थी और अन्यायी आदमी प्रधान बनने ही न पाए। महात्मा जी का यही सन्देश है।"

"हे काली मैया! हे गंगा भवानी! तुमने मुझसे यह क्या करा दिया? देवी की तरह ग्रामसेविका बिटिया को मैंने भला-बुरा कहा। मुझे कोढ़ पड़े! मुझ पर फाजिल गिरे।" बिलरी माथा ठोककर बक-बक करने लगी।

कनिया छिपकर बातें सुन रही थी। वह मन-ही-मन बहुत खुश हो रही थी, यद्यपि रात भर के उपवास के कारण वह दुर्बलता महसूस कर रही थी। वह शुरू से ही जानती थी कि रधिया मिसिराइन बहुत दुष्ट है। दूसरों की बुराई करने में पता नहीं उसको क्या मजा आता है? उसके बाबू कितने भले हैं? वे हमेशा सोच-समझकर काम करते है। किसी का बुरा वह सोच नहीं सकते। उसकी अम्माँ भी बहुत सीधी हैं...बस कान की कच्ची हैं जरा। अब फिर बड़ा अच्छा लगेगा। इस बार वह स्कूल में कुर्ता काटना और सिलना सीखेगी। फिर बाबू के लिए कुर्ता सिलेगी। कुर्ता पहनकर बाबू कितना खुश होंगे? लेकिन वह प्रधान ग्रामसेविका दीदी को क्यों परेशान करता है? इस समय वह मिलता तो उसका वह मुँह नोच लेती।

उसी दिन जंगी ने जाकर दमयन्ती से कह दिया कि स्त्रियों का स्कूल उसी की दालान में चलेगा, और किसी के यहाँ नहीं।

[18]

कनिया बहुत खुश थी। वह आज प्रथम बार दमयन्ती के घर आई थी। होली बीत चुकी थी। दमयन्ती ने बच्चों के स्कूल का वार्षिक जलसा करने का निश्चय किया था। बी.डी.ओ. साहब की भी यही राय थी। जलसा से गाँव के लोग भी समझ

जाएँगे कि स्कूल कोई मजाक नहीं। इससे उनको प्रोत्साहन मिलेगा और अगले वर्ष और बच्चे स्कूल में भेजे जाएँगे।

जलसे के दो दिन पूर्व से ही तैयारी शुरू हो गई थी। दमयन्ती ने जमुना के अलावा कनिया को भी बुला लिया था। ब्लाक से बनियान और जाँघिये आए थे। खेल-कूद होंगे और लड़कों को इनाम दिए जाएँगे। आलू-दौड़ और कुर्सी-दौड़ भी होगी। बच्चों की प्रदर्शनी भी होने वाली थी जिसमें दो वर्ष तक साफ और स्वस्थ बच्चों को इनाम दिए जाने वाले थे। फिर बच्चों के लिए मिठाइयों का भी इन्तजाम था। सभी सामान आ गए थे, उनको गिन-गिन कर कापी में हिसाब लिखना था।

दोपहर का समय था। जमुना कुछ देर के लिए आकर चली गई थी। कमरे में कनिया कागज़ की रंग-बिरंगी झंडियाँ काट रही थी। जिस चारपाई पर वह बैठी थी उसके सामने वाली चारपाई पर विनय बैठा था। यह भी इस कार्य में सहयोग दे रहा था। दमयन्ती भीतर के ओसारे को गोबर और पीली मिट्टी से लीप रही थी। शाम को आँगन को भी लीपेगी। वह अपने घर को खूब साफ-सुथरा रखना चाहती है। कनिया ने दमयन्ती से कहा था कि वह सब लीप देगी, परन्तु दमयन्ती ने उसको स्नेहपूर्वक डाँटकर कहा था कि वह उसके घर में आई है, क्या उसके लिए यही काम रह गया है? वह और विनय मिलकर झंडियाँ तैयार कर लें। फिर आलू छाँट-छाँट कर रखना है। आलू ऐसे चिपटे होने चाहिए कि चम्मच में ठीक बैठ जाएँ। मिठाइयों को भी चार-चार का एक-एक दोना बनाकर रखना है।

कनिया का दिल तेजी से धड़क रहा था। यह पहला अवसर था जब वह विनय के इतने नजदीक बैठी थी। भीतर से दरवाजा बन्द था। विनय ने पीला और हरा रंग ले लिया था। कनिया लाल और बैगनी रंग के कागज काट रही थी। वह सिर नीचे गड़ाये हुए थी और विनय को एक बार भी नहीं देख रही थी। कोई खटका होने पर वह सिर उठाना चाहती, परन्तु उसकी गर्दन जैसे अकड़ जाती। उसका मुँह तमतमा जाता। विनय भी पता नहीं कैसा चुप्पा है! ऐसी भी आदत ठीक थोड़े होती है? ठीक लड़कियों की आदत! वह न मालूम कैसे क्षोभ का अनुभव करने लगी।

"मेरे तो कागज खत्म हो गए। कुछ और कागज दो।" विनय संकोचपूर्वक बोला।

खुशी और आशंका से कनिया के हृदय की गति तेज हो गई। उसने सिर उठाकर विनय की ओर मुस्कराकर देखा। उसका मुँह लाल हो गया था। उसका सारा शरीर पसीना-पसीना हो गया था। वह कुछ कहना चाहती थी परन्तु उसके मुँह से कोई आवाज न निकली। उसने कुछ कागज उठाकर उसकी ओर बढ़ा दिए।

कागज़ लेते हुए विनय ने कहा, "मेरी झंडियाँ ठीक नहीं बनी हैं। तुम्हारी झंडियाँ बहुत अच्छी हैं।"

"नहीं तो...मेरी ही झंडियाँ बहुत खराब हैं।" कनिया का दिल इतनी तेज़ से धड़कने लगा कि उसको महसूस हुआ कि वह रोने लगेगी।

"इतनी झंडियाँ कम तो नहीं पड़ जाएँगी?"

"नहीं।"

"कम होंगी तो मैं रायगढ़ से कागज लाऊँगा। सारे घर को सजाएँगे। बड़ा अच्छा लगेगा, क्यों?" विनय ने उत्साहपूर्वक कहा।

"आँगन को भी?" कनिया में भी अब साहस उत्पन्न हो गया था।

"क्यों नहीं?" विनय ने उसकी ओर उत्सुकतापूर्वक देखा।

"तब तो बड़ा अच्छा लगेगा।" कनिया ने धीरे से कहा और उसकी ओर मुस्कराकर देखने के बाद इस तरह अपने काम में व्यस्त हो गई, जैसे विनय की बात में उसको खास दिलचस्पी नहीं।

विनय फिर झंडियाँ काटने लगा। कनिया कृतज्ञता का अनुभव कर रही थी विनय के प्रति। अगर वह न बोलता तो कनिया भी कभी भी नहीं बोलती उससे साथ ही वह अपनी आदत की निन्दा भी कर रही थी। उसकी इसी चुप्प आदत पर उसकी माँ नाराज रहती हैं। घर में कनिया किसी से अधिक थोड़े बोलती है? अम्माँ कहती है—ऐसी आदत रहेगी तो बेटी ससुराल में कैसे खपेगी? कनिया को मन-ही-मन बहुत हँसी आती है। अम्माँ के भी मुँह में कोई लगाम नहीं, जो तबीयत में आता है, बकझक देती हैं। पर उनका दिल खराब नहीं। वह इस बार अम्माँ के पैर पड़कर कहेगी कि वह कनिया को कहीं नहीं भेजे, वह ग्रामसेविका दीदी के साथ रहकर काम करेगी। ग्रामसेविका दीदी के साथ रहकर उसकी जिन्दगी भी सुधर जाएगी। दीदी को वह कोई काम करने नहीं देगी। वह कितनी मेहनत करती है? वह कहेगी—इतना काम करती हो, घर के किसी काम में हाथ न लगाती। रात में सिर पर तेल रख देगी। बेचारी कितनी थकी रहती है! साथ ही वह मेहनत करके खूब पढ़-लिख जाएगी। तब विनय से उसको इतनी लाज नहीं लगेगी।

उसकी झंडियाँ खत्म हो गईं तो उसकी कल्पना के पाँव रुके। उसने विनय की ओर शर्माते हुए देखा। वह सिर झुकाये अपने काम में खो गया था। कितना भोला-भाला लगता है? विनय उसकी दृष्टि का दबाव महसूस कर उसकी ओर देखा। कनिया का चेहरा फिर तमतमा गया। वह नासमझ की तरह मुस्कराने लगी। विनय भी उसी तरह मुस्कराने लगा।

"तुम्हारा काम खत्म हो गया?" विनय ने पूछा।

"हाँ।"

"तो आराम करो।"

"मुझे आराम अच्छा नहीं लगता। अपने में से कुछ कागज दो।"

"नहीं...अब मैं काटूँगा। खत्म होने ही वाला है।" विनय हँस पड़ा।

"सिर्फ एक कागज। वह लाल वाला।" कनिया ने आग्रह किया।

विनय के दिल में कुतूहल का भाव जागा। यह कितनी अच्छी है! हर बात का ढंग इसको मालूम है। कायदे से बैठी है और कायदे से काम कर रही है। अधिक बोलती नहीं। हर बात पर शर्माती है। काम भी वह चुपचाप और उत्साह से कर रही है। हाथ इसके कितने अच्छे हैं! लेकिन अब यह थक गई होगी, तभी से बैठी है...!

"रहने दो...अभी और काम करना है। थक जाओगी।" विनय धीरे से बोला।

"मैं नहीं थकती-वकती...।" कनिया का मुँह शर्म से लाल हो गया। उससे आगे कुछ नहीं बोला गया बल्कि वह फौरन उठकर यहाँ से ओसारे में दमयन्ती के पास चली गई। परन्तु बाद में वह अफसोस करने लगी कि वह क्यों वहाँ से उठकर चली आई। उसको बात करने का ढंग नहीं मालूम। उसको नहीं मालूम था कि विनय उसका इतना ख्याल रखता है। क्या वह सचमुच उसके बारे में सोचता है? उसकी बोली कैसी अच्छी लगती है? एकदम मर्द की तरह बोलता है। मोटी आवाज लेकिन मीठी। मर्द तो यह हो ही गया। यह सोचकर पता नहीं वह कैसी लज्जा से गड़ गई। वह अब विनय के सामने नहीं जाएगी। वह कैसे उसकी ओर देखेगी?

"हटो दीदी, अब मुझे लीपने दो।" कनिया ने दमयन्ती से कहा।

"तुम दूसरा काम कर डालो, बहिन।" दमयन्ती ने कहा, "कमरे में अलमारी की ओर मिठाइयाँ रखी हुई हैं। पास ही दोने हैं। एक-एक दोना में चार मिठाइयाँ सजाकर रखती जाओ। रसोईघर में परात है, ले लो। कल सवेरे ही सब कुछ होगा, समय नहीं है। आज शाम तक सब काम खत्म कर देना है। जमुना बहिन भी थोड़ी देर में आएगी। मैंने यह काम उठाया है तो उसको खत्म कर लूँ। कल बी.डी.ओ. साहब और ए.डी.ओ. महिला आएँगे। एक या दो आदमी और होंगे। उनका भोजन भी यहीं है। मैं रसोईघर भी लीपूँगी।"

कनिया फिर भीतर चली गई। उसने विनय की ओर देखा भी नहीं, जब कि विनय ने सिर उठाकर आश्चर्य से उसकी ओर दृष्टिपात किया। वह मिठाई की हड़ियों को अँधेरे से उठा-उठा कर दरवाजे के पास उजाले में ले आई। बाद में खँचोली में रखे पलाश के पत्तों के दोने भी। अन्त में रसोईघर से परात ले आकर वह दोने लगाने बैठ गई।

"मैं भी आ रहा हूँ। झंडियाँ मेरी कट गईं।"

विनय इतना कहने के बाद पास आकर बैठ गया। परन्तु कनिया कुछ नहीं बोली। वह अपने से बहुत नाराज थी। वह भी न मालूम क्या-क्या सोच जाती है! वह पागल तो नहीं हो जाएगी? उसने यह क्यों सोचा था कि विनय मर्द हो गया

है? कैसी शर्म लगती है इस बात से? वह विनय से अब नहीं बोलेगी। अब वह यहाँ आएगी भी नहीं।

"तुम दोने में मिठाई लगाकर देती जाओ और मैं परात में रखता जाऊँ।" विनय ने कहा।

परन्तु कनिया का सिर ऊपर नहीं उठा। उसके मुँह से आवाज भी नहीं निकली। वह होश में नहीं थी। वह अपने शरीर में ही सिकुड़ गई थी जैसे उसका शरीर, शरीर नहीं बल्कि लाल-लाल रंग हो जो फैल गया है। अब उससे कुछ सोचा नहीं जा रहा था। पसीना और गर्मी के अलावा वह कुछ भी महसूस नहीं कर रही थी।

वह एक दोना में चार भिन्न-भिन्न किस्म की मिठाइयाँ रखती और फिर दोना विनय की ओर बढ़ा देती। परन्तु विनय की ओर वह नहीं देखती। विनय उसको अचम्भे से देख रहा था। क्या कनिया नाराज़ है? वह कुछ बोलती भी तो नहीं। उससे कोई गलती तो नहीं हुई? वह कनिया को नाराज नहीं करना चाहता था। इस गाँव में विनय का कोई संगी-साथी नहीं था। चाहे मर्द हो या स्त्री, उम्र का समान उम्र की ओर बहुत आकर्षण होता है। कनिया के साथ काम करके विनय को मैत्री का सुख मिल रहा था। कनिय का स्वभाव उसको बहुत अच्छा लग रहा था। वह मन-ही-मन बहुत ही खुश और उत्साहित था! ऐसी खुशी उसने गाँव में आकर कभी नहीं महसूस की थी। उसकी इच्छा हो रही थी कि वह कनिया से बातचीत करे, उसको चिढ़ाये। परन्तु वह तो कुछ बोल ही नहीं रही थी।

कभी-कभी उन दोनों का हाथ छू जाता। कनिया का सारा शरीर झनझना उठता। उसकी साँस गले में अटकने लगतीं। वह हाथ जल्दी ही खींच लेता। वह सोचती कि अगर मिठाइयाँ इतनी न होतीं तो वह छोड़कर यहाँ से भाग जातीं। यहाँ कोई काम करने वाला भी तो नहीं...सब दीदी को करना पड़ेगा। अगर जमुना भाभी आ जाएँगी तो वह उठकर चली जाएगी। पता नहीं कब काम खत्म होगा।

"तुम आकर परात में लगाओ। मैं मिठाइयाँ दोने में रखता हूँ। तुम थक गई हो।"

फिर वही थकने की बात! कनिया कुछ झनककर बोली, "मुझे यह बात अच्छी नहीं लगती...।"

"क्या?" विनय ने अचम्भे से पूछा।

कनिया ने कोई जवाब नहीं दिया। विनय हतप्रभ हो गया। उसका मुँह उतर गया। वह चुपचाप अपने सामने देखने लगा। कनिया ने उड़ती-दृष्टि से विनय को देखा और उसका अन्तर न मालूम कैसी पीड़ा से भर उठा। अपनी शर्म को छिपाने के लिए ही उसने विनय के साथ रुखाई का व्यवहार किया था। अब वह पश्चाताप कर रही थी। विनय के दिल को चोट पहुँचाकर वह कितनी दुखित हो गई थी। पता

नहीं विनय क्या सोच रहा होगा? वह उसको असभ्य और गँवार समझ रहा होगा। वह अब उससे कभी नहीं बोलेगा। कनिया बहुत घबरा गई।

उस दिन घर जाकर कनिया कमरे में छिपकर बहुत रोई।

[19]

सूरज निकलते ही जीप में बैठकर बी.डी.ओ. श्री अनिलकुमार, ए.डी.ओ. महिला श्रीमती सावित्री तथा दो अन्य व्यक्ति गाँव में पहुँच गए। अँधेरे में ही उठकर दमयन्ती और विनय ने सारे घर को झंडियों से सजा दिया था। बाहर दो चौकियाँ बिछा दी गई थीं। रामगढ़ से कुछ कुर्सियाँ मँगाई गईं। इस बाहरी इन्तजाम तथा दौड़-धूप में जंगी अहीर ने बड़ा काम किया था। वह दो नौजवानों को लेकर दमयन्ती के दरवाजे पर डटा रहा।

जीप के पीछे गाँव के बहुत से लड़के दमयन्ती के दरवाजे पर पहुँच गए। जो स्कूल में पढ़ते थे। उनमें से कुछ जीप के आगे-आगे रास्ता दिखाने के ख्याल से चल रहे थे। वे उन लड़कों को डाँटते भी थे जो स्कूल में नहीं पढ़ते थे और ऐसे लड़के उससे प्रभावित भी थे। धीरे-धीरे भीड़ इकट्ठी होने लगी। चौकियों के सामने टाट और कुछ दरियाँ बिछा दी गई थीं। दमयन्ती खुद सबके घर घूमकर कह आई थी। जीप देखते ही लड़कों ने शोर मचाना शुरू किया था। 'आज मिठाई मिलेगी...आज मिठाई मिलेगी।' वे जिद्द करके जल्दी ही अपनी माँओं के साथ आए थे।

गाँव के लोगों में बड़ा कौतूहल था। बच्चों के लिए गाँव में ऐसा खेल-कूद और तमाशा कभी नहीं हुआ था। खास तरह से मिठाइयों और इनाम में सब की दिलचस्पी थी। सभी माँएँ चाहती थीं कि उनके ही बच्चों को इनाम मिले। उनका विश्वास भी ऐसा ही था। जंगी, विनय और कनिया सबको बिठा रहे थे। स्कूल में पढ़ने वाली कुछ औरतें भी साथ में थीं।

परात की मिठाइयों तथा अन्य इनाम के समानों को देखकर कुछ लड़के अपनी माँओं के पास से उठकर चौकी के पास आकर खड़े हो गए। वे शोर मचाने लगे। कुछ खुशी में मार-पीट भी करने लगे। जो बड़े थे, वे अपने से छोटों को समझा रहे थे, "अभी नहीं मिलेगी मिठाई रे।" परन्तु उत्तर मिलता "मिलेगी, मिलेगी।" देखादेखी कुछ अधेड़ औरतें तथा मर्द भी चौकी के पास आकर खड़े हो गए, जैसे वे सभी चीजें अपनी आँखों से देखकर ही विश्वास करना चाहते हों। कुछ लड़के वापस लौटकर अपनी माँओं से कह रहे थे, "अरे, बड़ा सामान आया है रे।"

कुछ देर बाद प्रधान भी आ गए। महादेव सेठ भी आए थे। वे लोग चौकी पर बी.डी.ओ. के साथ बैठे थे। प्रधानजी खद्दर की धोती, कुर्ता और टोपी पहने थे।

वे शराफत तथा सभ्यता के साथ मुस्करा रहे थे। भीड़ में रधिया मिसिराइन भी बैठी थी। उसको विश्वास नहीं था कि लड़कों को मिठाई और इनाम मिलेगा। उसने कह रखा था 'यह भी उस छोकरी का नखरा है। नखरा फैलाना तो कोई उससे सीखे। जब से उसने जमुना को ग्रामलक्ष्मी बनाया है, सरकार उससे खुश थोड़े हैं?' वह खुद अपनी आँखों से देखकर हर बात पर विश्वास करना चाहती है।

कार्यक्रम शुरू हुआ। दमयन्ती ने संक्षेप में एक लिखित रिपोर्ट पढ़ी इसके बाद बी.डी.ओ. का भाषण हुआ। उन्होंने पहले खुशी प्रकट की कि ग्रामसेविका दमयन्ती के परिश्रम और लगन तथा गाँव वालों के सहयोग से यह कार्य सम्पन्न हो रहा है। आजादी के बाद गाँवों में आज एक नई हवा बह रही है। एक नई रोशनी से सदियों के अन्धकार को दूर करने की कोशिश की जा रही है। गाँवों में एक नई क्रान्ति हो रही है। इस क्रान्ति में हरेक को भाग लेना है। जब तक हमारे गाँव की गरीबी दूर नहीं होगी हमारा देश मजबूत और खुशहाल नहीं हो सकता। यह गरीबी तभी दूर होगी जब ग्रामीण अपने खेतों में खूब मेहनत करेंगे...नए और वैज्ञानिक ढंग पर खेती करेंगे। इसके लिए जरूरी है कि उनके बच्चे पढ़ें, उनकी स्त्रियाँ पढ़ें, हर चीज को समझने के लिए शिक्षा बहुत जरूरी है।...बी.डी.ओ. साहब अपने भाषण के प्रभाव को देखकर स्वयं इतने उत्साहित हो गए कि उनका भाषण लम्बा खिंच गया। लोगों को तो खेल-कूद देखने की उतावली हो रही थी। लड़के भी धैर्यपूर्वक प्रतीक्षा कर रहे थे। अब वे शोर मचाने लगे। बी.डी.ओ. फौरन समझ गए कि लम्बी स्पीच देने का यह समय नहीं है और उन्होंने धन्यवाद देकर समाप्त किया।

पहले कुर्सी दौड़ की घोषणा की गई। दमयन्ती और ए.डी.ओ. महिला खड़ी हो गई। उनकी देखादेखी नीचे बैठे हुए सभी स्त्री-पुरुष और बच्चे खड़े हो गए। "बैठ जाइए, खेल बैठकर देखिए—अफसर लोग आए हैं उनका भी ख्याल कीजिए," जंगी घूम-घूमकर लोगों को समझा रहा था।

"आप लोग बैठकर देखिए," दमयन्ती ने भी कहा, "उधर मैदान की ओर मुँह कर लीजिए। आठ से बारह वर्ष तक के लड़के सामने आ जाएँ। सामने जो गोलाई बनी हुई है उस पर वे दौड़ेगे और सीटी बजने पर फुर्ती से झपटकर गोलाई के अन्दर रखी हुई कुर्सियों पर बैठेंगे। जिस-जिस को कुर्सी नहीं मिलेगी उनको हटना पड़ेगा। इस तरह लड़के निकलते जाएँगे। बाद में जो दो लड़के बच रहेंगे उनको इनाम मिलेगा...।"

लड़के भीड़ में से निकलकर बाहर हो गए। जो भोंदू और शर्मीले थे उनको उनकी माँओं ने ठेलकर भेजा। सभी के मुँह पर हँसी थी। देखो अब क्या होता है! जाओ, सभी लड़के जाओ, सबको मिठाई और लेमनजूस मिलेगा। भुलई पासी की औरत झुनरी अपने पन्द्रह वर्ष के लड़के मुलवा को ठेलकर भेज रही थी। लड़का शरमा रहा था क्योंकि उसकी मसें भींग रही थीं। झुनरी कह रही थी, "तू कहाँ का

मर्द हो गया? लड़के-लड़के में फर्क नहीं होता है क्या? कोई लम्बा होता है, कोई नाटा होता है। तू लम्बा कहा जाएगा, मर्द थोड़े कहा जाएगा? देखता नहीं, कनिया के बाबू तुमसे भी छोटे है...उनको कोई बच्चा तो नहीं कहेगा?"

झुनरी की बात सुनकर बहुत से लोग हँस पड़े। जंगी पास ही खड़ा था। उसने मूँछों में मुस्कराकर कहा, "मैं न मर्द हूँ और न बच्चा। मैं तो बूढ़ा हुआ।"

इस पर बहुत हँसी आई। भीड़ में से दो-तीन नौजवानों की आवाज आई, "जंगी काका, तुम भी दौड़ो।" कुछ औरतें नीचे सिर कर ही-ही हँसने लगीं। बुढ़वा मीठे-मीठे काटता है। परन्तु झुमरी ने मुलवा को ठेलकर बाहर कर दिया जो कुछ नौजवानों के ललकारने पर पाँत में जाकर खड़ा हो गया। वह बेहद शरमा रहा था और गर्दन उचका-उचकाकर इधर-उधर देख रहा था। दमयन्ती ने समझाया, "भैया, तुम बड़े हो...देख रहे हो न? यह छोटे-छोटे बच्चों का खेल है।" मुलवा को वापस आना पड़ा। उसका मुँह शरम से तमतमा आया था। वह भद्दे ढंग से हँस रहा था। भीड़ में लोग हँसने लगे। किसी नौजवान ने चिल्लाकर कहा, "किस तरह गिद्ध की तरह थाह-थाह कर चल रहा है।" झुनरी बिगड़ गई, "कौन है रे, जो मेरे लड़के को गिद्ध बना रहा है? सामने आए तो इसका मुँह झौंस दूँ। बहिन जी भी बहुत अन्याय करती हैं, बारह-तेरह वर्ष के लड़के को मर्द बना रही हैं।"

दमयन्ती के सीटी बजाने पर खेल शुरू हो गया तो सारी भीड़ खड़ी हो गई। पहले सभी के मुँह पर कौतूहल का भाव था, परन्तु सीटी बजाने पर जब लड़के कुर्सियों पर बैठ गए और कुर्सियों की कमी की वजह से चारों ओर घूमकर खड़े हो गए तो सबकी समझ में पूरी तरह आ गया। बड़ी जोर की हँसी हुई। नौजवानों ने ताली पीट दी। जंगी भी जोर से हँस पड़ा, परन्तु फौरन ही उसने अपने को सँभाल लिया और आगे लपककर लोगों से कहा, "शान्त रहिए...बैठ जाइए, मैं कहता हूँ।" कुछ लोग बैठ गए परन्तु और लोगों को खड़े देखकर पुनः खड़े हो गए। जब अनत में बच रहे दो लड़कों के बीच एक कुर्सी रखकर प्रथम और द्वितीय स्थान के लिए प्रतियोगिता आरम्भ हुई तो एकदम शान्ति छा गई। सीटी बजते ही दोनों लड़के शिकारी कुत्तों की तरह लपके। परन्तु नन्दू माली का लड़का जीतू बहुत फुर्तीबाज था। वह पहले लपककर कुर्सी के तीन-चौथाई हिस्से पर बैठ गया तब कहीं जाकर कन्हाई यादव का लड़का मंगल पहुँचा। मंगल एक चौथाई हिस्से पर बैठकर नन्दू को धकियाने लगा और दमयन्ती को देखकर कहने लगा, 'पहले मैं आया हूँ जी।' दमयन्ती हँसने लगी। सावित्री देवी ने भी मुस्की काटी। सारी भीड़ में जोर से शोर मचा और लोगों ने खुश होकर ताली पीटी।

परन्तु मंगल की माँ भीड़ में से बिगड़ रही थी। वह कह रही थी कि बहिन जी ने साफ बेमंटी कर दी है। उसने अपनी आँखों से देखा कि मंगल पहले बैठ गया था। क्या वह झूठ बोलेगी? ऐसी औरत नहीं है वह। उसकी बात सुनकर कन्हाई

यादव, जो पास ही खड़ा था, दार्शनिक की तरह मुँह लटकाकर गम्भीरतापूर्वक सोचने लगा। किसी शरारती नौजवान ने भीड़ में से कहा, ''काकी, धीरे-धीरे बोली, नहीं तो बी.डी.ओ. साहब नाम लिखकर सरकार से रपट कर देंगे।'' मंगल की माँ उस नौजवान को ललकारने लगी, ''कौन है रे मुँहझौंसा! सामने आ तो बताती हूँ। गाली देता है? यह मत समझना कि रँगरेजी नहीं जानती हूँ तो कुछ समझती भी नहीं। बी.डी.ओ. का ऐसा मुँह है?''

चम्मच-दौड़ में भी बड़ा मजा आया। लड़कों को दाँत में चम्मच पकड़ने ही नहीं आता था, दमयन्ती ने पकड़कर बताया। जोरों की हँसी मची। रधिया मिसिराइन को बड़ा बुरा लगा। उसने कहा, ''छोकरी लाज-हया घोलकर पी गई है।'' कोई बोल उठा, ''मिसिराइन को भी चम्मच में आलू देकर दौड़ाओ।'' फिर हँसी हुई। मिसिराइन दौड़ेगी तो कैसा लगेगा? एकदम कठघोड़ी की तरह! नामदेव पांडेय का लड़का बसन्त चम्मच दौड़ में प्रथम, देवी यादव का लड़का भीमन द्वितीय तथा रघुआ चमार का लड़का चन्नर तीसरा आया।

इसके बाद शिशु प्रदर्शनी हुई। सबके आश्चर्य का ठिकाना न रहा। जंगी का मुँह तो सहास्य कौतूहल से जो फैला तो फैला ही रह गया। एक से दो वर्ष तक के लड़के चौकी पर मँगवाए गए। जिसका लड़का तन्दुरुस्त, साफ-सुथरा और होशियार होगा उसको इनाम मिलेगा। काफी बच्चे इकट्ठे हो गए चौकी पर। कुछ रोने लगे। ब्लाक के दफ़्तर से वजन लेने की मशीन आई थी। कोई मसखरा पूछ रहा था, ''इतने बच्चे गाँव में कब पैदा हुए?'' किसी का जवाब आया ''गाँव तरक्की कर रहा है!'' गर्जन पासी का लड़का चेंगन प्रथम, रघुवीर यादव का लड़का मनजीत द्वितीय तथा चीखुरी यादव का लड़का छोटकन तीसरा आया।

कनिया जब तक खेल होते रहे बरामदे में खड़ी रही। विनय नीचे था। वह भी इस तरह खड़ा था कि उसका मुँह करीब-करीब कनिया की ओर ही था। वह बार-बार कनिया की ओर देखता। कनिया का ध्यान भी उसी ओर ही था। वह एकाग्रता से विनय की दृष्टि की प्रतीक्षा करती थी। आँखें मिलते ही वे मुस्कराते थे, जिसे खेल-कूद के आनन्द से अधिक एक-दूसरे को समझने के भाव थे। वह मुस्कराहट स्वतः लुप्त भी हो जाती थी।

खेल खत्म होने पर विनय किसी काम से भीतर गया। परन्तु वह जल्दी न आया तो कनिया को अचम्भा हुआ। वह भी भीतर चली गई। विनय कमरे की खाटों को निकालकर भीतर ओसारे में बिछा रहा था। कनिया पास पहुँचकर ठिठक गई।

''हटो...मैं बिछा देती हूँ।'' कनिया बोली।

''अब तो हो ही गया।'' विनय सिर नीचे किए हुए बोला।

''नहीं-नहीं। तुम भीतर से मेज-कुर्सी लाओ।''

विनय ने सिर उठाकर अचम्भा से उसकी ओर देखा। कनिया के स्वर में अधिकार का भाव था। उसका चेहरा गम्भीर था।

"तुम तो कल नाराज़ थीं न?" विनय ने पूछा।

"किस पर?" कनिया के चेहरे का रंग उड़ गया।

"मुझ पर।"

"मैं किसी पर नाराज-वराज़ नहीं होती।" कनिया के चेहरे पर सहसा रुदन की रेखाएँ सिमट आईं और उसकी आँखों से टप-टप आँसू गिरने लगे।

[20]

दमयन्ती को बड़ा दुख हुआ था। जब तक जलसा होता रहा, वह बार-बार देखती रही थी कि भीड़ में कहीं लखना तो नहीं है। परन्तु वह कहीं नज़र नहीं आया। क्या हरचरण इतना निर्दयी है? वह कौन पिता होगा जो अपने लड़के को ऐसे जलसे में आने से रोक देगा?

दमयन्ती का जी न माना। बी.डी.ओ. इत्यादि खा-पीकर दोपहर ही में चले गए थे। दमयन्ती ने थोड़ा आराम किया और तीसरे पहर घर से बाहर निकल गई। लखना के लिए उसने कुछ मिठाइयाँ बचा रखी थीं, उनको एक कागज में बाँध लिया। पहले उसने सोचा था कि किसी के हाथ वह मिठाइयाँ भेजवा देगी लखना के पास, लेकिन वह खुद बच्चों की तरह मचल गई थी! वह स्वयं कितनी ओछी औरत है? उसने उस दिन लखना को डाँट दिया था और उसके बाद उसकी कोई खोज खबर नहीं ली थी। लड़कों का दिल कोमल होता है। उसकी बात से लखना के दिल को चोट पहुँची होगी, इसलिए वह इधर आता नहीं, यहाँ तक कि जल्से में भी वह नजर नहीं आया। हरचरण चाहे जो समझे, वह लखना के प्रति अपना व्यवहार वैसा ही रखेगी। वह आज हरचरण से साफ-साफ कह देगी कि वह लड़के की जिन्दगी बरबाद कर रहा है। वह अगर लड़के को दमयन्ती के स्कूल में नहीं भेजना चाहता तो उसको रामगढ़ क्यों नहीं भेजता?

हवा गर्म चल रही थी। दमयन्ती ने अपने आँचल से कानों को इस तरह ढक लिया था कि लगता था वह हल्का घूँघट काढ़े हुए है। हवा के गर्म झोंके शरीर में लगकर न मालूम कैसी सिहरन पैदा कर रहे थे। आसमान गर्द से भरा हुआ था। दरवाजा हरचरण ने ही खोला, जिसके चेहरे का रंग दमयन्ती को देखकर उड़ गया। वह धोती और बनियान पहने था। वस्तुतः हरचरण को कुछ संकोच भी हो रहा था। उसको वह कहाँ बिठाएगा? उसका घर कितना गन्दा है? वह क्यों आई है उसके यहाँ?

'नमस्कार' कहकर दमयन्ती कमरे में अन्दर घुस गई। परन्तु भीतर पहुँचकर उसका चेहरा फक पड़ गया था। लखना खाट पर पड़ा हुआ था। उसका चेहरा पतला पड़ गया था। उसकी आँखों के नीचे गड्ढे पड़ गए थे।

"क्या हुआ है इसको?" दमयन्ती ने सिर घुमाकर हरचरण से पूछा।

"बुखार आ रहा है।"

"कब से?"

"चार-पाँच दिन से।"

"क्या दवा दी जा रही है?"

"दवा तो कुछ नहीं दी गई। ठीक हो जाएगा।"

"ठीक हो जाएगा!" दमयन्ती का स्वर काँप गया। वह आतंक से हरचरण को देख रही थी। उसने पूछा, "क्या खाने को दे रहे हैं?"

"सब-कुछ खाता है।"

दमयन्ती को बहुत अफसोस हुआ, परन्तु वह कुछ बोली नहीं। फिर मिठाई के पैकेट को देखकर उसका हृदय न मालूम कैसे दुख से भर गया। लखना को आज ही बीमार पड़ना था? वह लपककर उसकी ओर बढ़ी और झुककर उसका माथा छू लिया। उसका सिर जल रहा था। उसका चेहरा इस तरह दमक रहा था, जैसे वह तेज धूप में चल कर आया हो।

"कैसा जी है?" उसने दुखपूर्ण स्वर में पूछा।

परन्तु लखना का सिर जिस तरह दूसरी ओर घूमा था उसी तरह पड़ा रहा।

दमयन्ती ने लखना के बाल पर हाथ फेरते हुए कहा, "तुम मेरी ओर देखो। नाराज हो न मुझसे? मैं तुमको आज खोजती रही। मुझे क्या मालूम था कि तुम बीमार पड़े हो? मेरा जी न माना तो मैं मिठाई लेकर यहाँ आई। तुम जल्दी अच्छे हो जाओ तो मैं तुम्हारे लिए अच्छी-अच्छी मिठाइयाँ और खिलौने ले आऊँगी...।"

लखना ने सिर घुमाकर दमयन्ती की ओर देखा। दमयन्ती का दिल भर आया। उसने लड़के को ढाढस बँधाने के लिए दो शब्द कहने चाहे, परन्तु उसके गले में कुछ अटक गया था। वह रोने लगी।

फिर जल्दी से आँखें पोंछते हुए बोली, "तुम बहुत जल्दी अच्छे हो जाओगे। मैं रोज तुमको देखने आऊँगी।"

दमयन्ती उसके बाल पर हाथ फेरती रही और अपने आँसुओं को रोकने का प्रयास करती रही। बिना माँ के उस लड़के के लिए उसका हृदय मोह से उमड़ रहा था। लखना स्थिर दृष्टि से ऊपर छत की ओर देखता रहा।

"कुछ खाने की तबीयत करती है?"

"नहीं।" लखना ने कहा।

"मेरी ओर देखो।"

लखना ने सिर घुमाकर उसकी ओर देखा। उसकी आँखें लाल हो गई थीं।

"तुम खुश रहा करो," दमयन्ती स्नेहपूर्ण स्वर में बोली, "तुम जल्दी चंगे हो जाओगे। ठीक है न?"

"हाँ।" लखना ने कहा।

"अच्छी बात है," कहकर दमयन्ती उठ खड़ी हुई। उसने सिर घुमाकर हरचरण की ओर देखा। जो चुपचाप खड़ा था। उसका मुख पत्थर की तरह सख्त था। उसने अपने दोनों हाथ छाती पर बाँध लिए थे। दमयन्ती का हृदय न मालूम कैसी उपेक्षा के भाव से भर उठा। वह सोच रही थी कि उसके सामने जो व्यक्ति खड़ा था वह क्या सचमुच इनसान है? उसका लड़का बीमार है और उसने उसको कोई दवा न दी। उलटे वह उसको सब कुछ खाने को दे रहा है! उसने सुना था कि हरचरण कुछ पढ़ा-लिखा भी है। परन्तु शिक्षा का इस पर उलटा ही प्रभाव पड़ा है। उसके विपरीत एक ओर जंगी है जो निरक्षर भट्टाचार्य होते हुए भी अत्यधिक समझदार है।

परन्तु दमयन्ती को एक अभाव भी खटका। इस गाँव में कोई डॉक्टर था ही नहीं। रामगढ़ में एक सरकारी अस्पताल था। इसके अलावा नगवाँ गाँव में एक व्यक्ति डॉक्टरी का पेशा करता था, यद्यपि उसने उसकी कोई शिक्षा नहीं ली थी। वह कुछ दिनों तक शहर में घी बेचने का रोजगार करता रहा, जिसके न चलने पर उसने एक डॉक्टर के यहाँ कुछ दिनों तक कम्पाउंडरी की थी। फिर वह गाँव में आकर डॉक्टरी करने लगा था। वह हर किस्म दवा देता था जैसी जरूरत हो। होम्योपैथी, एलोपैथी हकीमी, आयुर्वेदिक सब कुछ सुई लगाकर ही वह काफी पैसा पीट लेता था। उसने अपनी साइकिल पर एक साइनबोर्ड लगवा दिया था और वह एक गाँव से दूसरे गाँव का दौरा किया करता। अपनी योग्यता से वह कितने मरीजों को सुरधाम पहुँचा चुका था। इसका कोई हिसाब नहीं। इस पर भी वह बहुत ही रुखाई और घमण्ड से पेश आता तथा मनमाने ढंग से पैसे वसूल करता। गरीबों से तो वह ठीक से बात भी नहीं करता, और चाहे कोई मर भी रहा हो, अगर मनोनुकूल पैसा न मिलता तो वह टस से मस न होता।

डॉक्टरों की यह हालत होने पर लोग अपने को भाग्य के सहारे छोड़ देते थे। गाँव में कोई चिकित्सक होता तो वह अवश्य ही उसके यहाँ जाते, जिसके अभाव में वे गाँव में ही पड़े रहते, झाड़-फूँक के सहारे। दमयन्ती ने इस प्रश्न पर कई बार विचार किया था। उसका निश्चित मत था कि हर गाँव में एक छोटे-मोटे अस्पताल की अवश्य व्यवस्था होनी चाहिए।

"इसको अन्न देने की जरूरत नहीं। सिर्फ दूध या चाय दी जाएगी। चाय है घर में?" वह बोली।

"नहीं।"

"मैं भेजवा दूँगी।...नहीं, मैं खुद चाय बनाकर भेज दिया करूँगी। आप पूरा हाल बताइए...मैं रामगढ़ अस्पताल से दवा मँगा देती हूँ। मुझे डर है कहीं टायफाइड तो नहीं है। बुखार न उतरने पर डॉक्टर को बुलाना पड़ेगा। बुखार इसी तरह रहता है या कम वेश होता है?"

"सवेरे तो बहुत कम रहता है...पर शाम को बहुत बढ़ जाता है। रातभर तेज बुखार बना रहता है।" हरचरण एक क्षण चुप रहा, फिर बोला, "दवा मँगाने की जरूरत नहीं...यह एक-दो दिन में ठीक हो जाएगा।"

दमयन्ती अपने क्षोभ को दबाते हुए बोली, "बिना दवा के कैसे अच्छा हो जाएगा? कहीं टायफाइड न हो यह बुखार। बिस्तर इसका बदल दीजिए और कमरे को साफ कर दीजिए। कमरे में बहुत गर्मी है, खिड़की खोलने से साफ और ताज़ी हवा आएगी।...मैं कुछ देर में फिर आऊँगी।"

इसके बाद दमयन्ती ने लखना के मुँह पर प्यार से हाथ फेरा और पुनः आने का आश्वासन देकर कमरे से बाहर निकल गई। घर आकर उसने विनय को रामगढ़ भेजा। दवा के अलावा उसने एक गेंद और कुछ गुब्बारे भी मँगवाये। रात चढ़ते-चढ़ते विनय वापस आ गया। दमयन्ती ने चाय तैयार की और कुछ दूध गर्म किया तथा अन्त में सारे सामान को लेकर विनय के साथ हरचरण के यहाँ रवाना हो गई।

लखना का बुखार और तेज हो गया था और वह नासमझ की तरह दमयन्ती की ओर देख रहा था। हरचरण के चेहरे पर न मालूम कैसे डर की कालिमा पुती हुई थी। वस्तुतः दमयन्ती के जाने के बाद वह बेहद डर गया था। जब तक दमयन्ती नहीं आई थी, उसने लखना की बीमारी को महत्त्व दिया ही नहीं था। उस पर उसने गम्भीरतापूर्वक विचार किया ही नहीं था। वह अपनी अहम्मन्यता तथा अकर्मण्यता में यह सोचता रहा कि खूब खाने-पीने से लखना अच्छा हो जाएगा। परन्तु दमयन्ती के आने से उसको जैसे झकझोर कर किसी ने जगा दिया हो। उसने अब दमयन्ती का रूप देखा था। क्या ऐसी नेक औरत भी है दुनिया में? वह दमयन्ती पर कितना सन्देह करता रहा था? जिसको वह नीच तथा दुराचारिणी समझता रहा, वही अपने सारे अपमान को पीकर उसके यहाँ आई थी तथा अपने स्नेहपूर्ण व्यवहार द्वारा उसको तुच्छ कर गई थी। हरचरण अपने को सचमुच तुच्छ समझने लगा था। पहले वह सोचता था कि वह जो बुरा रास्ता अपनाए हुए है वह उचित है। परन्तु अब उसने अपनी पराजय स्वीकार कर ली। वह समझ गया कि अब तक वह क्रोध, घमण्ड, तुच्छता तथा दुराचरण के सहारे जीता रहा है। और अपनी तुच्छता को स्वीकार करके उसका दिल अपने लड़के के प्रति प्यार और दया से भर आया। वह इस लड़के को इतना प्यार करता है, यह उसने नहीं सोचा था। जब दमयन्ती चली गई थी तो वह यह सोचकर बहुत घबरा गया था कि कहीं लखना उसका साथ

छोड़कर चल न दे। उसने अपनी मृत पत्नी तथा उसके लड़के के साथ कैसा अन्याय किया था?

दमयन्ती ने आते ही कहा, "चार जून दवा देनी है—सुबह, दोपहर, शाम और रात। दूध और चाय ही देना है जब तक बुखार नहीं उतरता।"

"यह अच्छा तो हो जाएगा?" हरचरण ने सूखी आवाज में पूछा।

दमयन्ती चकित हो गई। उसने सोचा था कि हरचरण पर किसी दुख-सुख का प्रभाव नहीं हो सकता, परन्तु अब वह देख रही थी कि वह अत्यधिक घबरा गया है।

"कोई चिन्ता की बात नहीं," वह बोली, आशा है बुखार दो दिन में उत्तर जाएगा। जरा ध्यान देने की जरूरत है। दो दिन की दवा दी है डॉक्टर ने। यह चाय और दूध है, जब माँगे दे दीजिएगा।"

इसके बाद दमयन्ती लखना के पास गई। उसका माथा छूकर वह चिन्तित हो गई। उसने एक खुराक दवा फौरन पिला दी। फिर खाट पर लखना के पास बैठ गई। गेंद और गुब्बारे देकर वह उससे बातें करती रही।

खिलौने देखकर लखना के होंठों पर क्षीण मुस्कराहट खेल गई। वह एकाध मिनट तक खिलौने से खेलता रहा, फिर उनको रख दिया। वह बहुत बेचैन था। वह बार-बार बदलता। किसी तरह उसको आराम ही न आ रहा था।

परन्तु दवा से उसको कुछ देर बाद आराम मालूम हुआ। बुखार कुछ कम हो जाने से उसको नींद आ गई तो दमयन्ती उठ खड़ी हुई। विनय खाट के पास उसी तरह खड़ा था। दमयन्ती ने यह कह कर कि कोई बात होने पर हरचरण उसको खबर करेगा, वह विनय के साथ बाहर निकल गई।

घर पर दमयन्ती का मन लखना में ही लगा रहा। उसको नींद नहीं आई और वह भीतर ही भीतर घबराने लगी। उसको महसूस हो रहा था। जैसा उसने लखना के साथ भारी अन्याय किया हो, जिससे लड़के का दिल टूट गया है। क्या अब लखना कभी अच्छा न होगा? कितना प्यारा लड़का है! वह क्यों उसको हरचरण के सहारे छोड़कर चली आई?

वह चौंकी। बाहर से कोई दरवाजा खटखटा रहा था। वह उछलकर खड़ी हो गई।

"कौन?"

"खोलिए।" हरचरण की आवाज़ थी।

दमयन्ती ने अँधेरे में जल्दी-जल्दी लालटेन जलाई और फिर दरवाजा खोला।

"क्या है?" उसने डरी-डरी आवाज़ में पूछा।

हरचरण का चेहरा आतंक और भय से विकृत हो गया था। वह शक्तिहीन फुसफुसाई आवाज में बोला, "आप जरा चलिए, मुझे बहुत डर लग रहा है। वह न मालूम क्या बक-झक रहा है। बार-बार 'दीदी-दीदी' कह रहा है। वह होश में नहीं है। आप किसी तरह बचा लीजिए उसे...।"

जिस तरह हरचरण बात कर रहा था उससे दमयन्ती बेहद डर गई। सोचने का मौका नहीं था, यद्यपि भीतर से उसका साहस जवाब दे रहा था। उसने विनय को जगाया, और घर में बाहर से ताला लगा दिया। फिर वे तीनों बाहर निकलकर तेजी से अन्धकार में बढ़ गए।

लखना की हालत सचमुच ठीक न थी। वह हाथ-पैर फेंक रहा था। उसकी आँखें लाल-लाल हो रही थीं और वह किसी को पहचान नहीं रहा था। दमयन्ती ने उसको बुलाया, परन्तु उसने दमयन्ती की ओर देखा भी नहीं। शरीर उसका भट्टी की तरह गर्म था। कैसी मजबूरी थी। इस रात के वक्त वह किसके पास जाए। रामगढ़ एक डेढ़ कोस की दूरी पर था। इस समय वहाँ से कोई डॉक्टर भी नहीं आएगा। सवारी ही कोई नहीं मिलेगी। फिर डॉक्टर आना-कानी करेगा। दिन में तो रिक्शा या एक्का मिल जाता है।

परन्तु दमयन्ती ने धैर्य से काम लिया। उसने हरचरण को हिम्मत बँधाई, जो अपने होश में नहीं था। फिर लखना को एक खुराक पिला दी। अन्त में पानी की पट्टी लेकर बैठ गई।

परन्तु बुखार न उतरा और लड़के की हालत खराब होती गई। दमयन्ती का साहस जवाब देने लगा। मरीज बार-बार पानी माँग रहा था। पानी पीकर वह शान्त हो जाता। कभी आँखें बन्द कर लेता और कभी आँखें फाड़कर सामने देखने लगता। उसको कुछ भी होश नहीं था।

"आप विनय के साथ रामगढ़ चले जाइए। वहाँ से किसी तरह डॉक्टर को अपने साथ ले आइए। मैं यहाँ सब कुछ देख लूँगी...।"

वे दोनों चले गए। दमयन्ती रात भर लखना के सिरहाने बैठी रही और रोती रही। सवेरा होते-होते डॉक्टर आया था परन्तु उस समय तक सब कुछ खत्म हो चुका था। दमयन्ती बुत की तरह खाट पर बैठी थी और पथराई दृष्टि से लखना के शव को देख रही थी।

[21]

लखना की अंत्येष्टि में हरचरण के साथ जंगी और विनय भी गए थे। दमयन्ती ने एक लड़के के जरिए कहलवा दिया था कि आज स्कूल नहीं लगेगा। इसके बाद वह घर में जाकर चुपचाप पड़ रही थी। उसको ऐसा महसूस हो रहा था कि उसके शरीर में कोई ताकत नहीं है। वह दुख से भरी हुई थी। वह सोच रही थी कि लखना की मृत्यु की जिम्मेदारी उसी पर है। आखिर दमयन्ती ने उस दिन उसको घर से क्यों निकाल दिया था? इसके लिए वह अपने को कभी माफ नहीं कर सकती। एक

अत्यधिक प्रतिभाशाली लड़के की मृत्यु से जो क्षति हो गई थी उसकी कैसे पूर्ति होगी? उसकी आँखों के सामने बार-बार लखना का चेहरा उभर आता। वह अन्त तक होश में नहीं आया था। दमयन्ती ने एक बार घबराकर उसको गोद में ले लिया था। उसके कान के पास मुँह ले जाकर कई बार रुआँसे स्वर में पुकारा था। धीरे-धीरे लड़के के हाथ और पैर ठंडे होते गए थे। कुछ देर के लिए उसने आँखें खोली थीं। परन्तु उसकी पुतलियाँ पथरा गई थीं। उसके होंठ अजीब ढंग से ऐंठ गए थे। दमयन्ती अपने होश में नहीं थी। वह लड़के की जान बचाने के लिए क्या नहीं कर सकती थी? परन्तु उस समय, जब कि घर में कोई नहीं था और तालाब की ओर से सियार के 'हुआँ-हुआँ' बोलने का शब्द सुनाई दे रहा था, दमयन्ती रोने के सिवाय कुछ भी नहीं कर सकी थी।

अब भी दमयन्ती रो रही थी। उसके हृदय में दुख उफन रहा था। लखना उसको बहुत स्नेह करता था, परन्तु दमयन्ती उसके प्रति अपने स्नेह का समुचित प्रदर्शन भी नहीं कर सकी। अन्तिम दिनों में वह उसकी कोई सेवा ही कर सकती तो उसको कुछ सन्तोष होता।

जब विनय वापस आया तो दमयन्ती आँखें पोंछकर उठ खड़ी हुई। विनय भी बहुत उदास था।

"सब आ गए?" उसने पूछा।

"हाँ।" विनय ने बताया।

"मैंने तुम्हारे लिए खिचड़ी चढ़ा दी थी। जाकर रसोईघर में खा लेना।"

"आपने खा लिया, दीदी?"

"मैं नहीं खाऊँगी...मेरी इच्छा नहीं हैं। तुम खा लो। मरना-जीना इस दुनिया में लगा हुआ है। अपना मन थोड़ा नहीं करना चाहिए...।" वह आगे न बोल सकी और वहाँ से जल्दी से हट आई।

वह दिन भर घर पर ही बनी रही। वह लखना के साथ-साथ हरचरण के बारे में भी सोचती रही। लाश को देखकर हरचरण पागल की तरह देखने लगा था, जब वह ले जाई जाने लगी तो वह उसी कमरे में जमीन पर बैठकर फूट-फूट कर रोने लगा था। क्या सचमुच हरचरण इतना दुखित था? दुख और निराशा में वह अपने को कुछ कर ले। इस दुख के समय उसको ढाढस की जरूरत है। उसके खाने-पीने का भी बन्दोबस्त होना चाहिए। अपने दुख, निराशा तथा पश्चाताप की हालत में दमयन्ती ने महसूस किया कि हरचरण के प्रति उसके हृदय में जो घृणा तथा उपेक्षा के भाव थे वे तिरोहित हो गए थे।

शाम को जी न माना तो दमयन्ती हरचरण के घर गई। हरचरण खाट पर चुपचाप बैठा था। उसका चेहरा राख की तरह बुझा-बुझा था। इतने समय में ही क्या आदमी का चेहरा इस तरह बदल सकता है? दमयन्ती को वह दिन याद आया

जब हरचरण प्रथम बार उसके स्कूल में आया था। किस तरह घमण्ड तथा उपेक्षा से उसने दमयन्ती को देखा था? अब वे भाव कहाँ गए? उसने सोचा था कि हरचरण दुष्ट प्रकृति का तथा उसका दिल पत्थर की तरह है। प्रधानजी ने जब एक 'बदमाश आदमी' का जिक्र करके उसको डराया-धमकाया था तो दमयन्ती के दिमाग में थोड़ी देर के लिए यह ख्याल आया था कि हो सकता है वह व्यक्ति हरचरण ही हो। परन्तु हरचरण इस समय एक साधारण व्यक्ति की तरह था जिसको निर्दय दुख ने बेसहारा बना दिया था।

हरचरण ने उसकी ओर देखा। फिर वह चारपाई से उठ खड़ा हुआ। कमरा सवेरे की तरह ही गन्दा और अस्त-व्यस्त था। रात की बात याद करके दमयन्ती का कलेजा मुँह को आने लगा।

दमयन्ती धीरे-धीरे शोकाकुल स्वर में बोली, "मैं जानती हूँ कि आप पर भारी विपत्ति आ गई है। लेकिन अब आगे की भी फिक्र करनी चाहिए। जो बीत जाता है वह कभी नहीं आता है। दुख अपने समय पर ही जाता है पर उस पर काबू पाने की कोशिश करनी चाहिए। आप अपने शरीर का ख्याल कीजिए...अपनी गृहस्थी की ओर देखिए...।"

वह चुप हो गई। दुख में किसी को समझाना कितना कठिन काम है, वह आज ही समझ सकी। हरचरण बुत की तरह खड़ा दरवाजे के बाहर देखने लगा था।

"उस लड़के को मैं कुछ-कुछ तो जानती ही थी। वह बहुत ही होनहार लड़का था। वह मुझसे हिल-मिल गया था। एक दिन वह शाम को मेरे यहाँ आया था, मैं उससे बोली भी नहीं। मुझे उस समय आप पर क्षोभ था कि आप क्यों उसको स्कूल से ले गए थे? आप पर भी नहीं...मुझे इसका क्षोभ था कि आपने मेरा अपमान किया था। इस अपमान और क्षोभ के सामने लड़के का प्यार तुच्छ हो गया। मैं आज सोचती रही कि यदि इस गाँव में अस्पताल होता या कोई अच्छा डॉक्टर भी होता तो लड़के की मृत्यु न होती। और भी कारणों की ओर मेरा दिमाग दौड़ता रहा। परन्तु मैं आखिर तक अपने दिल से यह बात निकाल न सकी कि अगर मैंने उसकी उपेक्षा न की होती तो वह आज जिन्दा रहता...।"

हरचरण ने उसको स्थिर दृष्टि से देखा। फिर बोला, "आपका उपकार मैं नहीं भूलूँगा। लड़का तो वह मेरा था लेकिन स्नेह उसको आपने ही दिया। आपके आने के पहले वह दिन भर आवारा की तरह घूमता था। फिर वह बदल गया। इधर कुछ दिनों में वह गम्भीर और उदास रहने लगा था। घर से वह कम ही बाहर निकलता। आपने उसको एक स्लेट दी थी...या पता नहीं कहाँ से लाया था। उस स्लेट को वह घर पर नहीं लाता था। एक दिन ले आया तो मैंने उसको डाँटता कि वह स्कूल में जाता है। उसने इनकार किया तो मैंने उसको मारा भी। मैं जानता था कि वह आप

ही के बारे में अक्सर सोचता है। नींद में वह स्कूल और आपके सम्बन्ध में बड़बड़ाता था। मैंने कई बार सोचा कि उसको आपके स्कूल में भेज दूँ, पर मैं अपनी जिद्द पर अड़ा रहा। उसको मैंने ही मार डाला...।"

दमयन्ती अधिक न सह सकी। लखना सपने में भी उसके बारे में सोचता था, यह सुनकर उसको ऐसा महसूस हुआ जैसे उसका कलेजा टुकड़े-टुकड़े हो जाएगा। वो नीचे जमीन पर बैठ गई और आँचल में मुँह छिपाकर चुपचाप रोने लगी।

हरचरण उसको देखता रहा भावहीन आँखों से। उसके आँसू थमे तो उसने कहा, "इसका सिर्फ एक ही कारण है। पहले मैं ऐसा नहीं था। मैं डटकर मेहनत करता था और अपने जीवन से सन्तुष्ट था। मैं अपनी पत्नी को बहुत मानता था। वह बहुत ही नेक स्वभाव की थी। लेकिन वह अचानक मर गई। उसके मरने से मुझको जो दुख हुआ उसको भुलाने के लिए मैंने गलत राह पकड़ी। मैंने सबकी उपेक्षा करनी शुरू कर दी। अपनी इस हालत से मुझको वही बातें बुरी लगने लगीं जो अच्छी थीं। लड़का मेरे कलेजे का टुकड़ा था, लेकिन उसकी भी मैंने उपेक्षा की। मैं अपने दुख को खत्म करने के लिए घोर स्वार्थी बन गया था...।"

दमयन्ती उठ खड़ी हुई थी। वह हरचरण को चकित भाव से देख रही थी। वह क्या कह रहा है?

हरचरण कहता गया, "लखना की मौत ने मेरी आँखें खोल दीं। मुझे ऐसा लगता है कि उस आदमी की तरह तुच्छ कोई नहीं जो अपने दुख को सबसे बड़ा समझता है। क्योंकि वह समझता ही नहीं बल्कि उसको दिखाने की कोशिश करता है...उसको सिद्ध करता है। मैंने यही किया है। मैंने अपने दुख को बड़ा सिद्ध करने के अपनी जिन्दगी बरबाद किया और अपने बच्चे को मार डाला।" वह एक क्षण के लिए रुका, "लेकिन साहस मुझे आपको देखकर होता है। इसी से मैं अपने दुख और निराशा को बरदाश्त कर पाया हूँ। आपने मुझको एक नई रोशनी दी है। आपके खिलाफ इस गाँव में जो-जो बातें की जाती रहीं वे सब मुझे मालूम थीं। मैं खुद आपको बुरी औरत समझता रहा। ऐसा लांछन से आपको जो तकलीफ होती होगी उसको कोई भी समझ सकता होगा। लेकिन आपने अपने दुख की परवाह न की और अपने दिल का सारा स्नेह इस गाँव के लोगों पर लुटा दिया। आप कितना बड़ा काम कर रही हैं यह मैं आज ही समझ पाया हूँ। मैं पशु बन गया था। पशुता इन्सानियत की हत्या कर देती है। मैं अब आपके ही रास्ते पर चलना चाहता हूँ। मैं अब अपनी और दूसरों की गरीबी, दुख, निराशा और अज्ञानता से लड़ूँगा जिसके कारण लखना की जान गई। मुझे आप क्षमा कर दीजिए।"

दमयन्ती का हृदय दुख और खुशी से उमड़ने लगा। हरचरण में ऐसा परिवर्तन हो जाएगा, इसकी उसने कल्पना नहीं की थी। इस दुख ने उन दोनों को कितना समीप कर दिया था। वह हरचरण को इज्जत की दृष्टि से देखने लगी थी।

[22]

ग्रामसेविका के अब बुरे दिन आने वाले हैं! रधिया मिसिराइन गाँव में घूम-घूम कर प्रचार कर रही है। सरकार खुश थोड़े ही है इस छोकरी से? जाकर कोई प्रधानजी से पूछे, उनको सब कुछ मालूम है। सरकार ने खुद बुलाकर प्रधानजी को सब कुछ बता दिया है। कर्म का फल तो मिलता ही है। जैसा करोगे वैसा भरोगे। अब यह छोकरी अपने किए का फल भुगत रही है।

स्कूल के सालाना जल्से में बहुत-सी स्त्रियाँ काफी असन्तुष्ट हो गई थीं। विशेष रूप से उन औरतों का, जिनके लड़के स्कूल में पढ़ते थे या जो स्वयं स्त्रियों के स्कूल में पढ़ती थीं, विश्वास था कि उनके ही लड़कों को इनाम में बनियान और मोज़े दिए जाएँगे। कई दिनों से उनके घरों में यही बात होती थी। उनके लड़के भी बड़े उत्साह में थे। लेकिन इनाम दूसरों को ही मिले थे, जिनमें उन लड़कों की ही संख्या अधिक थी जो स्कूल में नहीं पढ़ते थे। यह बहुत अन्यायपूर्ण बात थी। उनके लड़के तो उस समय से स्कूल में जाते थे जब दमयन्ती को इस गाँव में कोई नहीं पूछता था। उनके इस एहसान का ग्रामसेविका ने यह बदला चुकाया था। वह छोकरी देखने में ही सीधी-सादी है। वह छटी हुई औरत है। किस तरह बेशर्म की तरह घूम-घूमकर वह सीटी बजा रही थी और हँस-हँसकर मर्दों से बात कर रही थी?

जब जलसा खत्म हुआ तो असन्तुष्ट औरतों का दल भुनभुनाता हुआ वहाँ से चला। उसके साथ वे भी औरतें शामिल थीं, जिनके लड़के स्कूल में नहीं पढ़ते थे और जिनको इनाम भी नहीं मिला था। उनकी आँखें सिकुड़ी हुई थीं तथा नाक फूली हुई। उनके बीच रधिया मिसिराइन भी थी।

रधिया मिसिराइन कह रही थी, "कैसा जमाना आ गया है! बाबा रे, सरकार ने एक गट्ठर बनियान और मोज़े भेजे थे...पर सभी डकार गई। औरत हो तो ऐसी। सरकार को भी चरा रही है। शहरी औरतें ऐसी ही होती हैं। शर्म भी नहीं है इस छोकरी को। और भेजो लड़कों को स्कूल में!"

"अब कौन भेजेगा जी अपने लड़के को ऐसे स्कूल में? अब आकर दिन भर नाक रगड़े तब भी मैं टस-से-मस नहीं होऊँगी।" एक औरत ने कहा।

"कोई गुलामी तो नहीं लिखा ली है हमने?" भीड़ में से कोई अन्य आवाज़ आई।

"मैं तो थूक दूँ ऐसे स्कूल पर।"

वे क्रोध में जलती-भुनती अपने-अपने घर चली गई थीं। विशेष रूप से वे औरतें बहुत क्रुद्ध थीं जिनके लड़कों ने शिशु-प्रदर्शनी में पुरस्कार नहीं पाया था। वे इसको सरासर अन्याय समझती थीं। हरेक का विश्वास था कि उसके बच्चे जैसा सुन्दर किसी का बच्चा नहीं। उसका बच्चा लाखों-करोड़ों में एक था। उनके बच्चों को इनाम न देकर उनके मातृत्व का अपमान किया गया था। इसको वे बरदाश्त नहीं कर सकती थीं।

और उन्होंने सचमुच अपने लड़कों को स्कूल में भेजना बन्द कर दिया। स्त्रियों के स्कूल में भी औरतों का आना बन्द हो गया। इनाम पाने वाले लड़के बहुत कम थे, जबकि इनाम न पाने वालों की संख्या बहुत अधिक थी। इनाम पाने वालों में उन लड़कों का बहुमत था जो स्कूल नहीं जाते थे। इसलिए यह असन्तोष व्यापक हो गया, जिसका स्कूलों पर बहुत बुरा असर पड़ा। स्कूल लगभग खाली नज़र अपने लगे।

इस असन्तोष की आग में प्रधानजी ने भी केरोसिन का तेल डाला। वह घूम-घूमकर कहते, "अरे भैया, मुझसे पूछो...मैं सब कुछ जानता हूँ इस औरत के बारे में। यह शहर की खेली-खाई लड़की है...यहाँ आकर सीता-सावित्री बनती है। सरकार के पास इसके खिलाफ बहुत ही शिकायतें पहुँची हैं और सरकार उनके बारे में पता लगा रही है। अभी हाल में दो सरकारी जासूस शहर से आए थे। मुझसे तो सभी आकर मिल जाते हैं। वे भी मिले। मैंने तो कह दिया कि भैया, इसमें मेरी कोई दिलचस्पी नहीं, यह सरकार का काम है, सरकार उसका पता लगाए, हम तो गाँव के मामूली लोग हैं, यहाँ जो भेजा जाएगा उसको बरदाश्त करना ही पड़ेगा। लेकिन वे हँसे। उन्होंने ही बताया कि इस छोकरी की बी.डी.ओ. महाशय से बहुत घुटती है...दोनों ने मिलकर बनियान-मोज़े हड़प लिये हैं। शहर में बेचकर सैकड़ों रुपये कमाएँगे। सरकार जल्दी ही दोनों को निकाल बाहर करेगी। मैं चुपचाप सुनता रहा उनकी बातें। क्या कहता?" प्रधानजी अन्त में निर्दोषतापूर्वक हँस पड़ते थे।

यह असन्तोष मर्दों में भी फैल गया। जलसे में तो वे खूब मज़ा लेते रहे थे परन्तु जब उनकी औरतों ने असाधारण मौलिकता के साथ ग्रामसेविका की चालबाज़ी की बात बताई तो यह बात उनके दिमाग में बैठती गई कि उनके साथ अन्याय किया गया है। सरकार तो सबके लिए प्रबन्ध करती है लेकिन खाऊमल लोग मिलकर खा जाते हैं। अब वे चाहने लगे कि स्कूल गाँव में किसी तरह न चलें। यह छोकरी पानी में रहकर मगर से बैर करती है तो उसको ऐसा मज़ा चखाना चाहिए कि वह जन्म भर याद करे।

लखना की मृत्यु से दमयन्ती बहुत दुखित हुई थी, इसलिए उसने पहले ध्यान न दिया। परन्तु दो-दिन तक उसने जब लगातार देखा कि स्कूलों में उपस्थिति बहुत घट गई है तो वह बहुत चिन्तित हुई। उसका तो यह विश्वास था कि जलसा होने

से स्कूलों की लोकप्रियता और बढ़ेगी तथा लड़कों और स्त्रियों की संख्या में भी वृद्धि होगी। परन्तु इसका विपरीत असर हुआ।

वह दौड़ी-दौड़ी गर्जन पासी के घर गई थी। गर्जन शुरू से ही अपने बच्चे को स्कूल में भेजता था। वे दोनों पति-पत्नी दमयन्ती से बहुत खुश भी रहते थे। उनका लड़का मेंगन बहुत ही सीधा-सादा तथा पढ़ने में तेज था। दमयन्ती को देखकर मेंगन की माँ ने मुँह फुला लिया।

"बहिन, मेंगन पढ़ने क्यों नहीं जाता?" दमयन्ती ने पूछा।

"जितना पढ़ना था पढ़ चुका, अब क्या जिन्दगी भर पढ़ता ही रहेगा?" मेंगन की माँ ने तेज आवाज में कहा।

"अभी उसकी उम्र ही क्या है? उसने तो अभी पढ़ना ही शुरू किया है। वह बहुत ही तेज़ लड़का है। वह पढ़-लिख जाएगा तो बहुत अच्छा होगा।"

"कैसी मुँहदेखी करती हैं आप बहिन जी? बात करना कोई आपसे सीखे। आप कहती कुछ हैं और आपके दिल में कुछ दूसरा ही रहता है। मुझको अब आप अधिक मत सिखाइए...मैं सब कुछ जानती हूँ। बस एक बार कह दिया कि लड़का पढ़ने नहीं जाएगा। इसको ब्रह्मा की लकीर समझिए...!"

"कारण तो आप बता सकती हैं। मैंने कौन-सी गलती की है जिससे आप ऐसा कहती हैं।" दमयन्ती के दिल को काफी चोट पहुँची थी।

"ए भाई, आप मुझसे झगड़ा करने आई हैं क्या? मैंने एक बार कह तो दिया। मैं सीधी-सादी औरत हूँ, आपसे ज़ुबान लड़ाने में मैं नहीं जीत सकती। ये नखरे मैं नहीं सह सकती। इनको वे ही सह सकती हैं जिनके लड़कों को आपने बनियान और मोज़े इनाम में दिए हैं।"

अब दमयन्ती को बात समझ में आई। उसने मीठे स्वर में समझाने की कोशिश की, "बहिनजी, मुझको समझने की कोशिश कीजिए। ब्लाक से जितने सामान भेजे गए थे। वे सभी इनाम में दे दिए गए। इनाम उनको ही दिया गया जिन्होंने प्रतियोगिता जीती थी। हम चाहते तो यही थे कि गाँव के सभी बच्चों को बनियान वगैरह दी जाएँ लेकिन इसका इन्तजाम हो न सका...।"

मेंगन की माँ ने टोका, "बहिन जी, मेरा लड़का बनियान बिना दुबला न हो जाएगा। बनियान आपको ही मुबारक हो।"

दमयन्ती ने उसको बहुत समझाया कि इनाम से बड़ी चीज़ है पढ़ाई, परन्तु मेंगन की माँ पर कोई असर न हुआ। वह अन्य औरतों के पास भी गई परन्तु वहाँ भी उसको ऐसे ही जवाब मिले। ऊपर से किस्स-किस्म के लांछन भी सुनने में आए। लगभग सारा गाँव ही उसको सन्देह की दृष्टि से देखने लगा था। दमयन्ती घबरा गई। उसने अपने काम में क्या तरक्की की है? उसने लगभग एक वर्ष पूर्व जहाँ से काम शुरू किया था वहीं पर अब भी है! उसका इतने दिनों का परिश्रम

देखते-ही-देखते मिट्टी में मिल गया। उसने लांछन, गाली और दुख के अलावा यहाँ क्या पाया? वह घोर निराशा से भर उठी। उसको लगा कि वह बहुत तुच्छ औरत है और वह इस दुनिया में कुछ नहीं कर सकती।

निराशा के अलावा दमयन्ती अपने अन्दर थकान-सी महसूस करने लगी थी। एक किस्म का आलस्य! उसको अब कुछ करने-धरने की इच्छा नहीं होती थी। वह सोचती थी कि चुपचाप लेटकर आसमान को निहारे, चिड़ियों का चहचहाना सुने, किन्हीं अबूझ विचारों में खो जाएँ। इन कुछ वर्षों में उसने कितना सहा था? वह अब और नहीं सहना चाहती थी। उसकी तबीयत आराम करने की करती थी। उसका मन सुख की ओर भागता था। वह क्यों करे यह सब? त्याग और सेवा करने का क्या उसने ठेका ले रखा है?

ऐसे विचारों से वह डर जाती थी और जोर-शोर से काम में व्यस्त हो जाती थी। वह काम में अपने को खो देना चाहती थी। वह अपने से भागने लगी थी। उसके दिमाग में पता नहीं कैसे विचार छाए रहते थे। वे विचार अजीब ऊटपटाँग तथा असम्बद्ध होते थे। कभी-कभी वह अजीब कटुता से भर जाती। कभी उसको गाँव के लोगों से अत्यधिक घृणा हो जाती। न मालूम कैसा विद्रोह उसके हृदय में उफनने लगता। इन विचारों से वह लड़ती थी, उनको दबाने की कोशिश करती थी, लेकिन उसको सफलता नहीं मिलती थी।

धीरे-धीरे वह कारण समझ गई और उसके विचारों तथा भावनाओं की असम्बद्धता को एक स्पष्ट निश्चित दिशा मिल गई। उसके हृदय में परिवर्तन उसी दिन हो गया था जब हरचरण ने उसके सामने अपनी गलती स्वीकार की थी। उसने कमरे तथा आँगन में झाड़ू लगाने की कोशिश की थी। परन्तु हरचरण ने उसको ऐसा नहीं करने दिया और स्वयं झाड़ू लगाने लगा। भोजन घर पर चलकर करने के लिए उसने हरचरण से कहा था, लेकिन वह राजी न हुआ। घर जाकर वह देर तक हरचरण के बारे में ही सोचती रही थी। हरचरण का जीवन अत्यधिक अकेला तथा दुखमय है, इसको वह भूल नहीं पाती थी। उसका मन करुणा से भर उठता उसके लिए। परन्तु इससे अधिक हरचरण के व्यक्तित्व ने उसको आकर्षित किया था। उस व्यक्ति में शक्ति थी। उसमें सच्चाई और ईमानदारी थी। एक स्त्री के प्यार को भुलाने के लिए उसने अपने को गलत रास्ते पर डाल दिया था। परन्तु उसमें ऐसी बुद्धि थी कि वह अपनी गलती समझ जाए।

इसका सबूत दमयन्ती को जल्दी ही मिल गया। वह रोज़ शाम को कुछ देर के लिए हरचरण के यहाँ जाती थी। आग्रह करके वह जंगी जथा विनय को भी उसके यहाँ भेजती थी। सभी हरचरण को खुश करने की कोशिश करते। दमयन्ती के पहुँचते ही हरचरण की आँखें चमक उठतीं। वह सवेरे से ही इन्तज़ार करता था कि कब दमयन्ती आएगी। वह अपने कमरे तथा घर को बहुत साफ रखता था। चादर

बिछौना भी वह चमाचम रखता था। स्वयं के प्रति भी उसने लापरवाही छोड़ दी थी। दमयन्ती को देखते ही वह व्यस्त हो उठता। वह शिष्टतापूर्वक सिर नीचे कर लेता या दूसरी ओर देखने लगता। वे बहुत कम बात करते थे परन्तु दोनों एक-दूसरे के प्रति बहुत ही विनम्र हो उठते थे। दमयन्ती यह सोचकर आती थी कि हरचरण के प्रति सहानुभूति प्रकट करने के लिए वह कुछ कहेगी। लेकिन यहाँ पहुँचकर वह कुछ कह नहीं पाती। जो कुछ वह सोचकर आती थी वह उसके दिमाग से पता नहीं कब गायब हो जाता था। वह या तो मौसम के बारे में कुछ कहती या हरचरण को देखकर मुस्कराती। वह मुस्कराहट स्वतः लुप्त हो जाती थी और वह गम्भीर हो उठती। इसके बाद घबराकर वह फौरन चली जाती थी।

एक बार हरचरण ने उससे कोई किताब पढ़ने को माँगी। इसके बाद दमयन्ती उसके लिए किताबें लाती थी। वह चुपके से किताब रख देती थी और दूसरी ओर देखने लगती थी। हरचरण किताब को उठाकर देखता था और बच्चे की तरह खुश हो जाता था। वे किताबें खण्ड विकास क्षेत्र के पुस्तकालय की होतीं। उनको पढ़कर हरचरण का ज्ञान व्यापक होता गया। वह पश्चाताप करता था कि उसने अपना जीवन क्यों बरबाद किया अब तक। वह कुछ करने के लिए भीतर-ही-भीतर बेचैन हो उठता। वह अपने गाँव की तरक्की के लिए क्या कर सकता था?

दमयन्ती को लगता कि वह हरचरण के हृदय की एक-एक भावना को महसूस कर रही है। हरचरण बोलता कम था, परन्तु उसका दिल भरा होता था। दमयन्ती की भी वही हालत थी। बाहर निकलकर वह बहुत दुखित हो जाती थी। वह हरचरण से कुछ भी बात नहीं कर सकी। वह उसके दुख को कैसे कम कर सकती है? वह उसके एकाकीपन को कैसे तोड़ सकती है?

और दमयन्ती हरचरण के दुख और निराशा को दूर करने की कोशिश में उसको बुरी तरह प्यार करने लगी। अतुल के प्यार को भूलने के लिए उसने वर्तमान जीवन को अपनाया था। वह जैसे किसी आँधी में बहती गई थी। परन्तु हरचरण के प्यार ने उस आँधी में रुकावट पैदा कर दी। जिस तेजी से वह दौड़ रही थी, वह जब कम हुई और उसकी गति लड़खड़ाई तो उसको लगा कि वह शक्ति से अधिक काम करती रही है। हरचरण के प्यार से उसको अपने शरीर की याद आई। शरीर की याद से शरीर की भूख की याद आई। यह भूख अपनी समस्त रंगीनी के साथ इस तरह उसमें व्याकुलता पैदा करने लगी कि उसमें आलस्य तथा अन्य प्रकार के असम्बद्ध भाव उमड़ने लगे। जब तक वह लड़ती रही यह असम्बद्धता कायम रही। परन्तु जब वह पराजित हो गई तो उसको स्पष्ट रूप से समझ में आ गया कि नाना प्रकार के वे विचार उसके प्यार को छिपाने के बहाने थे।

फिर भी वह इस प्यार को स्वीकार नहीं कर सकती थी। वह यहाँ प्यार करने नहीं आई थी। गाँव के बच्चे उसके बारे में क्या साचेंगे? उसके आचरण का उन

पर कैसा प्रभाव पड़ेगा? इसके अलावा वह प्यार के मामले में धोखा खा चुकी थी, इसलिए उसकी ओर वह बढ़ना नहीं चाहती थी, यद्यपि वह अतुल तथा हरचरण के अन्तर को समझती थी। अतुल शिक्षित था तथा सुन्दर और सभ्य था, परन्तु वह दब्बू था। उसमें साहस की कमी थी। उसमें शक्ति नहीं थी। जबकि हरचरण कम पढ़ा-लिखा होने पर भी शक्तिशाली था। वह धरती का आदमी था—कर्मठ और बुद्धिमान।

इन सारे विरोधाभासों के कारण दमयन्ती का जीवन बहुत ही दुखमय तथा कटु हो गया। वह जितना हरचरण की ओर से भागने की कोशिश करती उतना ही उसका मन उसकी ओर दौड़ता था। वह अपने मन को वश में करने के लिए बहुत-सी दलीलें देती। हरचरण के पुराने जीवन की बातें सोचकर उसको पतित समझने की कोशिश करती। लेकिन उसके दिल में प्यार था, उस पर घृणा और क्रोध की इमारत खड़ी नहीं हो सकती थी। वह अन्त में ऊपर से अपने को सन्तोष देने के लिए हरचरण के साथ रुखाई से पेश आने लगी। उसने उसके यहाँ जाना कम कर दिया। वह उससे ठीक से नहीं बोलती। उसको देखकर उसके मुख पर सख्ती का भाव अंकित हो जाता।

एक दिन हरचरण ने शरमाकर उसको एक शुभ सूचना सुनाई। उसने अपने घर पर कुछ नौजवानों को बुलाकर पढ़ाना शुरू किया था। वे नौजवान उसके साथी रह चुके थे लेकिन हरचरण के समझाने-बुझाने से उन्होंने बुरे मार्ग का त्याग कर दिया था।

"ठीक है न?" हरचरण ने अन्त में संकोचपूर्वक पूछा था।

"मैं क्या जानूँ?" दमयन्ती ने दूसरी ओर देखने हुए रूखे स्वर में कहा था।

हरचरण के चेहरे पर कोई छाया दौड़ गई थी। इसके बाद दमयन्ती वहाँ से निकलकर चली गई थी। उसके मुख पर न मालूम कैसी पीड़ा उभर आई थी। उसने हरचरण से क्या कह दिया था? उसने उसके साथ कैसा अन्याय किया था? वह भीतर-ही-भीतर बेहद घबरा गई थी। वह तेज़ी से अपने घर की ओर इस तरह बढ़ रही थी जैसे उसने कोई गम्भीर अपराध कर दिया हो और वह जल्दी से जल्दी कहीं छिपना चाहती हो।

[23]

गाँव में मक्खी मैया का प्रकोप हुआ है। मक्खी मैया काली मैया की बहिन हैं। रधिया मिसिराइन को मक्खी मैया ने सपना दिया है। मक्खी मैया को आँखें लाल-लाल कर तथा जीभ निकालकर दौड़ते हुए मिसिराइन ने स्वयं देखा है। गाँव

पर भारी विपत्ति आने वाली है। जहाँ धर्म-कर्म चौपट होगा उस गाँव का यही हाल होगा। गाँव में रंडी-छिनालें बढ़ गई हैं। पापियों का नाश करने आई हैं मक्खी मैया।

बरसात होने के पूर्व सड़ी गर्मी पड़ने लगी थी। पुरुआ हवा चलती थी, परन्तु वह शरीर पर लगती नहीं थी, ऊपर से निकल जाती। कुत्तों की तरह लोग गर्मी के मारे परेशान थे। वे पसीने से बुरी तरह नहा जाते। उनकी भूख मर गई। बस पानी के सहारे वे जिन्दा थे।

उन्हीं दिनों गाँव में अचानक मक्खियाँ बहुत बढ़ गईं। इतनी मक्खियाँ कभी भी देखने में नहीं आईं। मक्खियाँ दिन भर आँगन में, ओसारे में और कमरों में इस तरह पड़ी रहतीं, जैसे किसी बादशाह की बड़ी सेना ने पड़ाव डाला हो। कुछ भी खाना मुश्किल था। रात में भी ये मक्खियाँ नीचे से उड़कर मकान की छतों पर छापा मार देतीं।

सबसे पहले पासी टोला में हैजा की घटनाएँ शुरू हुईं। एक रोज़ शाम को मनबोध पासी को दस्त-कै शुरू हुई और सवेरा होते-होते उसके प्राण-पखेरू उड़ गए। फिर अन्य टोलों में भी हैजा फैला था। शुरू-शुरू में किसी ने ध्यान नहीं दिया। गाँव-पंचायत निष्क्रिय बनी रही। पंचायत की बैठक तो उसी समय होती थी जब प्रधानजी या उनके साथियों का काम निकलना होता। इसके अलावा अभी हैजे से नीची जाति के लोग मर रहे थे, उसके लिए गाँव सभा की बैठक बुलाने की जरूरत क्या थी?

वस्तुतः लोगों का विश्वास ही न था कि हैजा-प्लेग दवा-दारू से रोका जा सकता है। इन महामारियों के बारे में लोगों की धारणा थी कि ये दैवी प्रकोप होते हैं और उन पर इनसान का कोई वश नहीं चलता है। बीमारी-हैरानी तो वह होती है जिसमें रोगी बहुत दिनों तक खाट पर पड़ा रहे, लेकिन हैजा में तो दस-बारह घंटे में ही लोग खत्म हो जाते थे।

दमयन्ती पहले ही सतर्क हुई थी और उसने खण्ड विकास अधिकारी को सूचना दे दी थी। इस घटना से उसमें एक अजीब उत्साह उत्पन्न हुआ। हरचरण के प्यार तथा गाँव की स्त्रियों के असहयोग ने उसको बहुत ही दुखित कर दिया था, लेकिन हैजा के प्रकोप ने उसका ध्यान दूसरी ओर मोड़ा। इससे उनके दुखित मन को आराम मिला जैसे उसके गतिरुद्ध मन को दिशा तथा गति मिल गई हो। उसको एक अनजान खुशी भी हुई जैसे हैजा उसकी मुक्ति का सन्देश लेकर आया हो।

वह जमुना के साथ कई बार गाँवों की औरतों के बीच घूमी। उन दोनों ने गाँवों की औरतों से कहा कि घबराइए नहीं, अपने घर को साफ रखिए, बासी भोजन मत कीजिए, खाना ढककर रखिए, खाली पेट न रहिए, पानी में लाल दवा डाल दीजिए, हैजे का टीका ले लीजिए, परन्तु औरतों उनकी बातें बहुत सन्देह से सुनतीं।

"अपना प्रपंच अपने पास ही रखो बहिन जी।" कोई-कोई कहती।

दमयन्ती की सूचना पर बी.डी.ओ. साहब ने एक दिन सरकारी डॉक्टर भेजा गाँव में। परन्तु टीके का नाम सुनकर लोग बहुत आतंकित हो गए। औरतों का ख्याल था कि टीके से देवी नाराज हो जाएँगी। कुछ यह सोचती थीं कि इससे धर्म चौपट हो जाएगा। मर्दों का भी यही हाल था। डॉक्टर के आते ही औरतों ने अपने बच्चों को बाहर भगा दिया। मर्द भी किसी न किसी काम का बहाना करके गायब हो गए थे। भीतर से औरतों ने दरवाजा बन्द कर लिया था। लोग एक अजीब नासमझी, अकर्मण्यता तथा भाग्यवादिता के शिकार हो गए थे। बहुत कम लोगों ने टीका लगवाया जिनमें हरचरण, कनिया, जमुना, उसके दोनों बच्चे, जंगी तथा विनय के नाम उल्लेखनीय हैं। रमैनी सहुआइन तथा बिलरी दोनों ने टीके नहीं लगवाए। उनका विश्वास था कि इससे उनका धर्म चौपट हो जाएगा। जंगी ने बिलरी को बहुत समझाया, परन्तु जैसी कि उसकी आदत थी, वह पहले अपने मन की बात कर लेती थी और बाद में उस पर पश्चाताप करती थी।

लोग तेजी से मरने लगे। विनाश की यह लीला देखकर लोगों का यह विश्वास दृढ़ होता गया कि यह देवी का प्रकोप है। काली मैया मक्खी के वेश में आई हैं। पाप तथा पापियों का नाश करने के लिए काली मैया कोई भी वेश धारण कर सकती हैं। वह मक्खी के रूप में एक जगह से दूसरी जगह हैजा को ले जाती हैं। अगर यह बात न होती तो इतनी मक्खियाँ कहाँ से पैदा हो जातीं? गाँवों में इतने बूढ़े तथा बुढ़ियाएँ हैं, किसी ने भी कभी इतनी मक्खियाँ नहीं देखी हैं। मक्खियाँ नहीं, मक्खी मैया!

एक दिन गड़तुआ बाबा के बगीच में गाँव भर की औरतें इकट्ठी हुईं। रधिया मिसिराइन जमीन पर बैठ गई थी। उसके बाल की लटें आगे खुली थीं। वे दोनों हाथों से जमीन को थप-थप पीट रही थीं और सिर को तेजी से हिला रही थीं।

मिसिराइन कह रही थी, "मैं मक्खी मैया हूँ! मैं मक्खी मैया हूँ! गाँव का धर्म-करम चौपट हो गया है। मैं सबका नाश कर दूँगी...मैं सबका नाश कर दूँगी!"

सभी औरतों के मुँह पर भय तथा आतंक का भाव अंकित हो गया था। गाँव की सबसे बूढ़ी औरत रामदासी अहिरिन आगे बढ़ आई और दोनों हाथों को जोड़कर काँपती आवाज में बोली, "दुहाई हो मैया की।

भूल-चूक माफ हो मैया। हम सब आप के बच्चे हैं। हम अज्ञानी हैं। भूल-चूक माफ हो मैया।"

मिसिराइन ने और तेजी से सिर हिलाते हुए कहा, "मैं चढ़ावा लूँगी...मैं चड़ावा लूँगी...!"

रामदासी ने डरती आवाज में पूछा, "दुहाई हो मैया की। का चढ़ावा चढ़ेगा मैया?"

मिसिराइन बोली, "एक खसी, दो धोती, दो सेर का एक रोट।"

"और क्या चढ़ेगा मैया?"

"ग्यारह जोड़ी पूड़ी, ग्यारह जोड़ा पूआ, एक सेर दशांग, आधा सेर लौंग, ग्यारह सेर सीधा।"

रामदासी बुदबुदाई, "धन्य हो मैया की! धन्य हो मैया की!"

धीरे-धीरे मिसिराइन खेलना कम करती गई। कुछ देर बाद वह शान्त हो गई। एक शुभ दिन को मक्खी मैया की पूजा हुई। चढ़ावे के लिए जितनी फरमाइशें की गई थीं वे पूरी की गईं। गाँव के बहुत से मर्दों तथा औरतों का जुलूस गड़तुआ बाबा के बगीचे में गया था। आगे-आगे खसी बाँध कर ले जाया जा रहा था, जिसको कपड़ा ओढ़ाया गया था। ढबर-ढबर बाजा बज रहा था। कुछ लोग झाल पर गा रहे थे।

परन्तु इसका कुछ भी असर न हुआ। बल्कि हैजा का प्रकोप और उग्र हो गया। दमयन्ती ने सोचा कि लोगों के बीच में काम करने तथा उनके अन्धविश्वासों पर प्रहार करने का यही मौका है। लोग अब भी हाथ पर हाथ रखे बैठे थे। पंचायत उसी तरह निष्क्रिय थी। प्रधानजी की शक्ल ही बहुत कम दिखाई देती। लोग मर रहे थे तथा शेष लोग आतंक, डर, अनिश्चय अकर्मण्यता तथा सन्देह की जिन्दगी बिता रहे थे। गाँव की चहल-पहल खत्म हो गई थी। बाहर बच्चे नजर नहीं आते थे। गाँव पर गिद्ध और चीलें मँडराती रहती थीं।

दमयन्ती सारे गाँव में घूमती थी। उसके साथ जमुना और कनिया होतीं। कभी-कभी जंगी भी साथ होता और कभी हरचरण भी। उनके समझाने-बुझाने का लोगों पर कुछ-कुछ असर हो रहा था। लोगों ने पूजा-पाठ का असर देख लिया था। दमयन्ती कहती थी कि यह रोग है रोग, यह देवी-देवता नहीं है। अगर इस रोग से लड़ा नहीं जाएगा तो वह सारे गाँव को खत्म कर देगा। अन्धविश्वासों से कोई लाभ नहीं होता है। दुनिया बहुत तेजी से तरक्की कर रही है। विदेशों में तो लोगों ने पढ़-लिखकर तथा मेहनत करके ऐसी तरक्की कर ली है कि वहाँ हैजा, प्लेग, चेचक वगैरह का नाम भी खत्म होता जा रहा है। हैजे के टीके का इसीलिए इलाज होता है।

लोग अब दमयन्ती तथा जमुना की बातें बहुत ध्यान से सुनते। इस बीच एक बार और डॉक्टर आया गाँव में। इस बार काफी लोगों ने टीके लगवाए हैजे के। बच्चे बहुत डरते थे। परन्तु उनकी माँओं ने इजाजत दे दी थी कि उनको जबरदस्ती पकड़कर टीके लगवाए जाएँ। टीके लगवाते समय बच्चे रोते थे। इसके बाद गाँव भर में कालरा मिक्सचर, लाल दवा तथा फेनायल बाँटा गया। रधिया मिसिराइन ने टीका नहीं लगवाया परन्तु रमैनी सहुआइन ने इस बार अपनी बहू का कहना मान लिया।

हैजा के विरुद्ध संघर्ष तेज होता गया। कुछ लोग मैदान में आ गए थे। खास तरह से औरतों ने काफी काम किया। दमयन्ती तो जैसे सब कुछ भूल गई। बस

उसके सामने यही लक्ष्य था कि हैजा किस तरह खत्म किया जाए। उसका जमुना तथा कनिया ने बहुत साथ दिया। कभी-कभी अहीर टोला की एक-दो औरतें भी उनके साथ रहतीं। वे घर-घर घूमती थीं। औरतों को ठीक से रहने का कायदा बतातीं। जिस घर में हैजे का प्रकोप होता था वहाँ जाकर डट जातीं। किसी स्त्री को हैजा होने पर उसके घर को सँभाल देतीं। रोगियों की सेवा-सुश्रूषा करतीं। हालत खराब होने पर उनको रामगढ़ के अस्पताल में पहुँचाती थीं। इसके लिए धनराज पासी का रिक्शा तय कर लिया गया था। धनराज हरचरण का साथी रहा था। वह कुछ दिनों से रिक्शा चलाने लगा था। हरचरण ने उनके घर के लोगों के खाने की व्यवस्था कर दी थी। उसके लिए गाँव के लोग रोज थोड़ा-थोड़ा अन्न देते थे और वह अब खुशी-खुशी गाँव के रोगियों को रिक्शा पर चढ़ाकर अस्पताल पहुँचाता था।

कनिया के परिश्रम को देखकर सभी आश्चर्यचकित थे। बिलरी ने तो अपना माथा ठोक लिया था। वह कनिया के पैर पकड़ लेती कि वह न जाए बाहर। पर कनिया न मानती।

"तू मुझे रोकेगी तो मैं जान दे दूँगी कुआँ-तालाब में कूदकर।"

कनिया दमयन्ती के साथ-साथ रहना चाहती थी। वह उसी की तरह बनना चाहती थी। इधर उसके जीवन में कितना परिवर्तन हुआ है? सालाना जलसे के एक दिन पूर्व विनय के सामने रोने पर वह समझ गई थी कि विनय के अलावा वह किसी दूसरे मर्द को प्यार नहीं कर सकती। उसने सोचा था कि अगर उसके माँ-बाप गौना करने पर जोर देंगे तो वह इनकार कर देगी। और उसको जबरदस्ती भेजा गया तो वह ससुराल से भाग आएगी। उसने सुना था कि उसका पति छोटा था। कनिया ने उसको कई वर्ष पूर्व देखा था। काला-कलूटा छोटा-सा लड़का। कनिया यह सब सोचकर घृणा तथा शर्म से भर उठती। वह कैसा उसका पति है? वह तो विनय को प्यार करती है। अगर विनय कहे तो वह अपनी जान दे सकती है।

उस दिन के बाद विनय और उसमें घनिष्ठता बढ़ती गई। वह अक्सर दमयन्ती के यहाँ पहुँच जाती और विनय से बातें करती। विनय उसके जादू में बँध गया। वह भी हमेशा इसी फिराक में रहता कि कब कनिया से मुलाकात हो और बातें करें। इसके बाद तो वे छिपकर मिलते थे। शाम को जब विनय के स्कूल से आने का समय आता था तो वह किसी न किसी बहाने से घर से निकल जाती थी और तालाब के किनारे विनय का इन्तज़ार करती थी। वे पास आते ही मूर्ख की तरह मुस्कराते थे। विनय कनिया के हाथ को अपने हाथों में ले लेता। कनिया शरमा जाती थी। अब भी उसको विनय से बहुत शरम लगती।

एक दिन कनिया ने विनय से अपने हृदय का रहस्य बताया। विनय डर गया।

"यह कैसे होगा?" विनय ने पूछा।

"कैसे नहीं होगा? मैं नहीं जाऊँगी वहाँ। मैं उसको अपना ससुराल नहीं मानती। तुमने मेरा हाथ पकड़ा है, तुम्हीं मेरे सब कुछ हो।"

विनय उसकी स्पष्टवादिता से आतंकित हो गया था। वह कनिया को प्यार करता था, परन्तु इस समस्या पर उसने कभी विचार न किया था। उसके लिए कनिया इतना साहस का कदम उठाएगी? उसको शर्म लगी। दीदी क्या कहेंगी? वह सोचेंगी कि यह पढ़ने आया है और छिप-छिप कर प्रेम कर रहा है! दीदी की इससे बदनामी भी फैलेगी। उनकी तो शादी हुई नहीं?

"यह नहीं हो सकता...।" विनय ने कहा।

यह सुनते ही कनिया के चेहरे का रंग उड़ गया। वह उसके आलिंगन से छटककर दूर हो गई और रोती हुई तेजी से वहाँ से चली गई। कनिया का दिल दुख और निराशा से भर उठा। उसको विश्वास न था कि विनय उसको इस तरह ठुकराएगा। वह अब अपने जीवन का क्या करेगी? विनय के बिना वह अपने जीवन की कल्पना ही नहीं कर सकती। एक वर्ष से वह विनय के सपने देखती रही थी। विनय के कारण ही वह सदा उत्साह और उमंग में भरी रहती। वह सोचने लगी कि कुछ खाकर वह अपनी जान दे देगी या तालाब में कूदकर डूब जाएगी।

परन्तु विनय को भी बहुत आघात लगा था। वह जानता था कि कनिया का दिल कितना कोमल है। इसके अलावा कनिया उसके दिल में इस तरह बस गई थी कि उसके बिना उसका जीवन एकदम वीरान हो गया। कनिया को त्यागना उसके लिए असम्भव था।

एक दिन कनिया को उसने अकेले में पाकर कहा, "तुम मुझे माफ़ करो। तुमको मैं छोड़ नहीं सकता। तुम मेरे लिए सब कुछ हो। क्या तुम इन्तजार कर सकती हो?"

कनिया रोने लगी। बोली, "मैं तुम्हारी सारी जिन्दगी इन्तजार कर सकती हूँ।"

विनय ने कहा, "जब तक दीदी की शादी नहीं होगी हम लोगों की शादी नहीं हो सकती। अगर दीदी शादी नहीं करेंगी तो मैं भी नहीं करूँगा। तुम क्या इसके लिए तैयार हो?"

"हाँ...तुम मुझे जो कहोगे वही करूँगी। बस तुम मुझको ठुकराओ नहीं...।"

विनय ने उसको आलिंगन में लेकर चूम लिया था।

इसके बाद से कनिया बहुत ही खुश और उत्साहित रहने लगी थी। वह अपने जीवन को ऊँचा से ऊँचा उठाना चाहती थी। वह जानती थी कि वह विनय के लायक नहीं, परन्तु वह विनय के लायक बनेगी। उसके सामने आदर्श दमयन्ती का था। बस दमयन्ती की तरह ही वह बनना चाहती थी। इसलिए वह हैजा के दिनों में दमयन्ती के साथ-ही-साथ रहती थी। उसको सहारा अपने पिता का भी था। जंगी उसको हर बात में शह देता था। जंगी को विश्वास था कि कनिया का बहुत अच्छा साथ पकड़ गया है। वह खुद गाँव के लोगों की सेवा-सुश्रूषा में लगा था।

कनिया की तरह जमुना भी आगे बढ़ कर आई। वह घोर परिश्रम करती। एक तो उसको गृहस्थी का काम सँभालना पड़ता था। वह बच्चों को साफ रखती। घर की सफाई वह कभी न भूलती। सास की सेवा भी उसी तरह करती थी। परन्तु इसके अलावा वह गाँव भर में घूमती थी। रोगियों के पास बैठती। उनके बच्चों को सँभाल देती। उनके घरों में झाड़ू लगा देती।

वस्तुतः हैजा के रोगियों की सेवा-सुश्रूषा का काम बहुत उबाने वाला था। परन्तु दमयन्ती, जमुना, कनिया, जंगी, हरचरण और धनराज ने अपने परिश्रम, लगन और त्याग से सारे गाँव का दिल जीत लिया। दमयन्ती को तो लोग कोई देवी समझते। जमुना पर भी लोगों को कम आश्चर्य नहीं था। वह बड़े घर की बहू थी लेकिन अब वह सारे अन्धविश्वास तथा बेकार की लज्जा को छोड़ चुकी थी। वह निर्भय होकर लोगों से बोलती थी। उसके समझाने का भी ढंग अच्छा होता था।

गाँव के सामने कूड़ा फेंका जाता था जो न मालूम कब से सड़ रहा था। इसके अलावा घरों के सामने भी लोग कूड़ा फेंकते थे। एक दिन दमयन्ती और जमुना ने तय किया कि इस कूड़े को यहाँ से हटाकर दूर फेंक दिया जाए। कूड़े की वजह से गाँव में बहुत मक्खियाँ हो जाती हैं। इसके पहले दमयन्ती गाँव प्रधान के पास गई थी कि वह कूड़ा फेंकवाने का इन्तजाम कराएँ।

"मैं अकेले क्या कर सकता हूँ? फिर यह कूड़ा क्या करता है? कूड़ा तो यहाँ हमेशा से रहता है, उससे इसके पहले तो यहाँ हैजा नहीं हुआ था...।"

प्रधान के जवाब से दमयन्ती को बहुत आश्चर्य हुआ था। गाँव का प्रधान गाँव के मामलों में इतनी कम दिलचस्पी ले, यह अविश्वसनीय बात थी। इसके बाद दमयन्ती ने निश्चय किया कि औरतें ही कूड़ा उठाकर दूर फेकेंगी। दमयन्ती, जमुना तथा कनिया के अलावा रामप्यारी तथा पासी टोला की दो अन्य औरतें इस दल में शामिल हुईं।

सवेरे-सवेरे ही औरतें टोकरी तथा फावड़ा लेकर कूड़े के पास पहुँच गईं। फिर उन्होंने तेजी से काम शुरू किया। पहले तो गाँव के लोगों ने ध्यान ही न दिया। कुछ लोगों ने देखकर भी अनदेखा कर दिया। परन्तु जब हरचरण को यह मालूम हुआ तो वह दौड़ा आया।

"आपने मुझसे क्यों न कहा? अब आप लोग आराम कीजिए....हम लोग सब साफ कर देंगे...।" हरचरण की आँखें भर आई थीं।

दमयन्ती ने उदासीन स्वर में कहा, "काम होना चाहिए....चाहे कोई करे। कुछ देर में तो यह खत्म ही हो जाएगा...।"

हरचरण ने बहुत आग्रह किया परन्तु दमयन्ती वहाँ से न हटी। वह एक होशियार कूटनीतिक की तरह समझती थी कि औरतों के कूड़ा उठाने का गाँव के लोगों पर बड़ा असर पड़ेगा। उनकी गुप्त शक्ति को इसके सक्रिय किया जा सकेगा।

उधर जंगी गाँव भर में घूमकर ललकार रहा था, "लानत है ऐसी मर्दानगी पर। क्या इस गाँव में नौजवान नहीं? इस गाँव की जनानियाँ कूड़ा साफ कर रही हैं। अगर तुममें कुछ भी शर्म और इज्ज़त और मर्दानगी बाकी हो तो बाहर निकल जाओ, नहीं तो चूड़ियाँ पहनकर घर में बैठो...।"

इसका बड़ा अच्छा असर पड़ा। गाँव के काफी जवान बाहर निकले। फिर उन्होंने औरतों को गाँव में भेज दिया और स्वयं कूड़ा साफ करने लगे। देखते-ही-देखते सामने का मैदान चमाचम हो गया। इसके बाद गाँव की सफाई शुरू हुई। घरों के सामने जो कूड़े थे वे हटाए गए। नाबदानों की सफाई हुई। नाबदानों तथा कूड़े के स्थानों में फिनायल छिड़का गया। शाम तक गाँव चमकने लगा।

उसी दिन रात को रधिया मिसिराइन को हैजा हो गया। उसने अभी तक टीका नहीं लगवाया था। दिन का बचा हुआ खाना खाने से वह रोग का शिकार हो गई थी। उसका अब तक विश्वास था कि देवी की कृपा से उसका कुछ नहीं बिगड़ सकता। परन्तु जब उसको कै-दस्त होने लगे तो वह बेहद घबरा गई। उसके सामने अपना काल नज़र आने लगा।

उसने डर कर दमयन्ती को बुलवाया। अब उसको पता नहीं क्यों विश्वास हो गया कि आज उसको कोई बचा सकता है तो वह दमयन्ती ही है। दमयन्ती को देखते ही वह गिड़गिड़ा कर बोली, "बिटिया, मेरी भूल-चूक माफ करो। मैं मरना नहीं चाहती...मुझको किसी तरह बचा लो...।"

"घबराइए नहीं," दमयन्ती ने कहा, "आपने टीका लगवाया था?"

"नहीं बिटिया...।"

दमयन्ती ने प्रारम्भिक उपचार किया, परन्तु मिसिराइन की हालत बिगड़ती गई। दमयन्ती को लगा कि बुढ़िया अब जीएगी नहीं। वह खुद घबरा गई थी। रात का समय था, परन्तु उसको अस्पताल भिजवाना जरूरी था। वह हरचरण के यहाँ गई और उसको सारी स्थिति बताई। हरचरण ने अपना सौभाग्य समझा कि दमयन्ती ने उससे कोई काम करने के लिए कहा था। वह दौड़ा-दौड़ा गया और धनराज को बुला ले आया। बुढ़िया को रिक्शा पर बिठाकर वे रामगढ़ उसी रात को ले गए।

उनके जाने पर दमयन्ती बहुत डर गई। यदि हरचरण को कुछ हो गया तो? इस प्रश्न ने उसको अधिक आतंकित कर दिया। इस सम्बन्ध में उसने कभी विचार ही नहीं किया था। वह काम में फँसकर यह समझ रही थी कि हरचरण उसके ख्याल से हट गया है। लेकिन आज इस विचार के आते ही उसकी समझ में आ गया कि हरचरण के लिए उसका प्यार और गहरा हो गया है। हरचरण उसके रोम-रोम में बस गया था। कितना अच्छा है वह। क्या वह कुछ दिनों के लिए गाँव के बाहर जा नहीं सकता?

दूसरे दिन सवेरे हरचरण रामगढ़ से लौटा था। दमयन्ती उसको डरी-डरी दृष्टि से देख रही थी।

"मिसिराइन जी की क्या हालत है?" उसने सूखी आवाज़ में पूछा।

"ठीक है। डॉक्टरों ने पानी चढ़ाया तो उनकी हालत सुधरी।"

दमयन्ती चुप हो गई और दूसरी ओर देखने लगी। अब भी वह हरचरण के बारे में ही सोच रही थी। भय से उसका शरीर शक्तिहीन हो गया था। वह रधिया मिसिराइन के साथ गया था, यदि उसको कुछ हो-हवा गया तो...। दमयन्ती ने अपने को धिक्कारा। उसको ऐसा नहीं सोचना चाहिए। वह मनाने लगी कि जो कुछ होना हो उसी को हो...।

"आप बहुत मेहनत कर रही हैं। अब आप किसी बात की फिक्र न कीजिए। हम लोग आपका काम सँभाल लेंगे। आप कुछ दिनों की छुट्टी लेकर घर चली जाइए...।"

दमयन्ती का मुँह किसी अकथनीय व्यथा से स्याह हो गया। उसने हरचरण को देखा। परन्तु उसने अपना मुँह दूसरी ओर घुमा लिया था। उसने दमयन्ती के जवाब की प्रतीक्षा भी न की। वह बरामदे से उतरकर धीरे-धीरे जा रहा था। दमयन्ती की आँखें आँसुओं में भर गई थीं जिनको वह रोकने का प्रयास कर रही थी। क्या वह भी दमयन्ती को प्यार करता है?

[24]

हैजा खत्म हुआ तो प्रधानजी जागे। जब तक महामारी रही वह घर के बाहर न निकलते थे। वह खुद डरे हुए थे। उनको ऐसा आभास होता कि इस बार महामारी उनको उठा ले जाएगी। उनको लगता कि उनके पापों का बदला लेने के लिए ही हैजा आया है। वह सबसे बहुत धीरे-धीरे बोलते। पहले पत्नी को जहाँ वे डाँट-डपट देते थे, अब चापलूसी करने लगे थे। लड़कों से भी वह चापलूसी से बोलते थे। यह ईश्वरी प्रकोप है। ईश्वर तो सब कुछ देखता है। उनके पाप क्या परमपिता परमेश्वर से छिपे होंगे? उनको भय इतना अधिक था कि उनकी समझ ही में न आता था कि क्या किया जाए। दरअसल जब जाल-फरेब तथा दुराचार का समय आता था तभी उनकी प्रतिभा काम करती थी। संकट-विपत्ति में तो हाथ-पैर छोड़ देते थे। उनकी बुद्धि उस समय जवाब दे देती थी।

संकट खत्म होने पर उनका उत्साह जागा। उनके चेहरे पर पहले की तरह मुस्कराहट दौड़ने लगी थी। वह घूम-घूमकर लोगों से बातें करने लगे। उनको यह डर था कि हैजा के समय अपनी अकर्मण्यता के कारण वह बदनाम हो गए थे। उसी

साल जाड़े के अन्त में पंचायतों के नए चुनाव होने वाले थे। वह अब हैजा को गालियाँ दे रहे थे। ससुरे को इसी समय आना था। बाद में आता तो क्या हो जाता? वह पुनः लोकप्रिय बनने के लिए उत्सुक हो उठे।

वह गरीबों तथा अशिक्षित लोगों के बीच में घूमकर कहते, "संकट में धैर्य से काम लेना चाहिए! मुझे तो डींग मारने की आदत नहीं, बस चुपचाप काम कर देता हूँ। कर्तव्य आखिर कर्तव्य है। गाँव पर इतना संकट आया...मेरा दिल ही जानता है कि मेरी क्या हालत थी। मैं सचमुच रोता था जनता के लिए। पत्नी मेरी कहती थी कि तुम दूसरों के लिए अपनी जान क्यों देते हो? मैं उसको क्या बताता? औरतें कुछ समझ भी तो नहीं पातीं। मैं चुपके से बी.डी.ओ. साहब से मिलता था। मेरे बहुत कहने पर टीका वाले डॉक्टर यहाँ भेजे गए। फिर मैं गया। मुझे चैन थोड़े थी? बी.डी.ओ. विश्वास ही नहीं करते थे। मैंने उनको डाँटा-धमकाया। मैंने कहा, 'तुम यहाँ गुलछर्रे उड़ा रहे हो, वहाँ जनता मक्खियों की तरह मर रही है। समझ लो, इस अन्याय का नतीजा अच्छा न होगा। जनता तुमको कभी भी क्षमा न करेगी।' इस पर वह डरा और तब जाकर दवाइयाँ आईं...।"

उनकी बातों का लोगों पर असर न होता था। वे अपनी आँखों से देख चुके थे कि असली संकट में उनका कौन साथी था और कौन दुश्मन? वे नीचे सिर करके मुस्कराने लगते। परन्तु कुछ लोगों को रुपये-पैसे तथा और लालच देकर प्रधानजी ने उनका मन फेर लिया था।

उन्होंने एक काम और भी किया। उन्होंने खण्ड विकास अधिकारी तथा उत्तर प्रदेश सरकार के पास कई गुमनाम पत्र भिजवाए, जिनमें दमयन्ती की शिकायत की गई होती। उन पत्रों में ग्रामसेविका पर बहुत ही गन्दे लांछन लगाए गए होते–ग्रामसेविका बहुत ही भ्रष्ट आचरण की लड़की है और उससे गाँव की जनता बेहद असन्तुष्ट है। रात में उसके यहाँ गाँव के गुण्डों की भीड़ होती है, जिनका नाम समय आने पर बताया जाएगा। वह गाँव में आकर भले घर की लड़कियों को बिगाड़ रही है। वह काम-धाम भी कुछ नहीं करती, या तो दिन भर मटक-मटक कर घूमती है या बैठकर गप्पें लड़ाती है। ऐसी औरत को अगर गाँव से जल्दी नहीं हटाया गया तो इसका परिणाम बुरा होगा।

बी.डी.ओ. को इन पत्रों पर विश्वास न हुआ। वह बहुत ही शरीफ और समझदार अफसर थे। वह खुद अपनी मेहनत और ईमानदारी के लिए मशहूर थे। उन्होंने दमयन्ती का काम देखा था। हैजा में दमयन्ती ने जो काम किया था इस पर उनको हैरत होती थी। जब वह पहले-पहल इस पद पर काम करने आए थे तो चारों ओर फैले जाल-फरेब तथा आस्थाहीनता के कारण वह बहुत निराश हो गए थे। परन्तु विशुनपुर गाँव में दमयन्ती ने जो कुछ कर दिखाया था उससे वह खुद बहुत उत्साहित हुए थे।

उत्तर प्रदेश सरकार ने उनको आदेश दिया था कि वह दमयन्ती के सम्बन्ध में जाँच करें जिसके उत्तर में बी.डी.ओ. ने दमयन्ती की बड़ी तारीफ की। परन्तु चिट्ठियाँ बन्द न हुईं तो उत्तर प्रदेश सरकार ने एक बार और आदेश दिया कि मामले की ठीक से छानबीन की जाए।

बी.डी.ओ. साहब स्वयं विशुनपुर आए। उन्होंने दमयन्ती से विस्तारपूर्वक बात की। उन्होंने पूछा कि दमयन्ती का कौन दुश्मन हो सकता है? दमयन्ती ने कहा कि उसका कोई दुश्मन नहीं। परन्तु बी.डी.ओ. के और जोर देकर पूछने पर दमयन्ती ने गाँव प्रधान वाली घटना बता दी। प्रधान के स्वभाव को बी.डी.ओ. भी ताड़ते थे। उन्होंने सुझाव दिया कि गाँव के लोग काफी संख्या में दमयन्ती के पक्ष में लिखकर सरकार के पास भेजें तो काम बन सकता है। इसमें संकोच की कोई बात नहीं। दमयन्ती को आगे बढ़कर ऐसे लोगों से संघर्ष करना चाहिए। उसको अवश्य ही उन लोगों का सहयोग लेना चाहिए, जो उसके पक्ष में है। अगर वह संकोच करेगी तो प्रधान जैसे लोग जीत जाएँगे और गाँव की तरक्की का काम ठप्प हो जाएगा।

दमयन्ती ने डरते-डरते जंगी से कहा। जंगी अत्यधिक उत्तेजित हो गया। उसने कहा कि वह प्रधान को इसका मजा चखाएगा। उन्हीं लोगों की सहायता से तो प्रधान जीता था चुनाव में। अबकी चुनाव में वह जीत नहीं पाएगा।

देखते-ही-देखते गाँव में एक ऐसा दल उठ खड़ा हुआ जिसमें नौजवान अधिक थे। उसका नेतृत्व हरचरण तथा जंगी के हाथ में था। इस दल के पीछे गाँव के लगभग सभी लोग थे। हरचरण पर तो ज़िद्द सवार हो गई। दमयन्ती के खिलाफ कोई बात करे, इसको वह बरदाश्त नहीं कर सकता था। वह जब तक प्रधान को पराजित नहीं कर लेगा तब तक उसको चैन नहीं।

हरचरण ने एक मजमून तैयार किया जिसमें लिखा था कि दमयन्ती ने अपने काम से जनता का दिल जीत लिया है। दमयन्ती ने गाँव के लोगों को एक नई रोशनी दी है। हस मजमून पर गाँव भर में दस्तखत लिये जाने लगे। अधिकतर दस्तखत करना नहीं जानते थे। उनके अँगूठे के निशान ही काफी थे। इसके अलावा हरचरण तथा जंगी जहाँ जाते, वे प्रधान का भंडाफोड़ करते।

धीरे-धीरे गाँव में एक तनातनी पैदा हो गई। प्रधान ने भी अपने दल का जोर शोर से संघटन आरम्भ किया। पैसे के बल पर उसने कई व्यक्तियों को अपने पक्ष में कर ही लिया था। इसके अलावा जातिवाद की भावनाओं को भी उसने उभाड़ा। इस तरह ब्राह्मण भी उसके पक्ष में हो गए। प्रधान जल्दी ही हरचरण के पर कतर देना चाहता था। उसकी विश्वास था कि जल्दी ही दमयन्ती का यहाँ से तबादला हो जाएगा और तब हरचरण वगैरह उसका कुछ भी बिगाड़ नहीं पाएँगे। हरचरण है तो आखिर अहीर जाति का? अहीर में बुद्धि ही कितनी होती है?

गाँव के लोगों ने हस्ताक्षर करके जो मजमून भेजा था उससे सरकार सन्तुष्ट

हो गई। जब गाँव के लोगों को मालूम हुआ तो वे बहुत खुश हुए, परन्तु प्रधान बहुत बौखला गया था। वह अब तक विश्वास करता रहा था कि अपने पैसे के बल से वह लोगों को खरीद लेगा। परन्तु उसकी चालों का जनता पर असर ही न होता था। गाँव के अहीर, पासी, चमार तथा कुछ बड़ी जातियों के लोग भी हरचरण के नेतृत्व में थे।

परन्तु एक दिन जब हरचरण रामगढ़ से लौट कर आ रहा था तो रास्ते में कुछ लोग उस पर टूट पड़े। वे लाठियों से उसको मारने लगे थे। हरचरण तगड़ा और फुर्तीबाज था। वह छटककर भाग चला। परन्तु उसको सिर में चोट आई थी और उससे खून वह रहा था।

जब गाँव के लोगों को यह बात मालूम हुई तो वे लोग उत्तेजित हो गए। हरचरण और जंगी ने लोगों को ललकारा कि उनको ऐसा अन्याय गाँव में नहीं होने देना चाहिए। लोग लाठियाँ लेकर निकल आए। वे प्रधान के खिलाफ नारे लगा रहे थे। हरचरण उनके आगे खड़ा था। उसके माथे पर अँगोछा बँधा था जिस पर खून के धब्बे दिखाई देते थे।

हरचरण धीरे-धीरे बोला, "हमें शान्ति और धैर्य से काम लेना चाहिए। प्रधान हम लोगों से इसलिए नाराज है कि हम अपनी गरीबी और अज्ञानता को दूर करना चाहते हैं। उनको डर है कि अगर गाँव के लोग तरक्की कर गए तो वह शोषण कैसे कर सकेंगे। गरीबों का शोषण करके ही तो वह मोटे हुए हैं। वह समझते हैं कि डरा-धमका कर, मारपीट कर वह जनता को दबा लेंगे। लेकिन यह असम्भव है। जब जनता पर इतना भारी संकट आया था तो वे दिखाई नहीं पड़ते थे और जब मलाई खाने का मौका आया तो वे सबसे आगे आ गए। हमको एक नया प्रधान चुनना चाहिए। वह प्रधान गरीबों का आदमी होगा। वह अपने नेतृत्व में पूरे गाँव को तरक्की के रास्ते पर ले जाएगा। गाँव के लोगों को अब अपने पैरों पर खड़ा होना चाहिए। उनको पढ़ना-लिखना चाहिए, अपने खेतों पर डटकर मेहनत करनी चाहिए, मिल-जुलकर गाँव की तरक्की के काम करना चाहिए।"

गाँव के लोगों की वह उत्तेजित भीड़ जुलूस बनाकर गाँव भर में घूमी। परन्तु प्रधान कहीं नज़र नहीं आए। वह घर में छिपे बैठे थे।

[25]

रात गाढ़ी हो रही है। जब से दमयन्ती ने यह सुना है कि हरचरण के सिर में चोट आई है, वह भीतर-ही-भीतर बहुत बेचैन हो उठी है। वह दिन ही में जाकर उसको देखना चाहती थी, लेकिन उसकी हिम्मत न हुई। वह कैसे उसके सामने अपने को

जब्त कर सकेगी। पता नहीं उसकी कैसी हालत है। उसने विनय को देखने के लिए भेजा था और विनय ने आकर बताया था कि चोट बहुत अधिक नहीं है और हरचरण ने हल्दी चूना लगाकर पट्टी बाँध ली है।

परन्तु दमयन्ती को इससे सन्तोष न हुआ। वह जब तक अपनी आँखों से देख नहीं लेगी उसको सन्तोष न होगा। वह अँधेरे में निकल गई है। उसके पैर काँप रहे। उसका दिल काँप रहा है। क्या सचमुच हरचरण उसको प्यार करता है? वह डर रही है कि उसको फिर निराश न होना पड़े। आसमान बादलों से घिरा था। चारों ओर घुप्प अँधियारा छाया था।

उसने हरचरण का प्यार अपने दिल से मिटाने की कोशिश की थी। परन्तु अब वह समझ गई है कि यह असम्भव है। उसका जीवन हरचरण के जीवन से ही बँधा है। भीतर-ही-भीतर उसको विश्वास है कि हरचरण को भी उसके प्यार की जरूरत है। उसके दिल में हरचरण का प्यार इस तरह लहराने लगा कि उसको उस प्यार पर ही अविश्वास होने लगा। वह शायद उसको प्यार नहीं करता। वह उसके बारे में सोचता भी नहीं। वह उसको बेगाना समझता है इसीलिए तो वह घायल होकर उसके पास नहीं आया? उसने क्या खाया होगा अब तक? क्या अपने से खाना बनाया होगा उसने इस हालत में?

दरवाजे पर पहुँचकर वह रुकी। भीतर से किवाड़ बन्द थे। उसने सोचा कि वह लौट चले। उसका शायद रास्ता दूसरा है। परन्तु उसका हृदय और उमड़ने लगा। उसने दरवाजा खटखटाया। वह भय, खुशी तथा अधीरता के साथ भीतर दरवाजे के पास आती हुई पग-ध्वनि को स्वीकार कर रही थी।

●●●